▲王阳明

王阳明
知行合一的心学大师

端木自在 ◎ 著

华文出版社
SINO-CULTURE PRESS

图书在版编目（CIP）数据

王阳明：知行合一的心学大师 / 端木自在著. -- 北京：华文出版社，2016.11
　　ISBN 978-7-5075-4606-4

Ⅰ.①王… Ⅱ.①端… Ⅲ.①王守仁（1472-1529）－人物研究 Ⅳ.①B248.2

中国版本图书馆CIP数据核字(2016)第257249号

王阳明：知行合一的心学大师

著　　　者：端木自在
出版策划：李金水　蔡荣建
责任编辑：胡慧华　王思惠
出版发行：华文出版社
社　　　址：北京市西城区广外大街305号8区2号楼
邮政编码：100055
网　　　址：http://www.hwcbs.com.cn
电　　　话：总　编　室 010-58336239　　发　行　部 010-58336267　58336266
　　　　　　责任编辑 010-58336197
经　　　销：新华书店
印　　　刷：固安县保利达印务有限公司
开　　　本：710×960　1/16
印　　　张：22.25
字　　　数：338千字
版　　　次：2017年1月第1版
印　　　次：2017年4月第2次印刷
书　　　号：ISBN 978-7-5075-4606-4
定　　　价：39.80元

版权所有　侵权必究

序　圣人归来是良知

芦荻丛中战鼓响，鄱阳湖尾水如天。

那一年，站在风生水起处的统帅，已不是腹黑丑杰朱元璋，也不是野心爆满的陈友谅。而是他们的后辈，一个病怏怏的瘦弱儒生。

在儒生对面，是朱元璋的正经后人——宁王朱宸濠，一位正拥兵造反的藩王。

儒生带着一批临时集合起的"乌合之众"VS反王率领的数万大军。

没有悬念的开始，在当月须臾之后，却缔造了"以弱胜强、以少胜多"的奇迹。儒生赢了，他以"秒杀"的方式彻底粉碎了一代反王，还有其精心策划了十几年的"帝王春梦"。

那个儒生，就是"明朝一哥"王守仁。因他曾筑室故乡阳明洞，学者称"阳明先生"，江湖人称"王阳明"，后来成了通称。

五百年前，他是文官、是诗人、是书法家，他打通朱陆，创立心学，宣扬"知行合一"。他的授课内容和书信被弟子收录到《传习录》中，帮助世人"震霆启寐，烈耀破迷"，在当时阴暗的社会中开出"致良知"的新风气。

他是这样一位大儒，却又有着神乎其神的统兵才能。危难之时，王阳明担起保家卫国的重任，一次次指挥千军万马，一次次"化腐朽为神奇"，为大明江山立下煊赫战功。

一生"立德，立功，立言"，他是一代伟人，更是中国历史上两个半全能圣人之一。

他是儒，是圣，是雄，亦是侠。侠之大者，为国为民。

五百年来，他更像是一个"超级巨星"、"伟大的偶像"，迷倒了众多历史大鳄和万千的平民百姓。他是圣师，是灵魂导师，他的个人传奇、军事哲学和心学思想，指引着徐阶、张居正、东乡平八郎、孙中山、毛泽东等时代巨人不断攀越人生巅峰。他的《传习录》成为东亚、南亚及东南亚的圣经……

五百年后，天与地依旧，王阳明亦不曾走远。

隔着岁月、沧海与桑田，他仍能看穿迷失在花花世界中的现代人，感受人们的挣扎、恐慌、迷茫，看着人们一点一点地丢弃了最初的梦想和信仰……那些焦灼的人们抱着肩膀，抱怨他人，抱怨撒旦，像是被生命遗弃的孩子。他们抱怨说，天阴了，日沉了。

王阳明知道，这一切其实都是人们自己的心中贼在作怪！

但正如他所坚持的：山中贼要破，心中贼也要破。

王阳明回来了，不是带着大而空的理论，而是带着他厚重的体悟，他要告诉世人：不但人人都可以直面困难、超越物欲横流的限制，还人人都可以成为圣人，只要你愿意打通心中的宇宙，开启良知。

在那之前，他要先为我们讲述他自己的人生故事：讲他自幼才学不凡，却花了数年时间才取得功名，还是以一个不知名的小官入仕；讲他上疏救忠臣，却被奸党刘瑾打到屁股开花，发配到偏远的贵州龙场去野居，还一路遭到追杀；讲他后来终于有机会为国效力了，却功高震主，不仅遭到官场同僚的构陷，还遭遇明代最"奇葩"皇帝朱厚照亲自抢功……讲他在这样的险恶中，仍然能够一颗圣心、两肩正气地前行，并乐得以此为修行。

他把这世间的一切战斗，与外人的、与外事的、与自己的，都当成是"心战"，与心中贼之战。

应战，不是慌乱，而是"此心不动，随机而动"；应战，不是杀机四起，而是心怀良知。以虔诚之心"致良知"，让良知体现于一言一行、一神一意，将良知"行"出来，在长久的"事上磨"中，打赢心中贼。

我们有理由相信，一切都会回来，良知与人心，人们的常快乐功夫，还有全能圣人王阳明的传奇人生。

就如，风雨总会过去，初日瞳瞳，雨痕新霁渡头沙；就如，人心的冬天也会过去，溪深几曲，树老千年雪作花。

目 录

第一章
圣人身世不寻常

仙娥踏云送神童 / 003
不鸣则已，一鸣惊人 / 007
戏慧童，和尚反遭戏 / 009
这个老爹很强悍 / 013
咏月金山寺，出名要趁早 / 017

第二章
天下第一等事是做圣贤

读书只为做圣贤 / 025
格竹子？格出个啥 / 028
书生的第一份"军事考察报告" / 032
逃婚问道：有多少爱可以胡来 / 036
蜜月期走出的书法大师 / 040
访大儒：圣人必可学而至 / 043
一波三折科考路 / 047

第三章
狂而不疯的"官二代"

你好，偶像 / 055

刑部里来了个王青天 / 059

踏上生命中的一座灵山 / 064

九华山上神仙多 / 067

阳明洞，别有洞天 / 070

灵魂在诗意中升华 / 072

还记得大明湖畔的主考大人吗 / 074

京城诗友赌年华 / 078

讲学开启圣贤路 / 080

相见恨晚，圣人之交淡若水 / 081

第四章
步步惊魂的权力格局

另类天子开启另类"新纪元" / 085

"八虎"把朝廷搞得鸡飞狗跳 / 087

大臣辞职，"八虎"升职 / 089

问天下谁敢斗"宦虎" / 091

明知山有虎，偏向虎山行 / 093

在绝望中看到希望 / 095

萧瑟寒风别京城 / 097

第五章
山高水长，颠沛流离贬谪路

锦衣卫千里大追杀 / 103

余姚亲友如相问，硬命已过钱塘江 / 105

最大的智慧是活下去 / 108

他乡遇故知 / 110

风雨兼程路三千 / 112

意志是战胜劫难的法宝 / 114

岳麓山寻访先贤足迹 / 117

屈原、贾谊：同命兮同往兮 / 118

第六章
龙场悟道，推开圣贤这扇门

你为弃妇，我亦然 / 125

险为人识的原始往事 / 129

先悟了生死，再悟圣道 / 133

蓦然回首，那"理"就在吾心处 / 136

何陋轩内，君子亭边 / 138

醉心讲学，梦里不知是贬客 / 142

圣师来自山沟，学术耀了贵阳 / 143

圣学实有大出处 / 147

瘗旅情，飞鸟思乡情 / 152

第七章
再出山，世事皆心事

先下手为强 / 159

刘瑾集团覆没记 / 162

流放生涯终于结束了 / 165

庐陵知县不授案 / 166

大兴隆寺成了圣学大本营 / 169

读《大学》，到底要怎样读 / 171

滁州岁月，布道山水间 / 176

一五一四年，南京！南京！ / 181

第八章
临危受长缨，大儒初用兵

贼匪之患猛于虎 / 185

剿匪，为什么是王阳明 / 188

壮志将酬之时，百姓水深火热之日 / 190

万安剿匪，牛刀小试 / 193

剿匪还得靠"知行合一" / 195

不请神，自己造神 / 197

象湖山：此心不动，随机而动 / 198

被"三振出局"的山大王 / 203

民难做，好官也难做 / 208

山中贼要破，心中贼也要破 / 209

一五一八年，王门"颜回"丧 / 212

第九章
旌旗遮日战鼓响，鄱阳大战擒反王

宁王世家，造反世家 / 219
朱宸濠可不是野猪皮 / 222
宁王举刀砍向大明的脊梁 / 226
为了良知，该出手时要出手 / 228
那年赣江止水人 / 231
"四十八万大军"的大忽悠 / 234
搞死宁王不偿命 / 236
朱宸濠打安庆，王阳明打南昌 / 238
攻打南昌：兵战心战一齐上 / 240
王阳明出击，朱宸濠中计 / 243
鄱阳湖，最后一战 / 244
美人插曲：女怕嫁错郎 / 248

第十章
国学大师VS"神猪"帝王

荒唐开局：潜在对手是这样长成的 / 257
第一回合：天上掉下个威武大将军 / 261
第二回合：英雄大咖也有寂寥时 / 266
第三回合：争取良知太监来助阵 / 271
第四回合：不做人欲的牺牲品 / 274
弈局难了，人心难了 / 278
风流玩主终西去 / 283

第十一章
凡事学事自洗心，只此修行玄更玄

如此"新建伯"，是祸还是福 / 291

若晚节，血色夕阳 / 295

既生萼，何生阳明 / 297

我笔绘我心，我心昭日月 / 299

高师出高徒：迢迢圣路，师生唱晚（上） / 302

高师出高徒：迢迢圣路，师生唱晚（下） / 306

一生心血"致良知" / 310

圣门盛宴之夜宴 / 313

第十二章
人生未若归去来，百年化尽渔樵话

发妻撒手去，生死两茫茫 / 317

天泉证道：让善恶再飞一回 / 320

这一行，成了最后的战役 / 324

百战归来一病身 / 328

此心光明，此生光明 / 330

魂归故里，青山有幸埋圣骨 / 333

神奇心学照后人 / 335

附录一　王阳明生平年表 / 337

附录二　王阳明箴言录 / 340

第一章

王阳明

圣人身世不寻常

仙娥踏云送神童

  明宪宗成化八年（1472年）秋，浙江余姚。一个隐匿在群山之中的纯朴小镇，一个靠着姚江水与世外牵连的"世间桃花源"。其年秋，一则孕妇怀孕近十四个月未见生产的新闻在当地的山水人家间疯传一时。

  "听说了么，王家二儿媳妇还没生呢，那大肚子，已经像个熟透的西瓜了，我怀孕那年，九个多月就生了，啧啧。"

  "是啊，相公那么帅气、有才，媳妇又漂亮贤惠，还是头一胎，要是个怪胎就可惜了。听说，王家人连中秋都没过好……"一群女人，一面在河边浆洗衣物，一面闲聊，流水也好久没跟着这样热闹了。

  这个话题，树下下棋的男人们也热议了有些天，但他们不像那帮老娘们一样停留在"生理性"层面。

  "这王家人本就不是我们一样的寻常角色，我看这孩子也注定不是凡物！"

  "此话怎讲？"

  "哪吒三太子不就是怀胎三年才出生，一出生就有一身好本领，还有能耐闹东海！我虽没什么文化，却也知道，古往今来一些大人物出生，那都是惊天地泣鬼神的！看来我们这小余姚，是要有凤来栖喽！"一位老者捋着自己稀疏的胡须，边说边将了棋盘对手的军，引得周围一片赞许声。

  说起这支王家，隐居在余姚这样的山水之地，如闲云野鹤，却是大有来头。

  唐诗有"旧时王谢堂前燕，飞入寻常百姓家"，"王"与"谢"说的不是别个，正是东晋著名的两大家族：陈郡谢家与琅琊王氏。东晋年间，王家出了一位旷世的大人物，就是集书法家、军士将领与"东床快婿"等诸多亮点于一身的王羲之。王羲之因为晚年与同僚闹了点小矛盾，便辞去官职在会稽（今浙江绍兴）过起隐居的日子，最后自适而终。从此，王家大族中的这支也就在浙江一带开枝散叶起来。

太久远的关系毕竟已难考证，但就近而言，这支王家也是相当有性情的。

元末明初，这支王氏的传人叫王纲。早些年，王纲在山中的小日子过得挺好。但意外就出在他的一身本事上。这王纲不但能文能武，还会看风水，能算过去未来。更让人称奇的是，他还会驻颜术，六七十岁仍"齿发如少壮"。别人或许没什么特别的感觉，但是好"猎奇士"的刘伯温可是关注了他好久了。

作为王纲的好友兼粉丝，刘伯温三番五次地举荐王纲，最后朱元璋一旨令下，七十多岁的王纲也只好硬着头皮出山了。可惜，没过多久，王纲就因为纷乱死在了广东。几乎是亵渎的方式，老神仙死在了尘世。

王纲之后，他的儿子、孙子、曾孙都是坚守先人"遁世无闷"之志，在浙江山水间过着教书为乐的隐儒日子。宁可跳崖伤脚，也要拒绝朝廷的启用。

久了，美丽余姚也就成了他们最终挑选的栖息地。

成化年间，这支王家的户主叫王伦，五十多岁，白衣飘飘，细目美髯。虽然他人本身并不老，但以当时人的平均寿命算来，也该算是"老王伦"了。

老王伦便是余姚"十几个月未生产"人家的老爷子。与其他家人只担心母子安全、健康问题不同，老王伦还有不足为外人道的心事，他比所有人都更希望听到这婴儿的哭声，他要在这啼哭声中找到答案和救赎！

作为"一生只爱竹"的隐士，王伦用了自己人生几十年的时间种竹、赏竹、咏竹，他还自号"竹轩先生"，有竹和书陪伴的日子，王伦这大半生过得也算清净惬意。

年轻时，王伦打心眼里愤世嫉俗，尤其看不起那些"向官看齐"的读书人，觉得他们打着"爱国"和"成人"的旗号，实则是王权富贵的奴隶。可是，人到晚年，王伦自己也陷入了这个怪圈。年纪越大，他就越强烈地希望子孙们能够"学而优则仕"，一来可以为国为民做点事，二来也可以光耀门楣。

老实说，这个想法本身是正常的。毕竟，将满腹经纶货于帝王家，这是中国古代读书人的最高理想，甚至也是许多读书人都逃不过的宿命。可是，王伦却很有负罪感，他很挣扎：这样的世道，皇帝昏庸，宫妃、太监、道士当权乱政，儿子们若真入朝为官，如果不肯助纣为虐，难免会落得飞蛾扑火的下场；而当年先祖和后祖都能抛下功名与诱惑隐居山野，自己的决定又算不算是违逆了祖上的意思呢？

三个儿子之中，老二王华的资历最高，也最努力，王伦对他寄予厚望。所以，当王华的孩子近十四个月都不出生时，王伦觉得这是祖上的预警和上天的惩罚。

一面觉得自己错了，一面又觉得没错。像是在等待宣判一样。日子在焦灼中到了农历九月三十。奇迹从一个仙梦开始。

当天，王家人见孕妇的肚子仍是没一点动静，感觉又没戏了，便都早早睡下了。

亥时，王老夫人岑氏（王伦妻子）被一阵喜庆的仙乐声惊起，恍然中，她又感觉有人在召唤自己。循声望去，才发现声音竟是来自天边。惊呆时，已是天门大开。氤氲气霭中，一位长相脱俗、衣袂翩翩的女子正踏着彩云而来，在女子身后，还跟着几位衣着华丽、气宇轩昂的侍女。一个个周身都散发着七彩炫目的光芒。

"这哪里是什么人间女子，竟是天人！"王老夫人下意识地双手合十，想拜一拜这些"女菩萨"。为首的仙娥却抢先止住了她的膜拜，还笑盈盈地将一个大胖小子交于她手上。

耳边的鼓乐声越来越大，王老夫人还能听见这些仙娥们清脆的道贺声："老夫人，恭喜王家了……"

王老夫人这一开心，笑得就用过了力，也就笑醒了。意识到只是个梦，她不禁怅然若失："一定是日有所思，夜有所梦！"但掰着手指一算，到今天，儿媳已经怀胎整整十四个月了！想到这，她竟觉得眼眶有些湿润了。

就在这时，丫鬟急惶惶地跑来叩门，外面的骚动声也越来越大。

老夫人分不清是梦还是现实，赶紧摇醒身边的王伦。等二人穿了衣服推开房门时，他们被眼前的场景惊呆了：院子里站了不少提着水桶的乡邻，而且还陆续有人挤进院门，嘴里嚷着："走水（失火方言）了，走水了……"可是，这"起火源"的王家阁楼上方火光冲天,却哪里有一丝实际的火星呢!前来救火的众人,纷纷放下水具,愣在那里。

静谧的夜,褪去了众人的喧嚣声,能清晰地听见阁楼上的叫喊声,有中年女人喊"使劲,使劲",也有年轻女子撕心裂肺地叫唤。跑上跑下的王家丫鬟早已是累得香汗淋漓。王家火光冲天,动静又大,惊动得远近的狗不安分地乱叫着。

众人也都跟着没了睡意,男子们仍是惊奇那火光,女子们则是跟着产妇捏了一把汗。一直到产婆大喊"是小子,是个带把儿的",院中人才都长舒了一口气,凝固也瞬间被沸腾打破,水桶水盆都成了人们即兴欢呼的工具,敲打声如音乐起……

一时,老王伦也是心中一块大石头落地,他的每一根美髯都布满了慈祥。孩子的父亲王华更是扑倒在双亲膝下,只是流泪,却是语塞。而王老夫人因为刺激过度,竟是昏厥过去。接着,又是一阵骚动……

王家人一面处理这混乱的局面,一面当场撒话:"来日大摆宴席,与大家一起庆祝。"而有些人一直到离开王家,都还不停地用手捏着腮帮子,不敢相信所发生的一切是真的。

这一折腾,天就要亮了,太阳从东边徐徐升起,连日清清冷冷的王家庭院,一下子又恢复了往日的潇洒:庭有竹兮青青,上乔木兮鸟嘤嘤。

任外界如何喧闹,是惊、是喜,还是喜极而泣,粉哒哒的小婴孩可没空理会这些,他眼前的人生大事,不过"吃喝拉撒"几件。他可是冒着随时会缺氧窒息的危险在娘胎里贪恋了一百多天,这会儿还要尽情地呼吸新鲜空气呢!他也想像一些大人物一样,试着张口,却发现只能啼哭,不能说话;他想试着下地行走,却发现连襁褓都脱离不了。几番挣扎,他用有神的小眼睛扫视了一下四周,决定先美美地睡上一觉。

只是,这世间事,真的与这个婴儿无关么?怕是道是无关却有关吧!

不鸣则已,一鸣惊人

五年前,王伦的小孙子在红云下呱呱坠地,在当地被传为美谈,孩子出生的阁楼也因此有了一个响亮的新名字"瑞云楼"。

为了给这个一出生就有着"神烙印"的孩子起一个霸气的名字,老王伦可是没少花心思。他本就是满腹诗书,起个好名字不过是分分钟的事,可他却生怕自己才疏学浅,或是一时疏忽,漏掉了哪个可以代表孙子一生的重要字眼。连着几天,王伦把古今典籍又翻了个遍,仍是觉得没有中意的。一天,他看到自己夫人踮着小脚颤颤巍巍地抱着大孙子在自己面前经过,突然想到了她对自己讲述的那个美轮美奂的仙梦。王伦一下子来了灵感:"既是神女踏云送来的孩子,生产时又有瑞云当空,就顺应天意,叫王云。"

这个名字,着实让王伦得意了好久,他似乎早早就看到了这个孩子和王家的大美未来。

五年来,小王云的日子过得无比潇洒,有爹疼、有妈爱、有爷爷奶奶宠、兼受着同宗人的疼爱。孩子一出门,还总会有人过来摸着他的头说:"神奇的小宝贝都长这么大了,看看真机灵啊,来吃块糕点吧,送你的,不要钱,哈哈。"但就在这孩子出落得人见人爱,花见花开时,他也又一次被推上了当地人热议的风口浪尖。

"看见了么?远近的郎中和江湖术士不停地往王家跑呢,小王云都五岁了,还不会说话呢,可别是哑巴就可惜了!啧啧。"

"是啊,这些年,天怒人怨。听说全国各地畸形、后天不足的孩子特别多……"

"不管怎样,老王家真是好事多磨啊。我常看见王伦老先生坐在院中竹子前给孩子背诗,唱儿歌儿,也真为难他了……"

"那是,听说今天王老夫人又急得病了,愿王家好人有好报吧!"

对于外面的闲言碎语,王家人早就产生了免疫,不管是帝王家的还是自家的,不管是好听的还是不好听的,他们更关心的是,要几时、要怎样才能撬开小王云的金口！在经历了十四个月的怀胎之后，王家人早就有了心理准备，觉得这孩子可能是慢半拍儿，而且"神孩子"贵人语迟也是正常，可是，这也太迟了吧？不会真的有什么毛病吧？

状况又陷入了孩子出生前的焦灼。直到有一天，事件出现了奇妙转机。

这天，小王云正和伙伴们在家门前玩耍，不知道从哪里冒出一个和尚，长得奇怪，鞋帽也破旧，差不多可以参考后来《红楼梦》中癞头僧。和尚站在边上直直地盯着小王云，仿佛要把这孩子看穿一样。良久，他才深深地叹了一口气说："娃是个好娃，可惜给道破了。"

那会儿，刚好王伦在院子里打理竹子，他瞧见了这一幕，想出来看个究竟，追出来却发现和尚早已没了踪影。几个大一点的孩子七嘴八舌地向王伦讲述了刚才发生的一切。一下子，老王伦就像失了魂一样重复着和尚的话，"好娃，道破了，好娃，道破了……"半晌，他才如梦初醒："当年给孩子取名王云，是想着顺应天意，可这也是泄露了天机啊，难道是上天在责罚我们？"想着，他不由得打了个寒战，就因为自己自以为是的命名，差一点毁了孙子的大好前程。老王伦愧疚不已，他当下决定为孩子改名！

改什么好呢？

王伦毕竟是王伦，一位不出仕入相却仍然饱读诗书的老先生。这一次，他权衡了利弊，没有太刻意就想到了两个绝妙的字"守仁"。好听还是其次，深意才是硬道理。《论语·卫灵公》载："子曰：知及之，仁不能守之，虽得之，必失之。"王伦这是希望孙子能以仁心仁爱去守住自身的天赋和智慧。从"王云"到"王守仁"，单从名字寄予来讲，这也是从个人神奇色彩到救世济人美好愿意的晋级。老王伦想着，或许孙子可以像唐代余姚名人虞世南一样，身兼"德行、忠直、博学、文词、书翰"五绝，也说不定。

接下来又是见证奇迹的时刻了。

就在从"王云"更名为"王守仁"的那一刻，王守仁说话了，他当即背诵了一篇文章。见王家人目瞪口呆，小守仁则背着小手，不慌不忙地解释说："平日听祖父念的多了，也就顺便记下了，只是说不出来，这下能说出来了。"孩子终于说话了，还尽显睿智端倪，不管是王伦夫妇，还是王华夫妇都热泪盈眶。

当然，王守仁改名就说话的故事，也迅速传遍了多半个余姚。

谁会知道，此时在祖父面前摇头晃脑的小守仁，就是日后改写大明历史的王阳明；谁会知道，多年之后，他会门人遍天下，受尽世人膜拜！谁会知道，不须多年后，他会与紫禁城里那个"小萝卜头"皇子朱祐樘的儿子朱厚照、侄子朱厚熜纠缠不休！谁又会知道，在王阳明开口讲话这一年，新出生的小皇子朱祐杬，一生都只是湖北省的一个小藩王，却在死后被他的皇帝儿子嘉靖皇帝尊为"知天守道洪德渊仁宽穆纯圣恭俭敬文献皇帝"。

世事如此难料，谁又说得清？

戏慧童，和尚反遭戏

开口说话之后，能够表达自己的思维意志，属于王守仁的小日子算是真正开启了。尽管那时还没有人称他"阳明先生"，但其实，他叫什么，对世人来说真的不重要。当地人所八卦的是这位"小红人"本身：娘胎里待了十四个月、仙娥踏云送来、五岁改名才会说话、金口一开便能背诵……

完全就是一个神孩子嘛！除了称奇之外，没什么可争议的！

就这样，"神孩子"王阳明在当地受到了不少人的倾慕，有些怀孕的女子还会挺着大肚子，老远地赶过来摸摸小阳明的头，以祈求自己的宝宝也能够"沾点神气"。

凭借"神一般的经历"在当地蹿红的小守仁，也就是小阳明。又凭借其超过同龄孩子的聪明才智，在余姚当地火了下去，这一火又是几年。几年间，他有了另一个称号"小神童"。

当地人以"神童"的眼光定位小阳明，却不知道，小阳明能够在才学上领先同龄孩子一大截，一半是缘于其天生聪慧、领悟力强，另一半则是王家王伦、王华两代大文化人都在苦心做孩子的文化启蒙功课。不管怎样，小阳明算是名声在外。

做红人难，做名人难。做一个又小、又红、又有名的人，难上加难。平日里，关注小阳明的，除了一些平凡的当地百姓，更有"神仙近卫"式的人物。

有一位"神仙近卫"关注王阳明好久了，他就是余姚当地一家寺院的和尚——惠明。惠明和尚之所以关注王阳明，是因为他对王阳明"神孩子"、"神童"、"慧童"的特殊身份另有所图。

这要先从惠明本人讲起：惠明和尚，俗家姓赵，不知道因为什么原因入了佛门。惠明年纪轻轻，也读了不少书。他人生的一大爱好就是喜欢找人对课，说是切磋道行，实是借机炫耀才学。每每辩赢，他就会像一只战胜的公鸡，趾高气扬。几次下来，惠明便自诩是余姚最聪明的和尚，不仅如此，他甚至觉得自己是当地最聪明的人。可是，一个自我意识膨胀、一个以为自己"最棒"的人，却又偏偏不被广泛知晓、不被广泛赞誉，这是件多么痛苦的事啊！强忍着这份痛苦，惠明和尚决定迅速提升自己的知名度。

但惠明有一点总算是理智的。他知道，尽管自己想出名都想疯了，可总不能站出去喊"我是余姚最聪明的人"，这样真的会被当成疯子的。要红，就要先炒作，一个方便快捷的方法就是借一个红人上位。想来想去，他想到了王阳明（那时这孩子还只叫王守仁），一个因为传奇经历而红遍当地的"神孩子"。

"只是一个乳臭未干的孩子，就能被传得神乎其神，什么天赐的、神送的、又学富五车的。想我惠明，佛门弟子、青春潇洒，一腔才华却无法被人赏识。真是千里马少有，伯乐更少有啊！真是一群没见过世面的俗物！"人们的憎恶与不平衡，有时就是这样莫名其妙却又理所当然。

想到王阳明，选择王阳明，惠明有自己的如意算盘。首先，从敌我力量来评估，自己都是成年人了，而对手不过是个七八岁光景的孩子，自己赢在了年纪和见识；第二，这个孩子五岁才会说话，虽然出口就能背文章，可毕竟真正接触文化知识的时间很短，自己赢在多读了好多年的书；最重要的是，只要自己赢了这个"神仙送来的孩子"，不就是堪比神明了么！还不得风光无限啊！惠明越想越美。可是，自己毕竟身为出家人，怎么好主动去王家找一个孩子切磋，他能做的，唯有焦灼地在庙里"守株待兔"。

"小兔子"当然会来,因为王阳明的母亲和祖母都是虔诚的佛教徒。

这一天,小阳明随着母亲到庙里上香,隔着老远,惠明就看到了这个还在抹鼻涕的孩子。其实,这不是惠明第一次见王阳明了,只是之前,因为有老和尚在场,碍于师父的威严,他实在不敢轻易上前打扰这位"小香客"。但这次不一样,师父不在家。

趁着王母跪在佛前祷告的时机,惠明冲上去,拉起了小阳明,把他带到偏殿。没有选择在大众面前比试,是因为惠明也觉得这孩子看着聪明伶俐,担心万一出点什么差错,自己输给一个孩子岂不很丢人,还是先低调地试探一下吧。

时间紧迫,惠明和尚开门见山:"我是惠明,你是人们口中的'聪慧神童',不如我们对课,看谁更配得上这慧字。"

小孩子哪禁得起这样的挑衅,小阳明脱口应道:"好啊,尽请出题。"

倒是惠明和尚愣了一下,暗想"好一个比我傲气的小家伙,还让我先出题。那就给你点颜色瞧瞧。煞煞你的锐气。"想毕,和尚开口说道:"轰字三个车,余斗字成斜。车车车,远上寒山石径斜。"

小阳明听罢,没有立刻回答,反倒是哈哈大笑起来:"和尚大哥,你不要欺负我小,我们家族中大人们在一起喝酒的时候也会说你这样的话,你是要和我比酒令么?"阳明没有注意到惠明的脸色变化,接道:"品字三个口,水酉字成酒。口口口,和尚只贪一杯酒。"

被说贪酒,惠明脸上有些挂不住,决定给这孩子一个反击:"古有李守仁,今有王守仁,手中一本《太公法》,不知是兵家?是法家?是道家?"

小阳明见好好地对课扯到挖苦自己上来,小嘴当即嘟起来:"古有卜惠明,今有赵惠明,手中一本《金刚经》,不知是胎生?是化生?是卵生?"

挨了骂,惠明和尚可是再也挂也不住了,他拉住阳明头上三根辫子,恶狠狠地说"三叉如鼓架"。

小阳明这下更不乐意了:"作对子就作对子,还对我动手动脚的,讽刺我的发型,太不像话了!"想着,他跳起来点点惠明和尚的头说"一秃如锣槌"。

二人追逐着来到正殿,惠明指着殿上三尊佛像说:"三尊佛像坐象坐虎坐莲花。"

虽然这回和尚说了正经点的话,可是小阳明还沉浸在自己发型被打击的不愉快中,他转着眼珠想了想,接道:"一个秃驴偷鱼偷肉偷女人。"在小阳明看来,虽然不知道酒肉、女人和和尚到底有什么渊源,但他知道,很多和尚都不喜欢与这些词联系起来,就像是自己也不喜欢被别的小朋友说"尿床"一样。

王阳明哪里知道,自己话一出口,篓子就捅大了,惠明真的气急败坏起来,还跑到母亲面前去告状。看到母亲投来指责的目光,阳明赶紧笑嘻嘻地改口道:"和尚大哥听错了,我说的是,'一位师父念经念佛念观音'。"

尽管如此,和尚仍不依不饶,眼看阳明母子就要走出庙门,他气急败坏地追出去对小阳明低声说:"牛头且喜生鹿角。"对着不依不饶的无理和尚,小阳明同样低声回道:"狗嘴何曾吐象牙。"然后扮着鬼脸大步流星地离开了,留下生气的和尚把木鱼敲得咣咣巨响。

从寺院出来,小阳明的脸上还挂着得意。他想起了当年小苏福和母亲一起在田垄上拾穗的故事。那时,恰巧有一位驿丞途经田间。驿丞以"拾穗与神童"句相戏,苏福随便答"折梅逢驿使",佳话流传至今。现如自己对大和尚的考试也能对答如流,也该配得上这"神"、"慧"了吧。

小阳明越想越得意,他本想回家向父亲、爷爷炫耀一番的。但想到自己过于着急时说和尚偷酒肉,总显得不大文雅,还惹恼了和尚。便决定不再提起此事,以免被长辈们教训。小阳明当然理解不了,自己只是童言无忌,不想输给别人,但他却无意中揭穿了惠明"花和尚"的真实面目,逼得和尚狗急跳墙。

还不谙世事的小阳明当然没有错,他只是一个口无遮拦的孩子,他不想输给一个无理的挑衅者。错的是那个惠明和尚,一个本该六根清净的出家人,却犯了贪戒、犯了色戒,人在寺中,心却是百草丛生。但或许那位和尚也没什么大错,毕竟,那根本就是一个有着众多宗教、却缺乏真正信仰的年代,从国君到百姓都是那样浑浑噩噩地过日子。

这个老爹很强悍

　　成化十七年（1481年）春，大明江山多地天灾不断，国都北京城倒是相对受眷顾。有人觉得，这是万贵妃及其党羽受了天子开金枝、散玉叶的打击，短暂泄气、消停所致。也有人辩驳说，应该是沾了科举大考的光，文曲星庇佑，冲淡了京城的晦气。

　　不管怎样，随着最终殿试成绩的公布，北京城内热闹非凡：新科状元身着红袍、帽插宫花打马御街前。状元身后，还跟着稍逊风骚的榜眼、探花等人。一行人风光无限地接受着围观百姓的目光膜拜，可谓是"春风得意马蹄疾，一日看尽京城花"。

　　再说那些京城百姓，虽然上到老妪、下到几岁孩童，都看习惯了达官贵胄。但是对于新科状元，他们却还是激情澎湃。每隔三年春天，他们都会兴高采烈地去围观，好奇状元的模样，好奇他的家世。他们向状元郎招手，因为状元让他们看到了麻雀变凤凰的希望……

　　连续数日，在浙江余姚，瑞云楼前也是热闹非凡：爆竹声不断、贺喜声不断、推杯换盏声不断，当地人都沉浸在节日般的喜庆之中。原来，北京城的新科状元不是别人，正是王伦之子——也就是王阳明的父亲——王华。状元及第，这不但是个人荣光，家族荣光，甚至称得上是一个乡、一个省的荣光。其年十岁的王阳明也和众人一起，沉浸在父亲带来的无上荣光中。

　　相比于儿子日后成为中国历史上少有的集立功、立德、立言为一身的"真三不朽"圣人，老爹王华自是差了一个相当大的梯度，但能够从全国读书人中杀出，他也绝非等闲人物。在科举这样残酷的竞技游戏中，聪明的玩家不少，但能像王华一样玩通关成为状元却是三年出一个，还是数万里挑一。

　　说起王华，不论是在王家，还是当地，也是早有口碑和盛名的。

　　王华在家排行老二，本来在中国人的潜意识里"老大受重视，老幺吃香，独留老二夹在中间，爹不疼妈不爱的"，但王华在家中不但没受冷遇，还最有分量，因为王华和王阳明一样，都不是随随便便就出生的小孩。

相传，在生王华的时候，他的奶奶孟老太太也做了一个神奇的梦，她梦见已故的姑姑将一个绯衣玉带的孩子送到自己手中，还对她说："在我活着的时候，你和孙子媳妇都很孝敬我，我虽然死了，但是我和祖宗们都保佑着你呢，现在把这个小孙孙交给你，保我王家世世荣华。"

或许，就是这个梦彻底改变了这个家族的命运走向。

王华出生，其后又有一个弟弟出生。一个不能说的惊天秘密也就来了。

这点，从王家三兄弟的名字中就能看出些端倪：王荣、王华、王衮。中国汉字文化博大精深，单王伦大儿子叫"荣"，解释可以有千万种："茂盛"、"受人敬重"，或许起这个名字是希望家族开枝散叶、人丁兴旺。至于王家二儿子叫"华"，顾及到要顺应逝去老人家的梦与寄予，"荣华"倒也说得过去，况且"华"本身也有精英寓意。可是偏偏王家三儿子叫"衮"，这就有点门道了。"衮"的意思是指古代君王等的礼服，色彩绚丽的官服！这三兄弟的名字连在一起，哪像是隐居者的，倒是功利性十足，官宦色彩十足！

可见，王华这代人其实很小就被赋予了涉世荣华、振兴家族的重任，这恐怕是连老王伦本人早些年都不愿意承认的。

对于绚烂仕途，对于富贵功名，一面扭捏、一面矜持、一面刻意逃避、一面又欣欣向往，这便是中国古代读书人连自己都意识不到的态度与宿命。

当王家人终于开始直面这个严峻的问题时，禀赋最高的王华是最被寄予厚望的，而王华本人也是个不折不扣的励志哥儿：为家族使命而生，为家族使命而战。没什么可说的！唯有学习！

凭借机敏与过目成诵的天分，加上后天勤学努力，王华很小便声名远播，年纪轻轻就被推荐给浙江大人物的爱子做私塾老师，十里八村，连临近省的人都纷纷赶来，排长队向他报名求学："走啊，去听小王老师讲课啊，去晚了可就没有座位了！"

经常，王华上课最先做的事不是问今天谁没来，为什么没来。而是新生介绍："今天班里又来了一位新同学，让我们掌声欢迎，请大家挤一挤。"

这王华，学问好也就罢了，人品也是一极的棒。他从小就孝敬父母，团结兄弟，还做出过"拾金不昧"的举动。

据说，当王华还是个小孩子的时候，天性使然，他在读书之余，也会和同龄小朋友一起玩。不同的是，别的孩子都是光着屁股下河捞鱼，他则是很绅士地在河边玩石头什么的。尽管有些"不合群"，他还是很受小伙伴们的敬重。

一天，小王华又在河边玩耍，他意外发现了一个装着明晃晃金子的钱袋。当时，王华很淡定地将钱袋放到就近水下。他组织小伙伴们到稍远处去玩，自己则留守着，一直等到了急火火的钱袋主人。

钱袋主人坚持要拿其中一部分做酬金，小王华却是一脸不屑："大叔，我要是稀罕你的金子，为什么不扣下一整袋呢。"

从小，王华就是非分明，正义感十足。长大后的王华更是超级有节操。比如，他就曾上演了一部正义凛然的大明版"聊斋"。

那时，王华在湖南祁阳读书，仍是一心研学，不像其他士子们一样吃喝嫖赌。可是人这种动物很奇怪，独醒的人往往被醉着的人们认为是醉汉，士子们决定借着为王华践行的酒会搞一搞这个君子，让他显出"狐狸尾巴"。

夜已深，江边亭子的门被人锁住，里面只剩下被灌到醉意深重的王华，和不知什么时候坐进来的两位妙龄女子。模糊中，仍能看到两个女子衣着单薄，笑意盈盈。

见王华半天不动，两个女子主动凑上前去："听说公子学问很好！听说公子是浙江人！听说公子……"由于头疼欲裂，王华有好些话都没听清。但最后一句话他听得很清楚："一起安歇。"这一下，他的酒瞬间醒了一半："一夜情？不行！神女、妖女、人女都不行，不行！不行！坚决不行！"王华先是硬着舌头讲了几句道理，见两个女子仍是百般纠缠，他干脆逃到门边以身撞门。

门被锁住了，一个文弱书生自是撞不开的，两个女子却越脱越少，王华无奈，干脆溜到窗边，破窗而出，连夜渡江回乡。王华走了，留下躲在亭外讪笑的众士子们，不知是该尴尬还是该敬佩。

春秋时期，一位将军借着烛灭之机，连楚庄王的爱姬都敢轻薄，可见人在酒后，实难有德。王华对着上赶的美色本可以"半推半就"，然后抵一句"礼不过三爵"，但是，他没有。

坐怀不乱？也许有人会怀疑：血气方刚的王华就这样决绝地拒绝了两位美

人，是自身有毛病，还是另外计划着有朝一日高中可以高攀公主、实现天下文人的驸马梦？这样的所作所为到底是本性流露还是心机使然？

是啊，流氓太多的世道，正人君子是多么的不协调啊！可偏偏王华就是那样不协调地存在着，身处尘池泥淖，他却绝非庸俗的人间富贵花，更不是普通的池中物。

第一，王华日后会有老婆还有几个孩子，他的生理机能大可不必怀疑。他只不过是把那些圣贤书真的看进去了，也以此来勉励自己。他并不是满口"男女授受不亲"，见到千金小姐、美色佳人就立马想着"吃豆腐"、私订终身的主儿。

第二，纵观整个大明前后几百年，十六位帝王共生了五十个公主，只有两位嫁给了读书人。其余的公主都成了更为赤裸的政治联姻对象，都嫁给了武将家庭。至于那些要三十岁甚至更大年纪才能有幸当上状元的读书人，如果个人没不良问题，早已经是成家、孩子满地跑。这样的有妇之夫，又怎么会有资格攀上十六岁适婚的公主们呢？

王华身体的抵抗力来自于他内心强烈的意志与是非观：什么该做，什么不该做！这是酒精也麻痹不了的。这样的人，不愧为日后明君弘治皇帝朱祐樘的帝师。

在父母的安排下，王华取了一位贤惠可人的妻子，夫化性天清，妻化情地宁，天清地宁生个小孩赛神童，王阳明一出生就是一支绩优股。做了父亲的王华更是比以前还要加倍努力。

潜心准备科举大考的日子，王华就在余姚西边的龙泉山书房内，昼夜"闭关式"苦读。累了，就透过窗棂看看外面的翠绿之色；倦了，就到山腰间捧上一口清泉；再累再倦，就想想人生意义、家族责任、想想孩子们的未来……就这样，万卷书都被读破了，王华也出发赴考了。

那年春生缤纷，王华金榜题名，且独占鳌头。

介入年迈之年的王伦为儿子骄傲，他骄傲，儿子终于有一个更大更闪亮的平台可以施展才华了；他骄傲，王家终于理直气壮地向祖宗致敬。与此同时，年少的王阳明也在由衷为父亲感到高兴，他高兴，不是为父亲即将成为什么样的大官儿,而是见父亲凭借自己的不懈努力终于实现了自己的理想,完成了自己的使命。小阳明以为,父亲圆满了,也解脱了。

那些个因为庆祝而载歌载舞的夜,王阳明依旧睡得很深。他根本不知道爷爷和父亲反倒辗转难眠起来:朝堂一入似海深,在风云莫测的大背景下,王华个人和这个家族的命运又将驶向何方呢?

咏月金山寺,出名要趁早

运河千里,银波粼粼,与两岸的山峦、城郭相映成画。

成化十八年(1482年),在一艘从南向北行驶的普通客船上,十一岁的王阳明正出神地研究着舱内案几上的行程图。起点:余姚,途经杭州、嘉兴、苏州、无锡、常州、镇江、扬州、淮安、徐州、临清、德州、天津,终点:北京。

祖孙二人的船已经行驶了有一段时间了。记得那天刚收到王华的家书,得知要去北京,进行人生中的第一次远行。王阳明兴奋不已,在院子里来回跑了好几圈,他甚至迫不及待地跑出去与伙伴们分享、炫耀。但随着大家七嘴八舌地询问,王阳明却忽然黯然了下来,要离开这熟悉的山水、人文,要去向一个陌生的地方,一切重新来过,不知道何时才是归期。

一面,王阳明且喜且忧。另一面,老王伦也是满腹心事:记不得自己有多久没有出去过浙江外的世界了。如今,自己将儿子培养成才了,大概也不枉此生了。想自己,一生未奔功名,竟连个进京赶考的机会都没有过。现人到暮年,托儿子的福,还能出去看看这河山,去天子皇城走一遭。

不过,旅行毕竟是件可以放松身心的愉悦之事。再加上,随着祖孙二人对帝都的向往及对王华的思念日益加深,刚出家门时的感伤也就被冲淡了。

听船家吆喝"到了江苏镇江水域",王阳明"噌"地一声蹿起来,飞奔到船头,他实在不能不兴奋。

这镇江，处于长江三角洲北翼中心，北揽长江，西接南京，因地踞雄势、扼守长江，故名"镇江"。

镇江很美，美为"天下第一江山"，这里绽放了大乔和小乔。在镇江，白娘子爱上许仙、牛郎相知织女、董永和七仙女海誓山盟、梁山伯与祝英台织起蝴蝶梦……

镇江很富，虽然在明朝时它还没有二十一世纪的镇江那样地域辽阔，却仍是多少人心向往之的观光旅游景点、商埠重镇。

镇江很接地气，从刘裕、孙权、萧衍，到朱元璋，镇江是诸多帝王活动的舞台；镇江的名人志士、文人墨客也是数不清。

即便眼前只是山水，却是与浙江别有一番风韵。

夜幕降临，在享誉天下的镇江金山寺，几位老者在设宴款待王伦祖孙二人。

旧友相逢，推杯换盏。讲当年交情，几十年来各自命运，再聊聊家事国事天下事，一群隐居多年的老人竟不像他们的雅号一样潇洒纯朴，倒像是一群对岁月和现实无力又不甘心的"愤老"。

作为第一次出远门的小小少年，王阳明当然无法集中精力听一群小老头抱怨人生，他的心早就被更为美妙的事物勾走了：这金山寺，当年佛印在这里做过住持；这金山，白蛇与青蛇曾在这里与法海斗了三天三夜……嚼着闻名于世的淮扬名菜，放眼四周，少年已沉醉在这大自然与历史的鬼斧神工中。

待王阳明的思绪再度被召回时，酒桌上已经是另一番景象了。原来的杯盘被换成了专业喝酒的器具，主菜也换成了下酒小菜，几位老者摇头晃脑地张罗起"赋诗、赋诗"。

说是赋诗，其实是斗诗。这样的情形王阳明在老家也常见：席上人借诗劝酒，以酒助诗，要是赶上有谁根基深厚或是灵感来了，还会蹦出些绝妙诗句。这样既有意思又可以学习的诗酒会，王阳明自是乐得参加，即便他只是个在一旁看热闹的半大孩子。

期待着老爷爷们的大作，王阳明觉得这宴会变得有趣多了。

不过在开始斗自己的诗前，老爷爷们斗的是先人在镇江作的诗，什么"洛阳亲友如相问，一片冰心在玉壶"、"何处望神州，满眼风光北固楼"，什么"丹阳北固是吴关，画出楼台云水间"、"青苔寺里无马迹，绿水桥边多酒楼"、"山分江色破，潮带海声来"、"楼台两岸水相连，江北江南镜里天"……这一下，王阳明更是暗里拍手了：先向名人致敬！向镇江致敬！连李白、杜牧、辛弃疾、王安石这样的名人都出场当先行官了，这应该是一场高雅的诗会吧！

然而，接下来的正式斗诗，却是让阳明有些跌眼镜。说这些诗"俗不可耐"吧，倒也不至于，但确实是没什么亮点。几轮下来，王阳明竟是一句好的都没捕捉到。

看着老人家们彼此恭维，像在演一场又长又无趣的剧，年少气盛的王阳明开始有些焦躁了，确切地说，他的诗性痒了。又是半天过去了，不但仍没有一句惊艳的诗句产生，而且出现了集体思考的冷场。一旁的王阳明再也坐不住了，他朗声诵道：

金山一点大如拳，打破维扬水底天。
醉倚妙高台上月，玉箫吹彻洞龙眠。

这真是今晚真正意义上的第一首好诗啊！

它将金山寺所在的金山如拳头一样傲然立于江心的事实表达得很逼真，还描绘出酒后微醉，登上金山的最高处"妙高台"，伸手揽月，听山上玉箫曼妙，见洞中老龙美美睡去的画面，别有仙风道骨之韵味。

一首诗，惊艳了全场。当大家从诗的意境中回到现实时，才发现这诗竟出自边上这个十岁出头的孩子。有人的第一反应就是："竹轩先生（王伦），是你预先做好教孩子的吧！你果然是老诗骨，佩服，佩服。"

王伦也是一愣，他没想到孙子能作出这样有水准的诗句，真是王家未来有望啊。他更没想到的是，老友们能做出这样的猜想。就在王伦还没想好如何圆这个场时，王阳明在一旁不乐意地接了话："爷爷们，是我刚想的。没有人教。"

这下尴尬了。

席间的老人有些不自然了："老王伦你也太不像话了，故人重逢，过得都差不多也就罢了，可偏偏你王伦教子有方，把儿子培养成了状元，这会儿还要小孙子出来抢风头，读书人的美事难道都让你王伦家占尽了！"

老王伦也是坐不住的，他惊叹孙子的才情，却狠狠地白了阳明一眼，意思是说："别得瑟了孙子，让那些老鬼挂不住面子了。"接着，他又转过脸向众位老友说："小孙不才，班门弄斧，狗屁不通，不要理他。"

可是诗一出口，伤害就造成了，还岂是你说不理就不理了。醋意与质疑随长江水滔滔而来。一位老人首先站起来，点名要王阳明以"蔽月山房"为题赋诗一首。

现场出题？成年人或许还能矜持住，但对于"人来疯"年龄段的孩子来说，这简直就是致命诱惑与挑衅。这个后果，几年前余姚庙里的惠明和尚就领教过了。

不过，在作诗之前，王阳明还是走了一回神。他又想起了那个叫苏福的早逝神童。在苏福八岁时，他所作的《三十夜月》诗便天下闻名。其中两首尤为出彩，大气、浪漫，被流传至今：

其中《初一夜月》，诗为：

气朔盈虚又一初，嫦娥底事半分无？
却于无处分明有，浑似先天太极图。

另一首《初三夜月》，诗为：

日落江城半掩门，城西斜眺已黄昏。
何人伸得披云手，错把青天搦一痕。

"苏福厉害，但他毕竟远去了。也许，今天就是我王守仁扬名的大好机会呢。"王阳明心理偷着乐，手上就迟疑了。直到他听到身后老人起哄"孩子小，作不出也正常"时，才回神凝思。片刻功夫后，王阳明摇头念道：

山近月远觉月小，便道此山大于月。
若人有眼大如天，还见山小月更阔。

妙啊！

一个"大如天"以洞察思维的角度阐释了人们"山比月大"的误区，用宏观的境界凸显出一种无限的理念，没有矫情，有的是一种超出年纪的理性，更引发人们对真实与真相的思考。至于文字、韵脚方面，也是无可挑剔。

一阵衷心的叫好声之后，一个个白头发白胡须的脑袋耷拉了下来，是啊，一把年纪了，不会作诗，赏诗的能力还是有的。

场面陷入了寂静，惊诧又带着复杂的寂静。王阳明见夸赞之后便是莫名可怕的安静，便也耷拉着脑袋坐在一旁。

夜风袭来，吹醒了座间的老人，他们如此不能接受一个孩子的优秀，不是说吴俗有多乖薄，也不是说心胸有多狭隘，而是此间少年洋洋洒洒的诗篇，触动了他们的灵魂：避世多年，却始终无法摆脱尘网羁绊，虽然才情不及，他们却也有过这小少年一样的青春、骄傲和清醒。可惜，岁月确是一把杀猪刀，现实也让他们蜕变成了一群无才、无德又无力的"糟老头子"，如果人生能重来会怎样？他们可以面对后生可畏，却无法面对"前浪"被无情拍在沙滩上的滚烫事实。

此时的王伦，心绪也是复杂的：这样充满才情与理智的小孙子，于他身上的傲气，自己并不打算过分苛责，毕竟在日后社会的熔炉它必会褪去。只是，王伦心中升起了一阵疼痛：愿如此优秀的孙儿，此生在方方面面不重蹈我们遗憾的覆辙才好！

这是王华考中状元的第二年，王阳明十一岁，名震金山。

这一年，客船载着祖孙二人前往北京，那个即便是几百年后仍让很多人魂牵身漂的地方。在那里：紫禁城与菜市口有几个街区，就像夜灯到月亮的距离，人们在挣扎中相互告慰和拥抱，寻找着追逐着奄奄一息的碎梦，它烛骨般的心跳。

第二章

王阳明

天下第一等事是做圣贤

读书只为做圣贤

北京果然不一样,即便是在十五世纪也和其他地方不一样。

一年工夫,王阳明早已适应了在这人山人海的花花世界中穿梭,他仔细地观察着这里奇特的人口结构:"宦官多于缙绅,妇女多于男子,娼妓多于良家,乞丐多于商贾。"只是,尚且年少的他当时还不知道这座城的"真龙",或是那只"猛兽"、"飞禽",扭一扭身子,都会引发全国的政治海啸。

此时,十二岁的王阳明被父亲安排在北京一家高级私塾里读书,老师是一位顶着官名的老先生,同学也都是些"官二代"、"名人二代"。

如果说课堂上教的是小学生课程的话,那时的王阳明本人已经是初中三年级水平了。再加上他悟性高,肯努力,课上的学问很难满足他,他会经常地找到老师,讨论一些比较高层次的学术问题。

成绩上,王阳明是个"顶呱呱"的好学生。在课下,他却玩得比谁都疯。不同的是,王阳明爱玩,但他不是"撒丫子"般地玩一些低级游戏。他玩的很大,也很爷们儿。

下课期间,王阳明常常把同学们集合到一起,自己"挂帅",分兵拜将,然后组织大家分成阵营战斗。模拟战场实战交锋,喊杀声是少不了的,但王阳明绝不允许战争成为"野蛮械斗"。他会安排部下"大军"右旋,成战阵之势,他还会智慧地将"我军"的伤亡降到最低。往往一方使用策略战胜之后,另一方觉得不爽,王阳明本人也觉得不过瘾。他又会率众转变角色,带领前面输的一方去破之前"赢家"的方阵。之后,他还会再度转变思路,想出新的破阵方案……这些都让那些习惯了骄横的官二代同学在玩得尽兴的同时，也对王阳明刮目相看。

学的时候学好，玩的时候玩好，做事的时候做好，这一直是王阳明的风格。

但若生活如此平静，就不是传奇王阳明了。

这一天，课堂上仍旧是很吵闹，王阳明却出奇安静。他一连发了很久的呆，连被同学踢了几次凳子都没感觉到。同学最后一次踢他时，王阳明终于有了反应，他站起来，不是向着那位同学发火，而是转向正在讲课的老师。王阳明很认真地问道："先生，什么是人生的头等大事？"

许是课堂太吵，又或许是太突然，先生没听清王阳明的问话。王阳明又大声地重复了一遍："人生头等大事是什么？"

喧闹的课堂一下子静了下来，虽然年纪不相上下，同学们可从来没想过这么深、这么严肃的问题。

人生于世，最重要的事是什么？不同人答案不同：洞房花烛夜、金榜题名时、为兄弟两肋插刀、为女人捅兄弟两刀！不同信仰的人答案也不同：认识自我、长生不老、炒股、挣钱、见网友！

对于王阳明这个正儿八经的成人式问题，课堂上的同学在愣了一下后，当即哄笑成了一团："哥们，你想太多了，哈哈哈哈哈哈……"

老师倒是没生气，他放下手中的书卷，惊异地看着王阳明，然后捋了捋胡须说道："读书、考科举、取得功名，然后像你们的父亲一样做大官！"

经鉴定，这个回答很官方，但却是先生的真心话，中国几千年封建文人的理想与宿命就是"学而优则仕"么！

王阳明丝毫没介意周围的笑声，但他也有些不屑老师的回答。思考片刻，他昂起头大声说道："等第恐怕不是人生的头等大事吧！"

这下，课堂重新沸腾了。状元儿子的思维今天又跳跃到哪座山头了？

王阳明想了想，说："考取全国第一、做了状元又怎样，老子英雄儿未必好汉，我的父亲是状元，未必我也是，未必子子孙孙都是。再说，只做个儒生却还未见得有本事带兵呢，天天在那'之乎者也'就能让天下太平国泰民安么？碰到大事，唯唯诺诺、纸上谈兵不正是读书人的悲哀么！"见老师半天不语，

第二章　天下第一等事是做圣贤

王阳明又郑重说道："读书做圣贤才是人生第一等事。"

这天的课在一片奇怪的气氛中结束了。王阳明也因此遭遇了"告家长"。

翰林院编修王华府上，户主正在气头上："小小年纪就嚷着做圣人，也不撒泡尿照照自己几斤几两。你敢不敢再嚣张点了！先把你的知识学好了要紧。"

王华真的生气了么？他真的认为儿子那么不自量力么？

当然不是。

仍是古今传承的那个座右铭"万般皆下品，唯有读书高"，王阳明却给出了不一样的诠释，不是"读书入仕"，而是"读书做圣贤"。儿子有这样远大不俗的理想和抱负谁会不高兴，这可是亲儿子啊！更何况，王华当然知道王阳明不是个"站着说话不腰疼"的孩子。但作为父亲，他还是狠狠地训斥了儿子，让小阳明知道恃才也不能傲物，志向再远大也要先懂得谦虚。

一面在心里祈祷力量与孩子同在，一面又要厉声告诉他们"别太放肆，没什么用"，这样用心良苦，就是王阳明所接受的伟大的家庭教育。

不过，话说回来，王阳明为什么突然说出那样一番做圣人的豪言壮语呢？这要先从他最近的一次奇遇讲起。

几天前，上学路上。一个其貌不扬、行为更为奇怪的相士突然拉住王阳明，对他说："小孩啊，我看你相貌奇特，不像是普通人啊，这样吧，我给你点建议。"那相士接着对王阳明说了一段奇怪的话："须拂颈，其时入圣境；须至上丹台，其时结圣胎；须至下丹田，其时圣果园。"然后就消失了。

当时，王阳明还被同行的伙伴们取笑了："那相士怕是想卖你狗皮膏药吧！别听他胡说八道。现在这种装神、装仙儿的人可多了。"王阳明可笑不出来，多么似曾相识的一幕啊！五岁时，不也有一个其貌不扬的和尚拉自己说了一句话，自己就能说话了。那么，眼前这个相士所透露的又是怎样的玄机呢？

思考，几天的思考，连续几天的思考，连续几天认真的思考，才发生了课堂上的那一幕。

有了大志，王阳明仿佛看见了理想灯塔发出的光束。只是，沧海横流，他该如何把持住那一颗初心？他该如何操控手中那只难以指清灯塔光源的罗盘？

他又该如何追逐？

关于未卜的未来和远方，恐怕也只有亲身涉足，才会有答案。

格竹子？格出个啥

自那次学堂表大志之后，王阳明乖了很长一段时间，没说什么出格的话，也没做什么乖张的事。上课之余，他都泡在书房里研读圣贤书，还将书本批注得密密麻麻。这一切，都让长辈们感到很欣慰——这孩子真是收心学习了。

那段日子，老王伦常会在王阳明回屋前叫住他。王伦捋着美髯，反复为孙子讲一些古人刻苦学习的案例。那时，王华也乐得主动与儿子分享自己当年苦学的心得，他还送了两句喜欢的古诗鼓励儿子："枯木逢春犹再发，人无两度再少年。""少年辛苦终身事，莫向光阴惰寸功。"每每被教导，王阳明也都乖乖地垂立一旁，一副听进去了的样子。

正如长辈们所见到的，王阳明发奋了。但别人没看到的是，王阳明这不是普通的读书明理，他是在为做圣贤做准备！每天，王阳明都很忙。除了要找到做圣贤的理论基础外，他还在物色现成的圣人模板。因为当今社会没出现过什么"大圣"级人物，他也只好从历代圣贤中寻找。

被王阳明找到的圣人大师是朱熹。

王阳明能够想到朱熹，并认定自己可以从朱熹的思想与哲学中找到圣道、成圣的方法，这其实一点也不意外。

早从汉武帝时期起，儒学便一枝独秀成为中国社会的正统思想，那时世人直接以千年前的鼻祖孔孟为师，这虽然没什么不好，无奈他们悟性不高，学艺也不精，多数时间都拿来拾先人的牙慧。直到几位宋儒的出现，才给儒学带来新突破。比如北宋周敦颐和程颐两兄弟就将旧儒学消化、晋升为"与时俱进"的社会哲学。再之后，南宋的大儒朱熹接起了这杆大旗，正式引领新儒学时代。

到了元明时期，朱熹思想已经成为不容置疑的官方思想，治国安邦用它，科举考试用它，连国民的行为准则都要以它为准绳。

朱熹是一股后浪，虽然不至于将孔孟这股"前浪"都拍倒，却也是分去世人对他们的一半崇拜，朱熹也因此被世人尊称为"朱子"。

普天之下，多是朱熹的粉丝。帝王是，将相是，读书人是，王阳明往上几代人都是。王阳明自然也是一个"小粉丝"。

朱熹的新儒学是理学，他认为理是一切的根本，成物都各有其理，而万物之理终归一；理是事物的规律；理亦是伦理。当然，朱子还说了好多大道理。

王阳明的研究直接围绕朱子学说的核心主题：理。在他看来，既然朱子说理是一切的根本，那么，找到这个"理"或许就可以成为圣人了。

可要去哪里找理呢？

朱熹也给出了答案——格物致知。

《礼记·大学》里说："致知在格物，物格而后知至。"朱熹说："格，至也。物，犹事也。穷至事物之理，欲其极处无不到也。"简单点说，就是"格物，才能明白事物的理"。

这下可好了！圣人找到了，圣人的学问也找到了！但若不做点什么，王阳明总觉得很不应该！思来想去，他决定要亲自"格物"以求"致知"。可是这想法一出，王阳明就又迷茫了，也怪朱熹老先生太深沉了，只反复"格物致知"的道理，却没教人具体的操作方法。

理论基础一大堆，却不知道该从哪里下手去找"理"，该怎么去操作，感觉好像是肚子胀胀得不消化。这一难受，王阳明又几天都在苦苦寻找出路。

终于，面对着庞大复杂的物质与理论网络，王阳明决定先找到一件事物的理，并以此为突破口搞清所有事物的理。依他看，只要找到一物的理，就能一通百通，找到世间万事万物的理了！这个有些"异想天开"的少年还自我安慰着：就算二者没有因果关系，自己能搞懂一件事物的理也不亏啊。

想法幻化为大致雏形。王阳明觉得时机差不多了，可以操作了。一天下午放学，他约了关系要好的钱同学，两人一到王家就一头扎进书房。

"格竹子？怎么格啊？"钱同学一脸惊讶！

"找到了藏在竹子身上的理,就能一通百通,知道天下事物的理了。"王阳明又得意、又坚定。接着他又给钱同学详细讲了好一阵:"理论基础是这样……初步的计划是这样……"见钱同学有些不得要领,他又耐心解释了一遍。之后,二人又认真地嘀咕了好一阵,才各自散了。

回到自家后的这一夜,钱同学的心情久久不能平静。要实践朱熹圣人的理论,这是一件多么了不起的事啊;要跟着另类少年王阳明一起做这样一件神圣的事,更应该是很有趣的,很刺激的。

第二天,钱同学跟先生告了假,准时出现在了王阳明家的竹林里。两个人盘腿坐在府邸竹林园里,又调整了一下坐姿,开始恭恭敬敬地盯着周围的竹子。

是的,他们要开始"格竹"了,他们要在"实践"中找到"真知"。既然朱熹先生没说清楚,他们就以自己的理解去做"与事物面对面,推究事物的理"。虽然这种怪怪的"格竹"方法难于理解,但至于王阳明所要"格"的物为什么选择了竹子,却不难理解。

首先,竹是岁寒三友,是个有品德有灵气的物种,自古就为正人君子所青睐,两个小男生选择格竹子,因为他们都以"君子"自居,也因为他们认定竹子身上一定藏着什么大道理。第二,王伦又号称"竹轩先生",一生爱竹,所以有王伦的地方就会有竹,王家庭院当然少不了竹林。再者,王阳明从小受感染,对竹也是别有一番感情。

这样想来,竹子还真是王阳明"格物"的不二物选。

按照两个少年事先商量好的,"格竹"时要全神贯注,减少不必要的闲话沟通,但是若有所感悟可以随时讲出来。

坐了一个上午,钱同学有点浑身不自在了,不知道是因为昨天没睡好,还是自身定力不够。他偷瞄了一眼定力十足的王阳明,问:"守仁有什么收获么?"

王阳明好似没听见他的话,半晌才回了一句:"朱子说'众物必有表里精粗,一草一木,皆涵至理',一定是没错的。"之后又继续格竹子了。

两个人就这样不吃不喝地坐着"格"了三天,道理没多大发现,身体底子太差的钱同学就先累倒了。被王华府上人送去急救时,钱同学还弱弱地对王阳明说:"我不争气啊,格竹的事儿就靠你了,加油,守仁!"几句话,说得王阳明心里又烫又酸的。他暗暗给自己喊号："我不是一个人在格竹。我是代表我和钱同学两个人，在向圣人致敬，在向真理致敬！"

一面，王华安排专人将钱同学送回家疗养。一面，他和老父王伦也再无法坐视王阳明这样折腾了。他们心疼孩子的身体，却又不想干扰孩子探究学问的决心。便叮嘱家丁轮班在一旁观察情况，时时汇报。

王家竹林。太阳光照在竹节与每一片竹叶上，照在王伦老先生一生挚爱的竹子上，又落在王阳明用心去"格"的竹子上。时间一点点过去，太阳公公升起来，又落下去。

不知过了多久，也不知什么时辰了。王阳明的思绪开始飘飞，仿佛自己不是置身在京城王府的竹林间，而是在老家的瑞云楼前，脑海中一会是朱子的话，一会是孔圣人的话，一会又像是相士和尚的话，一会好像钱同学没有被抬走，还坐在自己身边问自己收获。许是意识到有些怪异，王阳明竭力想控制自己的思想不要"走火入魔"，不想有什么东西"鼓咚"一声倒在地上。隐约中，还听见一群人在喊："不好了，不好了，少爷晕倒了，快请大夫。"

随着王阳明的病倒，此次"格竹"行动宣告失败。

跟竹子面对面，企图通过"格竹"来"致知"，这在常人看来是荒唐幼稚，又有些不可思议的一件事，对于两个少年来说却是十分严肃的。那可是圣人朱熹在指引他们啊！一直在他们年少的心中，就算世人都错了，圣人也不可能错的！可是，怎么就会格吐了血还没格出理来呢？承受着肉体与心灵的双重折磨，王阳明再一次迷茫了，他不知道到底是自己的操作方法错了，还是朱圣人的学说经不起验证？

虽然，总有一天王阳明会明白，自己年少虽然没能格出竹子的理来，却是已经学会站在圣人的肩膀上思考自己的问题，而他格竹的这种行为本身，就是对朱熹所提"知与行"的认证。有认证、有质疑，这一切都为他日后创立和弘扬阳明心学、提出"知行合一"奠定了基础。所以严格意义来讲，格竹并非失败。

总有一天，王阳明还会明白：圣人也非完人，权威也不一定是百分百的真理。而悟人家的道，不如悟自己的道；悟世事的理，不如悟心中的理。只是当时，这位青春少年真的很失落。他想起床再验证一下"格竹"问题，大夫和长辈却是不允许了。

第二年春，鸿雁传来王华夫人在家乡病重过世的消息，王阳明刚入口的甘蔗粥咳了出来，里面还夹着一大块鲜血。

是啊，不但连那大儒朱熹的话不可全信，不但自己咳血的后遗症落下了，现在连最亲爱的娘亲也过世了，看来在成为伟大的圣人之前，王阳明要先成为一个坚强的凡人。

书生的第一份"军事考察报告"

每个男人心中都住着一个英雄，不同的是，王阳明心中住着的大英雄同时也是个圣人。

成化二十二年（1486年），北京德胜门外一骑绝尘，马上十五岁的少年王阳明一身精炼打扮，他正自费去考察大明的国防最前线——居庸三关。

不过，在距目的地二十余里地之时，王阳明却是先谦恭下了马。他，到了大明的帝陵（今十三陵），久久地注视着眼前奢华宏伟的陵墓。想到里面住着的明成祖朱棣，阳明实在很难不心生敬畏。

这位戎马一生的帝王，生前定都北京，为的是"天子守国门"。其死后，仍毅然坚守在强敌最容易进犯的地方。除了风水之外，他是想用大明皇陵的安危告诫子孙后代：若不保家卫国，你们的父亲、爷爷、太爷爷都会死不瞑目，你们国祚江山就没有了，你们的子孙也都会沦为亡国奴！

朱棣这一招够狠，更够用心良苦，不管是作为帝王，还是作为优秀的军事家。

离开皇陵，少年又打马奔向了目的地。

初次站在居庸关城的石阶之上，远望如在云端，近处的山峦与真枪实炮都那么清晰可见。王阳明的热血冲到了沸点：少年的崇拜追溯到了着手修建这段长城的朱元璋和朱棣，甚至追溯到了伟大"长城计划"的创始人秦始皇……种种崇拜之情涌上心来，有如滔滔江水，连绵不绝。

抚摸着城墙上的每一块砖石，想象着多少年来在这边锤之地金戈铁马的场面。那一刻，王阳明的圣人志向一下子具体化了，他要"经略四方"，他要为保卫四方边境安宁而奋斗终生。

不远处，有巡逻士兵撒了泡尿提起裤子，迎面走了过来。

王阳明也回过神来，兴奋地做起了两手准备：若是士兵严肃地要盘查自己，他就如实交待此行目的；若是士兵赶"闲杂人等"走，他也会好言请求。

然而，事实却是让他够石化：士兵竟是如没看他一般，在与他擦身而去时，还打了个酒嗝。

王阳明无奈苦笑：是我长得太过正义、太小，没必要盘查？还是说巡逻兵的工作就是不必要盘查每个人？思量片刻，王阳明在他的"考察报告"上记下一条：军风懒散，对过往人物的盘查力度不够。

唉！置身居庸关长城上，回望着帝陵方向，再观当下四周，王阳明不由得一声叹息。

是啊！天有时难遂人愿，哪怕许愿的人是皇帝。明成祖的长远战略在残酷的现实前也只能得逞一部分，这位英明神武的皇帝设定了开始、过程，可他却已经无法再左右这过程了！

首先，被请出大都（今北京）的蒙古人后裔，可不是吃素的。他们多为游牧，出则为兵将，入则为牧民，可以光明正大地纵马原野间练习骑射、摔跤，他们隔三差五就来北方边境骚扰，要么滋扰边关，屠戮百姓，要么勾结叛乱，趁火打劫，又总可以像游击队员一样灵活退去，这成了大明开国以来的一大硬伤。

第二，就在王阳明出生前二十多年，蒙古瓦剌部落还赤裸裸地劫持了当时的皇帝朱祁镇，那场"土木堡之变"差点让明王朝瞬间归西。后代帝王之厌，可见一斑。而就在前不久，大元余孽组织的新一代首领还带人在甘州涂炭百姓、杀了不少明军。

前仇或许可以不计，可是当下自己的国土已被入侵！将士们牺牲了！皇帝还沉浸在贵妃的温柔乡，管事的阁老大臣都不急，王阳明却是急的。去不了遥远的甘州前线，他就近到这北方的边防居庸关来，看看自己能做点什么。

小少年也知道，这种种边陲问题，都不是简单惩戒几个不严肃的守关人就能解决的。这该是国家高层决策的问题，也是层层执行，责任落实的问题，或许，还不只如此……但关于这些，他确实还是给不出什么特别好的建议来。

他只知道，像这样固若金汤的居庸三关（居庸关，紫荆关，倒马关），像这样"一夫当关，万夫莫开"的国宝级建筑，如果不能军事效能最大化，它又和普通的游览胜地有什么区别？

一番伫立，几多行走，看着垛口，看着远方，近处，王阳明意识到，很多问题，不是光想就能得出答案的。

第二天天色大亮之时，王阳明已是换了一身蒙古大侠的装束，飞奔到当地的蒙古族部落中去了。他要亲自投身这与狼为伍的民族，亲自感悟一下做狼的滋味，说是"深入敌人内部"也好，说是单纯考察民情也好。

事实证明，虽有种族差异，又存在着仇恨，但在不起兵戈之时，普通百姓间的往来还是正常的，纯朴的。拿附近的"胡儿"（当时蒙古少年的称谓）来说，他们就欢迎这个清瘦的汉族小伙子，还乐得与他一起骑马、赛马，教他摔跤、射箭……

就这样，王阳明在居庸边塞，过起了"白日登山望烽火，黄昏饮马傍交河"的日子。直到一个多月后，他才结束了自己的侠客之行，出现在自家院府，出现在父亲王华面前。

不等父亲责问怪罪，王阳明就先绘声绘色地介绍了自己的出行见闻，他还展示了几招自己学来的武艺。末了，王阳明还郑重地递上一个厚厚的信封，他一本正经地对王华说："这是我此次的军事考察报告，里面有对边关军事建设的意见，麻烦父亲大人转交给当今圣上"！

王华毕竟是王华，他很想骂一句"放屁"，又很想鼓励儿子"你的心是好的"。可他在愣了一下之后，他只是收下了这份所谓的"考察报告"。但是，王华决定发飙，他要打击一下儿子的嚣张气焰："国事是儿戏么？"

对于这个特别的儿子，王华的教育态度一向是开放、尊重的。不得不说，王华是个好父亲，有才也有爱。但是，儿子的成长已经超越了父亲的想象。比如王阳明这番边关考察，就不是出于青春叛逆或是什么"作妖"，而是他心中长久纠缠的情结致使：

一方面，王阳明和天下男人一样，有英雄情结。北京岁月，王阳明心中最常出现的英雄人物便是于谦。在他心中，最常反复的一个场景就是"北京保卫战"。那场他不曾亲历、却如同亲临的战役。

当年，明朝主力大军溃败土木堡，瓦剌军严重威胁到了不堪一击的北京城。大敌当前，不少文官武将都选择当缩头乌龟，怂恿当时的"代理皇帝"朱祁钰迁都南京，丢弃北方的半壁江山。就在朝廷上下乱成了一锅粥时，兵部侍郎于谦站了出来，他不但痛斥"逃跑派"，还挺身担当起保卫北京的责任。

之后，这个文官出身、先前没有过任何实战经验的于谦，硬是凭着一腔爱国热忱，凭着军事敏感，凭着对以往历史知识的总结，硬是将防御工作付诸为实践：召开军事会议、分析敌我战势、调遣军队、安排布防、机智运粮、训练军队、亲率作战……

许是因为在脑海中过了太多次这些景象，许是入戏太深，王阳明常常觉得，自己就是当时的于谦，或是于谦转世也说不定。有时，他会情不不禁地吟出于谦诗句："粉骨碎身浑不怕，要留清白在人间。"

更多时候，比如在课间带着同学们"作战"之时，王阳明也常是应用于谦的"军战连坐法"：凡有临阵脱逃者，"将不顾军先退者，立斩！""军不顾将先退者，后队斩前队！"

王阳明想当英雄，不是靠手段逞英雄，也不是简单地玩"英雄游戏"。他要像同为浙江老乡的于谦一样，凭实力当英雄。当然，最好是在北京这片土地之上。

另一方面，王阳明十一岁立志做圣人，那虽是"即兴演讲"，却也是"真格"的，是王阳明认真考虑的结果。虽然到了十五岁他还没能寻到"成圣之道"，但听闻国家内忧外患，他确实已经意识到在暴力多发的年代，一个圣人不仅要"德智体美劳"修养自身，还要文治武功，还要救世、救百姓于水火。为此，王阳明小小年纪，就研读了上百本兵书，将古今的战役和战术都熟记于心，他还经常用瓜子、水果进行"实战演习"。王阳明在等一个可以大展抱负的时机,尽管他还不知道自己将一等数年。但在真正的大时机未到来之前,这个少年,已经虔诚地把考察居庸关当成了自己的"大时机"。

从居庸关回来后,王阳明的小青春和小心脏都已不能自已。他不停地给皇帝写信言兵,甚至请求皇上派兵给自己去前线抗战。但是,从考察报告,到其他信件都无一例外地被父亲王华以"自不量力"的名义扣下了。

当儿子的还太不经事,当儿子的还不知道,夜深人静时,父亲总会翻出这些信件反复阅读。王华欣赏那份考察报告,他觉得那是一份具有些含金量的边防资料:上面图文并茂,还详细地记录着居庸关当地的地形、地势、地貌,风土人情,及当地少数民族的优劣势,同时,还有王阳明就敌我双方的军事部署附上的攻略。从儿子的请命书中,王华还看到了担当与视死如归。王华欣慰,但他更有为难!

王华难,难在他越来越难捉摸日益长大的儿子,难在他更无法摸透皇帝的心思。

逃婚问道:有多少爱可以胡来

就在刚刚过去的成化二十三年(1487年),美人暮迟的万贵妃在安喜宫病逝。开始,整个紫禁城几乎都能听到嚎啕哭声,那是中年帝王朱见深如困兽般痛苦的烈吼。渐渐的,那哭声没有了。不是不哭了,而是眼角哭出了血,声音哭到了嘶哑。朱见深哭万贞儿,以皇后之礼厚葬她,并辍朝七日,给她"恭肃端慎荣靖皇贵妃"的谥号,还说:"贵妃去世,我亦不能久存了!"不到一年,朱见深追随一生所爱而去,他用"生死相依"回报了她的"不离不弃"。

接管天下的,是当年那个被偷养在深宫中的朱祐樘。文华殿上,弘治皇帝朱祐樘头戴翼善冠,穿着龙袍,严肃中透露着仁厚,和后世赋予他的"孝宗"

二字很般配。是的,他虽仍清瘦,却再不是那个怯弱弱、又营养不良的小孩子了。他是这未来天下最大的王。他用坚毅的眼神,传达着希望。

新天子带来了新气象,英明的诏书一封连着一封:拿下宪宗年间不作为的"纸糊三阁老,泥塑六尚书",改任一帮有识之士如刘健、邱浚、李东阳、何乔新等人为新的中央高层;清算妖人李孜省、太监梁芳等人;颁布政策,发展国民经济……

在这样四海升平的大背景下,少年王阳明的婚事被提上了日程。

弘治元年(1488年),一个清旭的日子,王阳明奉父命,带着婚书和彩礼从北京出发,前往南昌,迎娶江西布政司参议诸养和的女儿。

这是王阳明人生中的第二次远行,却是他第一次一个人出远门。看久了北方平川、冰雪,久违的南方山水让他兴奋。

一路南行,因为没有长辈催促着,王阳明的步调欢快而轻盈。不像是个要去娶亲的准新郎,他倒像是个出去玩的大男孩:游青山、玩秀水,呼吸着潮湿温润的空气,连春风都是香的。白天,他让船家靠近周围渔船看热闹,夜里,他在船舱里就着沙沙雨声入眠。十分偶尔的,他也会对那个未曾谋面的新娘产生几分幻想。当然,也只是偶尔。

江西南昌,落霞与孤鹜齐飞,秋水共长天一色。少年王阳明来了。在准岳父诸养和的安排下,他见到了那个叫做诸芸玉的姑娘,他的未婚妻。

很多年之后,王阳明也曾努力地想了想这次初见:没什么怦然心动的感觉。姑娘也娇羞,自己也不自在。从始至终,二人连话都没说上几句。只记得岳父有些刻意地叹了句:"你是踏云而来,我们芸玉,是为你而来啊!"再之后,他们便各自回去,等着参加大人们为他们安排的婚礼。

筹备婚礼的日子,诸养和真的很忙。"江北婚礼浮于男,江南婚礼浮于女",诸养和祖籍浙江,本就是更注重嫁女,再加上诸养和自己就是地方官,亲家又是老友加京官状元郎,自是要办得隆重些。

结婚当天,诸府上张灯结彩,连家禽都被带上了大红花,厅上、院中都是前来道喜的官员、名士,亲朋好友,府门口也挤满了不少看热闹的当地百姓,好不热闹。

老诸一面乐呵呵地张罗着人招待，一面美滋滋地想着："这些人一是捧我的场，但更主要的是给亲家公面子，能嫁给王华的儿子，新姑爷还是仙娥送来的，学识也不错，将来一定错不了，小女有福气啊！"

只是，梦太美，就容易破碎，特别是摊上些奇怪的梦中人。

户主喜庆难当，下人却早已忙得不可开交，不是为照料客人，而是为了找人，找新郎。原来，新郎王阳明已经丢了好一阵了，他们原本是打算在不惊动诸老爷子的情况下，悄悄地找到就算了，奈何，这新郎官儿竟是像从人间蒸发了一样。眼看着吉时一点点逼进，骚乱还是从小面积扩散到了大面积。

"新姑爷不见了？"晴天霹雳！这下，连阅历丰富的诸养和也不淡定了，他从梦中惊醒："找，挖地三尺地找！"

一时间，诸养和作了无数个猜想："这小子是看不上我家姑娘？嫌弃我这老丈人官小？或是在京城、在路上有什么中意的姑娘了？该不会出什么意外了吧？"他越想越慌，拐杖把地面戳得咣咣作响。

接下来，一拨又一拨派出的家丁甚至官兵带回来相同的消息：没找到。

新嫁娘诸芸玉羞赧又憋气地坐在新房里，咬着嘴唇、拧着手绢，诸夫人更是陪着吧嗒吧嗒地掉眼泪。诸养和的高血压、冠心病、老寒腿都跟着发作了。

一院子的大官小官傻坐着不知所以，小报记者早就传得满城风雨了："听说了么，诸府的新姑爷失踪了，现在府上都乱成一锅粥了。诸大人悬赏呢，活要见人，死要见……"

又是诸府。婚宴在尴尬中散场，诸家人渡过了一个四处寻新郎的"洞房花烛夜"。一直到第二天早上，新郎才风风火火冲进了诸府。

王阳明跪在诸养和夫妇面前，沉痛检讨自己的"罪行"：因为看别人都在为婚礼忙活，自己帮不上忙，王阳明感觉很无聊，第一次当新郎又感到很紧张，便习惯性地一个人出去散步，结果人生地不熟地就溜到了南昌郊外的铁柱宫，他这消失的一天一夜都在与宫中老道谈养生，以至于将大婚一事忘得一干二净。

"丢下新娘子，自己却和一个老道待了一天一夜？"在场的人无不诧异，等着诸养和发言。确切地说，是等他发飙。

应该说，诸养和的确是个见过世面的人。那么沉寂的一个时间段，他的脑子再次飞速旋转：我该说什么？做什么？是打这浑小子解气？还是相信他，装做没事一样笑笑，难道要我和他谈谈这一天的养生收获？诸养和想着，眼神已经投向了自己的老婆。

诸老夫人会意，迫不及待地扶起了王阳明："人回来了就好，婚礼补办也是一样的！没有那么多讲究。日后好好过日子就是了。你们年轻，路还很长。"

是啊，谁叫丈母娘越看姑爷越喜欢呢，不原谅又有什么办法呢，难不成要让他休了宝贝闺女么？那闺女这一辈子，可就真毁了。诸老夫人这一带头，诸养和也跟着台阶就下了，那就皆大欢喜吧。

就这样，在正式结婚的第二天，王阳明第一次正式地"会见"了自己的妻子。那天，诸姑娘穿着红衣，理着红妆，眼睛哭得像桃子一样，却又因新郎的出现而喜悦难掩。那可爱的模样，倒是让王阳明心生了一丝怜惜。不过，小两口任人摆布地补着仪式，王阳明的心还是飞离了，他回到了昨天，回到了郊外的铁柱宫。

在那里，安静得只有他和一位不知仙乡何处的老道。老道先是结合庄子的养生经告诉他："养生，最主要的是秉承事物的中虚之道，从饮食、休息等生活习惯，到处世态度都要听凭天命。要顺其自然，不要过度开心，以免伤了阳气，也不过度愤怒，以免伤了阴气，更不要弄得阴阳侵害、失调。"

这些，王阳明也是接触过的，但他仍然听得十分投入，特别是看到老道一把年纪还这样健硕，有神，他更被老道接下来所说出的养生经验与长生不老之术所吸引。谈到兴起，身有病根的王阳明当即打起坐来：以沉静调养病体，止住内心的急促，止住身体各种感官的纷扰……

或许，在铁柱宫中静坐忘我的王阳明自己也不愿面对，是养生之道太吸引人，还是他根本就在刻意去屏蔽某些事情。对于突如其来的这场婚姻，他其实并没有那么心甘情愿，总觉得自己还小，还有着漫长的成圣路要走，儿女私情应该放一边。更何况，是娶一个没有任何感情基础的女子！可是，自己不是和尚道士，也到了"合二姓之好，上以事宗庙，下以继后代"的年纪。而且，母亲不在了，娶一个女人进来，也方便照顾年事已高的爷爷奶奶。自己就这样被安排了人生大事，不妥协就对不起家族，但若不进行抗议，又觉得对不起自己。

想着，王阳明又用细目斜眼瞄了一眼一旁端坐的新娘子，盛装、娇羞，她亦是神情复杂地在打量着自己。四目相对，又都迅速躲开。

如果说先皇朱见深与万贵妃那被诅咒的爱情是孽，那自己与诸姑娘这样被困在祝福里的结合，又到底是劫还是缘？从铁柱宫回来当新郎，王阳明也只能一切顺其自然了。

蜜月期走出的书法大师

婚，到底还是结了，王子和公主从此合法地过上了小两口的生活。

婚后的王阳明和妻子一起被挽留在岳父家，开始了他们短暂而甜美的蜜月：吃饭、散步、拜佛、逛市集，虽不十分来电，偶尔也能偷着送点"秋天的菠菜"。但这些小情调给生活加点料还行，却不能作为长期主要的生活内容。

诸姑娘变成了诸氏，变成了小王夫人。又回归到平淡的诸氏自然是能适应，像她这样的江南女子，只要有针、有线、有布料就不会寂寞，现在又多了丈夫这么个活衣架，她每天的日程就是满心欢喜地给王阳明做衣服、做鞋，在上面绣花鸟。抽空，她还会跑到双亲老人面前撒娇："我哪也不去，就要和你们过一辈子。"这个贤惠的傻姑娘还不知道，哪有儿女能幸运到一辈子不离开父母呢。她亦不曾觉察，自己眼下拢住的只是丈夫的人，却并非丈夫的心。

本来，很多人的婚姻都是在平淡与日常琐碎中度过的，甚至很多夫妻活一辈子也没能碰撞出什么火花，过的也不错，或者说凑合着过吧。但有些人生来就高要求，对自己是，对婚姻感情也是，他们希望在平淡的表象背后能有一些深层次的交流。

很明显，王阳明就是这样高要求的人。更为明显的是，在这份婚姻里，他所想要的"神仙眷恋"般的精神沟通，几乎没有。现在没有，以后也不会有。

机械重复的日子，王阳明已经无聊到"嘴里淡出个鸟来"，他的小心脏早就扑通乱跳了:"圣贤大道"还未踏上,自己却困在这小府院内"你侬我侬",毫无作为。可是,考虑到逃婚那次对老丈人一家造成的极大心理伤害,再加上父亲千里传书来的责骂,他也拼命地压制自己,希望不要再闹出什么大动静来。

既然光阴不能虚度,理想不容亵渎,那就只能在有限的空间与时间里,做无限可能的事业。

妻子专注地坐在一旁纳鞋。王阳明干脆闭起眼睛冥想着:如果是圣人,现在这种"超业余时间"应该拿来主攻什么?读书?读太多了,有点闷;下棋?岳父没空,妻子没技术;弹琴?太高雅,一时半会学不来!看来范围得限定为"一个人能独立完成的事"!

王阳明又闭上眼:先不说圣人,就是作为普通的读书人,自己的基本功还在哪个环节最薄弱、可以短期突击?

思来想去,抠破了头皮,王阳明终于还是想出了一件重要营生——练习书法。

中国人常说:"字如其人,字能看出人的性格、品性与修为,能写出好字的人一定也差不了。"这话虽然有点刻板印象,却也有一定的道理,毕竟好字能给人带来美的视觉感受。在全民都崇尚读书的年代,好字甚至能让一篇普通的文章增色不少。更何况,从王阳明的实际需求出发:一个满口大道理,又十分完美的圣人,怎么允许字写得蹩脚?写得一手好字,是圣人最基本的职业素养之一。

同时,作为王家子孙,王阳明觉得,在书法上有些造诣是自己该尽的本分。

不管家谱最上边到底是谁,于这支王氏家族而言,王羲之就是他们的老祖宗了。老祖宗的身份首先就是个书法家。王羲之"慕张芝,临池学书,池水尽黑",所作《兰亭序》"字既尽美,尤善布置,所谓增一分太长,亏一分太短",千古流传。王羲之的书法不但影响了一代又一代的书苑,更影响到王家的后代子孙,他的四个儿子凝、操、徽、涣都是公认的书法家范儿,特别是他的第七个儿子王献之更是了得,被称为"小圣",与他一起被世人合称为"二王"。

晋朝之后,这支王家虽不是代代绝笔,却是书法人才辈出,比如王阳明的状元老爹王华就是一位响当当的书法家,他于东阳卢宅题的隶书门帘"衣冠奕叶范阳第,诗礼千秋涿郡宗",几百年后仍然英气逼人。

不得不说，这一支的王氏是一个长于书法的大家族。事实也证明，王阳明的 DNA 中刚好也有这样优秀的核酸单体。

所有想法一综合，练习书法就成了必要且紧急的事。

当天下午，诸养和一下班，行动派王阳明就飞奔过去，认认真真地汇报了自己的新计划。

"好啊，贤婿能有这份心，老夫也真是开心啊！"

一会儿工夫，王阳明就从老丈人的书房里抱了一摞字帖出来，之后又折回去好几次，运了几批到自己的书房。他还请诸养和帮着参谋，开了一列的名帖清单，吩咐家丁当即出去寻买，而他自己则转身去挑笔墨纸砚了。

当天，王阳明书房中的灯亮了一夜。虽然写了一宿都不觉得累，但是成果却是让他不能满意：写的不咋地啊！倒是在一旁主动陪了一夜的诸氏，一只鞋已经绣得有模有样了。

看着连早饭都吃不下的新姑爷，诸老爷子不无心疼地感慨道："欲速则不达，欲速则不达哟！"

"欲速则不达"这句并不稀奇的话，却突然让王阳明有了另一种感悟。对了！在铁柱宫，老道不也是告诫自己凡事急不得、要顺其自然么！怎么这会儿工夫，自己就忘得一干二净了呢？不该啊！

此后，王阳明每天都不再强求自己必须写几本，也不必非要达到什么程度。但要保证每天都坚持练习，也尽量多写，而且每天都要有进步。他希望，通过长期量变引起质变。这样一来，果然心理压力没有那么大了，字也顺眼不少。

但是，一个问题还未彻底解决，另一个问题跟着就来了。王阳明发现自己临摹来临摹去，字倒是和原帖有几分相像，却总是缺少灵气，更缺少自己的灵魂。

总结了先前的经验教训，王阳明也主动改变了学习方法，他不再是盲目地忙着临摹，而是先凝神静虑，让字的形态气势了然于胸，再恭恭敬敬地下笔。

婚后在江西的一年，王阳明在爱情上没有明显进展，在书法上倒是突飞猛进，如有神助，当然他的神不是别人，而是自己。

那时阳明已经到达了"小书法家"水准。在日日挥笔洒墨中，他也渐渐开始明白：原来好字的"理"并不在笔纸上，而是在心上。心中有字形、有字韵、有字理,下笔、收笔,每一个运转,就都如有神人相助。

书法上有了成绩。但王阳明知道,学海无涯,不管是做圣人,还是凡人,都不能轻易在哪个渡口止步。未来,他还要成为真正的大书法家,他将写出"非不翩翩然凤骞而龙蟠"的墨迹,他更将在大明历史上写下苍劲有力的一笔。

访大儒:圣人必可学而至

"蜜年"之后,王阳明小两口还是要回婆家了。临行之时,诸养和夫妇送了他们老远。

也有长亭古道,也有折柳,也有"劝君更尽一杯酒"。因为不舍宝贝女儿、和半个儿子(姑爷王阳明)离去,中年诸养和一下子竟是苍老了许多。他拍着王阳明消瘦的肩膀,拳拳期待溢于言表:"回去好好学习,争取像你父亲一样高中,出人头地,更要像你父亲一样,做一个正人君子。到家之后,向长辈们问好,可以的话,也带着媳妇常回来看看。"

一旁,诸夫人也拉着女儿的手,千叮咛万嘱咐:"一定要孝顺长辈,敬爱夫君,有好消息及时捎给家里……"这样的送别,一直持续了好久。有那么几刻,自诩最不儿女情长的王阳明也有几分情动,他想起了已故母亲温柔的双手。他也暗暗告诫自己:要照顾好诸家的女儿、自己的妻子。

又是一顿惜别。眼看女儿、女婿上了水路,直到客船变成了远影,消失在茫茫水天间。老诸夫妇才不得不面对事实:嫁出去的女儿泼出去的水。

船头上,年轻的诸氏还在红着眼睛向远方挥手。此时的她,心情也是尤为复杂:远离父母,不知何时才能再相逢;要去婆家,不知这户异姓人家能以怎样的态度对自己。她的泪滴答答答落下。好在,想到是要与身边的男人共赴新生活,她的心才有些安宁。

作别了老丈人和丈母娘,小娇妻有情绪。王阳明一面安慰,一面吩咐船家加速赶路进程。不管他个人对这个妻子感觉如何,他还是想快点让家乡的祖父母喝到孙媳妇敬的茶。不过,在那之前,王阳明还是挤出了时间,他要先到江西上饶拜见一个了不起的老头。

这个老头叫娄谅,是当世一位知名的大儒。很快,他将成为王阳明学术上的"再造父母"。

说起娄谅,也是个有故事的人。

娄谅,别号一斋。在娄谅还是个少年时,他也是像王阳明一样胸怀大志,不甘心做个庸碌凡人,甚至不甘心只做小有成绩之人。那时的娄谅比王阳明还要轻狂傲物。他走遍四方,寻访名师,最终却得下了一个无比嚣张的结论:"率举子学,非身心学。"其意思再明确不过:"世人学的不过是些应试教育的东西,太世俗,世俗到有些低俗。根本不利于身心发展,大丈夫岂能这样混学下去!"带着巨大的失落感,娄谅进行了更为持久的寻觅。直到,他寻到吴与弼这位良师。

吴与弼,能闯入狂人娄谅的法眼,自不是什么等闲人物。据说,这位吴与弼十几岁便不顾世人劝阻,誓不走科举之路,毅然选择做个苦行世间的学者。吴与弼一生致力理学的研究与传播,他的学术见解深刻,核心涵盖了"天道观、性善观、践行观、苦乐观"四大方面。吴与弼本人也成为"崇仁学派"的创派宗师。娄谅愿意前来问学,看中的就是这位吴老师不屑科场的洒脱,还有老师超脱于凡人的学术素养:静时涵养,动时省察。

初见娄谅,收下娄谅这个弟子,吴与弼也是如获至宝:"好一个有性格的小伙子,做大学问的人就该这样。"但越是喜欢,吴与弼的担忧也就越深:越是像娄谅这样不屑世务的年轻孩子,越容易迷了道。倘若不可教,那便是屈才了。然而,吴与弼很快就打消了这个顾虑,因为他发现娄谅孺子可教。

那天,吴与弼照常地与学生一起农耕,还特意召娄谅前来。娄谅一到,不由得大吃一惊,他知道老师向来崇尚躬行实践,又以"与学生一起劳动"著称,而自己却因为对这种琐事不屑一顾而从不曾参与。看着声名显赫的老师像个农家老汉一样认真干活,额头上还渗着豆大的汗滴,娄谅一时竟说不出话。注意到娄谅在发呆,吴与弼挥着手中的锄头,先开了口:"学者须亲细务。"一句话,娄谅一拍脑门，竟是悟了：老师这是在教我"格物致知"啊！是啊！世务与细务，哪有区别呢！

此后，娄谅也很注重方方面面的实践功夫。以劳动为例，他连自家一些日常打扫类的小活儿都包揽了。望着家人和童仆不解的眼神，娄谅也只是莞尔一笑：一屋不扫，何以扫天下呢！这样的娄谅，最终得到了吴与弼的独门真传。

如此娄谅，能让世人敬仰，能让个性少年王阳明前来拜谒，因为他的个人风采还不止于此。

三十多岁时，娄谅以优异的成绩中了举人，眼看着再往前一步就是进士了，就能当官。当娄家人为此满怀憧憬时，娄谅却就此止步了。接连十年，他都往返于家乡上饶与崇仁师门，继续修学。且不说成绩如何，光是这样的豁达态度与求学意念就已经甩出世间学子几条街了。更何况，"十年磨一剑"，娄谅的学问也已经登峰造极了。

十年后，迫于强大的家族压力，娄谅同意去参加进士考试。不过，这一回，娄家人等来的仍不是娄谅"跃龙门"的消息，他们等来的是临时当了"逃兵"的娄谅本人。眼看着娄父的胡子吹得老高，娄谅不紧不慢地解释道："若是我执意参加这次考试，不但没戏，还可能遭遇奇祸呢！为防不测，让你们伤心，我就回来了。"说完，娄谅又收拾东西去崇仁找老师论学了。娄谅这一弃考，娄父连续卧床多日，直到听到一则可靠消息"考场着火了，考生死伤无数"，娄父才又气又叹地从床上坐起来。

再后来，娄谅还是应试当了官。只是，他的心思仍是没有放在当官上，干了没多久，索性告病回家钻研学问去了。他这一当起专职老师不要紧，远近学子们的福利就来了，他讲学的"芸阁"也变得热闹非凡。而娄谅本人除了教育有方之外，更是每日读书到深夜，生怕有限的生命不足以徜徉无尽的学海。

如此娄谅，如此为学，更难能可贵的是，他虽人在官场外，却仍心系天下苍生，经常会为百姓说话，哪怕因此得罪官员也从容无畏。他的高风亮节还体现在，除了基本礼仪，他从不主动巴结权贵，对于功名杂事，常常是敬而远之。这样的娄谅，王阳明又岂能错过！

弘治二年（1489年）十二月，十八岁的王阳明在上饶娄家见到了年届七旬的娄谅。

远道而来的小夫妻对老前辈行过大礼之后，王阳明便如愿地扎进了娄谅的学术会客厅。

于娄谅，王阳明满怀敬仰。他很珍惜，面前的老爷子，眼睛上泛着光，一身大儒范儿，老爷子与自己交谈起来也是时而严肃时而微笑，很亲切，更很受用。同样，望着一如自己当年一样胸怀大志、聪慧逼人却又傲气凛然的王阳明，娄谅也是感慨万千，感到岁月流逝之余，他也仿佛看到了一颗未来星正冉冉升起。

这一次短暂会面，两个忘年之人几乎没有浪费每一分每一秒，他们投入地谈学问，谈志向，谈人生。虽没能自成一大派，但娄谅毕竟是用了毕生精力研究宋儒学问的人，他教王阳明要"收心、放心"，"何思何虑、勿助勿忘"……

在大师娄谅处，好动少年王阳明还学会了让他受益终身的功夫，"静"与"敬"。而娄老先生及其老师吴与弼对"践行"的独到见解与修习功夫，更是对王阳明日后的心学起了重要影响。

那年，在江南鱼米味十足的江西上饶，王阳明捕捉到了通向圣学的力量。与娄老先生秉烛夜谈，他亦感受到了被加持的力量。

多年之后，王阳明再到江西，仍觉得那个被点拨的夜格外美好。那夜长谈，他们还不由自主地想到了曾隐居于上饶的词人辛弃疾的《清平乐》：

连云松竹，万事从今足。拄杖东家分社肉，白酒床头初熟。　　西风梨枣山园，儿童偷把长竿。莫遣旁人惊去，老夫静处闲看。

读着辛嫁轩的诗句，老娄谅笑说自己就是那个老夫，王阳明也笑谈自己以后也要做一个如此潇洒的"老夫"。而后，他们同时饮下手中的清茗，又开始了新一轮的学术讨论。

只是，时光虽好，却总有离别。

转眼就到了离别之日。因为娄谅没有送达官贵人的习惯，他更不好顶着七十岁高龄去送一对年轻小夫妇。但是，他的话却送王阳明上了圣途。他说，"圣人必可学而至"。这是娄谅尽其一生对"格物致知"的最好体会,而他所说的"学而至",也指引着王阳明一生践学。

当小夫妇的身影渐行渐远,离人或许可以料想:娄老爷子年事已高,再见恐怕无期了。但谁又能想到,多年之后,王阳明再见娄家后人,却是在一片刀光火海之中。更叹娄谅一生,常观理学,静久而明,他算得到考场的危险,算得到自己的归期,却没有算到自己为孙女挑选的儒雅夫婿,未来竟将成长为一代反王,孙女婿还会为了造反身败名裂,更是因此赔上了娄家宝贝孙女的性命。

然而,儿孙自有儿孙福,难为儿孙做远忧。年轻人的时代,就让年轻人自己去面对吧。

一波三折科考路

当科举还只是叫"科举"的时候,它让中国古代读书人"爱恨交错人消瘦"。爱它,恨它,却离不开它。科举,甚至让无数世间读书的"纯爷们"、"小白脸"都变成了"怨妇"。

造成如此局面,还要从古代社会的就业大背景讲起。按理说,社会提供给大众国民的就业机会并不少:大到农民、商人、手工业者,细到厨子、戏子、老师、和尚、隐居者等等。应该说,三百六十行,行行都有混出名堂的,再不济,连杂耍卖艺都能混口饭吃。

但可惜的是,行业虽多,职业选择也不少,真正能像"当官"做国家公务员这样又挣钱、又有面子的职业却是不多。可不管是穷是富,谁人不想有尊严的活着呢?于是,读书,应试,然后入仕当官,便成了很多人的人生理想、家族理想。

科考路,正人君子王华没能绕过去,甚至是天天念叨着做圣人的王阳明也没能绕过去。

以王华为例,能当上让天下人艳羡的状元,他可算是在科举的众多考场中"出生入死"了。当时,明代科举采取的是三级考试制,级级上考,分别是院试、乡试、会试(和殿试)。只有考过了前一级的考试,取得了资格,才能参加后一级的考试。

然而,每一级考试还有繁多花样。如,未入学的童生,若想参加院试,要先参加由知县主持的县试和由知府主持的府试。只有这两次预备考都通过了,才能去考院试。院式过了,有了"生员"资格,算是秀才了,才算是正式踏入了科举门槛。

同样,秀才们想要参加乡试,还要先经过岁试和科试这两个水平考试。只有成绩优异者,才有资格参加每三年秋天在各省省城举行的乡试。乡试通过者,就是所谓的"举人"。但能到这一级别,已经是很多人的"大限"了。比如,范进就考了一辈子才"中举"。

在乡试的第二年二月,便是考生们最为关注、也最为期待的会试。届时,那些取得举人资格的各地英才,将齐集在京城,他们几天几夜地被关在考场里,用笔墨搏击命运。只要考中,他们就会光荣地跪在皇帝的宫殿,参加由帝王亲自主持的殿试。人们所熟悉的状元、榜眼、探花这"三鼎甲",就是殿试的前三名。那些被殿试录取的人,又统称为"进士"。

尽管,走完这一整套流程,最理想也需要十多年的时光。但是,走完它,就能换一顶象征着荣誉与尊严的乌纱,很多人都觉得值了!

弘治三年(1490年),在一种极为悲痛的氛围下,十九岁的王阳明正式邂逅科举。其年,老王伦在余姚去世,尽管儿子出息、孙子孝顺、孙媳贤惠,但他终是无法躲过天命安排。婆娑的西方宝树,上面结的却不是长生果,而是生老病死的轮回。那一年,王阳明披麻戴孝,坟前涕泪。接下来,王阳明将自己闷在房间里日夜苦读,他想化悲痛为力量,他要承担起爷爷对这代孙儿的期望,他要承担起家族的又一重托。

至此,经历了丧母、娶妻、丧失祖父几件大事后,王阳明也长大了许多。

弘治五年(1492年),王阳明一举通过浙江省的"乡试",取得了进京参加"会试"的资格。这年,王阳明二十一岁。

至于会不会考中进士?王家人似乎没怀疑过这个问题。凭王阳明的能力,名次一定是囊中之物,最美的情况是家族又要出个状元了。他们是这样想的,王阳明也是这样想的。但这一次,王阳明却是失算了,确切地说是丰满的理想败给了骨感的现实。

弘治六年(1493年),已经过了二十七个月守孝期的王华回京复职,还升了官,当年会试的考官们正是他的同事们。而于刚回京又有实缺的王华来说,他先是有公事家事一摊子事要忙,待一定料理得差不多之时,会试放榜的日期也到了。

当天。王华一直在府上焦灼地踱步,派出去的家人一拨接一拨,得回来的结果却只有一个:王阳明确实不在"孙山"内。王华觉得不可思议,王阳明也有点诧异。但现实就是现实,不以个人意志甚至不以一家人的意志为转移。

继弘治六年王阳明考场失意后,弘治九年(1496年)会试,出乎所有人意料,王阳明又一次"马失前蹄"。当时,他已是二十五岁了。

又是三年。王阳明老老实实地待在京城家中读书、奋进,虽然他这次还是会分散些精力到兵书上,但他总算是没有放下正经的复习资料。

弘治十二年(1499年)会试,王阳明总算是榜上有名,只可惜不是该得之名。依王阳明当时的成绩,他本是在一甲(一等)名额内。但却莫名的因为"徐穆争之"而落入了二级,下降名次为"二甲进士第七名"。

好好的名次就这样被降了下来,王阳明却没有控诉,甚至连同他的状元老爹也没有吱声。因为当时的局面实在是让他们没法发声——就在那一届京城会试,出了一件轰动古今的科举大案——会试泄题案!

说起来,那真是一起冤案。案情还要从当届的主考官说起。

弘治十二年,京城会试的主考官除了李东阳之外还有程敏政。两位都是重臣,都是学术泰斗,特别是程老爷子,还是位学术重口味的老学究。两个人合计着出了一期生僻的考题,难倒了众考生。

至此,一切还是按正常轨道运行的。可怕的转折出现在阅卷时。

阅卷时,众多试卷中却有两张答得不但切题而且出彩,程老拿起来读了又读，不禁喜欢地拍手道："这一定是出自唐寅和徐经之作。"

说者无意，却不乏当时在场的其他阅卷老师中有人"听者有心"。

唐寅是谁？就是苏州四大才子中综合实力最强的唐伯虎，在上京前的当地乡试中，二十九岁的唐寅就考了第一名。至于徐经，则是江苏江阴的著名才子。江苏是文化圣地，二人的名声能传到京城本不足为奇，但问题就出在这徐经是个巨多金的富二代。

很快，京城的街头巷尾都在议论："听说了么，徐经和唐寅会是内定的一二名呢"，"听说他们提前得到了试题，因为他们贿赂考官"，"是啊，听说给了很多钱。看他们随便出个门游玩都有好多童子跟着，应该假不了……"

可怜徐经和唐寅还在吃着火锅唱着歌、满怀憧憬地等前程，就这样莫名其妙地陷入了被"听说"的命运中。

未等发榜，给事中华昶等人迫不及待地弹劾了程敏政，说他"鬻题与举人徐经、唐寅"。

"卖题？"

"天子脚下，主考官卖题给考生，还搞得天下皆知，世人议论。这还了得？"于是，年轻的弘治皇帝朱祐樘亲自坐镇午门，命其他阅卷官与程敏政当面对质。程老爷子显然没有被这威严所震慑，他坚持自己是清白的、两个考生是清白的。辩解到动情处，他还用囚服直抹老泪纵横的双眼……那场面着实让人看着揪心。

皇帝不想当昏君，他要派人细查真相。经查阅，徐经和唐寅的试卷不但不是所谓的一、二名，甚至都不在录取范围内。又经过几番复审，仍然证明"鬻题"一说是子虚乌有。

那么，该还大家清白了吧？可惜，没那么简单。

事情闹得太大了，后果也十分恶劣，它已经上升为一个政治问题。若没有一个"满意"结果出来，就会有失朝廷的公信力。而且对于悠悠众口来说，真相或许并不重要，他们更想要的是一个意淫的心理平衡：富二代一定是只会砸钱的货，若是他们又有才，又有财，那让天下寒门学子情何以堪？

连续几个夜晚，朱祐樘都从睡梦中惊醒。他开始迷茫：到底怎样才算是一个好皇帝？太祖朱元璋开辟了明王朝，手上却是沾满了功臣的鲜血；成祖朱棣引领新时代，却是以屠戮亲人和朝廷正规军上位；代宗朱祁钰重用民族英雄于谦，却是容不下亲哥哥的回归……原来，每一个好皇帝都有缺陷、有不得已，怪不得人说"一将功成万骨枯"！可能，每一个好皇帝的身上，也都系着无数的冤魂吧！关于眼下这桩震惊于世的"鬻题"案，自己又该怎么断，才算是正确的？或者说，如何判才能于皇权损失最小？

最终，定案结果出来。所有的涉案者都为此买了单：经"查证"，程敏政和江苏乡试负责人梁储虽然没有大肆受贿，却是收了徐经和唐寅的一点见面礼之类的钱，两人罢官各回各家；那些由程敏政审阅过的试卷均不能成为前三名；原告华昶因奏事不实，造谣生事，产生了不好的影响，给予降职处分；唐寅与徐经则各被打五十大板。结案！

程敏政老爷子归家后愤郁发疽而亡，他没有等到皇帝想在风头过后给他的补偿。噩耗传来，朝廷赠礼部尚书祭奠这位因政治殉葬的老臣。退朝后，弘治皇帝朱祐樘将自己关起来批了一夜的奏折，程敏政为皇权威严、为科举威严流过的血，他要以另一种方式温暖天下人心。只有这样，忠臣的血才算没有白流。

但就算有无奈，这也确是一起冤案。后《孝宗实录》论此事为："言官驳其主考任私之事，实未尝有。盖当时有谋代其位者，命给事中华昶言之，遂成大狱，以致愤恨而死。有知者，至今多冤惜之。"

后世看来仍觉冤，何况当时受冤人。

仅一届科举，就牵出多少说不清、道不明的糊涂账：唐寅、徐经二位"种子选手"，无故沦为了"买题者"，还被列入了科举的"黑名单"；还有一些清白官员无故受累、致死，也都称得上是"荣幸之至"。至于王阳明，一个本与"鬻题"案无丝毫关联的人，也还是莫名地因为别的人和事，被拉下了名次。科举弊端，可想而知。

或许，这一切本可以避免，因为它本身就存在很多"莫须有"。又或许，这一切都是注定要发生的劫难。那些散布"鬻题"谣言的官员，那些无知跟风的百姓，甚至那个进退两难的帝王，还有那摆了王阳明一道的人，其实都是因为各自的私欲、私心作祟。正如程敏政曾经接过的对联："魑魅魍魉四小鬼，各样肚肠。"但归根结底，这场悲剧的酿成，还是因为"科举"的实质不过是政治工具罢了。

或许，在政治与欲望面前，人总是牺牲品，良心则属于奢侈品。

第三章

王阳明 狂而不疯的"官二代"

你好，偶像

不管怎样，在花了大把青春年华与科举纠缠后，王阳明总算迎来了生命的柳暗花明：他当官了。

仕途评估，本打算待价而沽，但三次大考、几年坎坷，倒让王阳明看开了很多。虽然区区一个工部见习的小官职根本不是王阳明想要的，但他也不气馁，而是每天认认真真地去上班。每日，在工部，无非是学习一些营造工程的事宜，王阳明这个"小见习生"根本没有插话的权利。所以，失落感多少是有些的。但一想到天天可以和父亲一起上下班，他又幸福感十足。

到弘治十二年（1499年），王阳明已经二十八岁了。他和父亲一样高了，还留了胡子。他结了婚、当了官、吃着皇粮、有了身份，不再是一个小孩子了。父亲王华与他谈话的内容、口气，也都有了微妙的变化。尽管在父亲眼中，他仍然是个孩子，却已经是一个可以聊正事、推心置腹的"大孩子"兼"老朋友"了！

尽管有亲情滋润，但王阳明还是知道：自己的人生路不能就这样蹉跎下去，总要有一个飞跃的机会才好。否则，圣人之志就只能成为画饼！

许是上天听到了当事人的许愿，许是宇宙接到了他的传感信号。没过多久，机会就来了。他接到了这样一份大差事：建威宁伯王越墓。

于别人而言，为过世的伯爷造墓，顶多算是个美差。但对王阳明而言，却是意义非凡，除了这是第一项由他独立主导的实际性工作之外，还因为，这个墓地的主人，是王阳明的偶像之一——王越。

就像是拿到偶像演唱会的入场券，王阳明激动、兴奋、感动，泪流满面。

这王越，能让心高气盛的王阳明膜拜至此，当然不会是什么等闲之辈。传说王越自小就聪明过人、胆识过人。当年，王越在参加廷试时，不知从何处刮来一阵狂风。飞沙走石过后，别人倒是没有大碍，唯独王越一人的考卷被刮得不见踪影。看着一个不错的考生就将这样不明不白地断送前程，在座考生和考官都向他投来同情加惋惜的目光。倒是王越本人，像是没事人儿一样，只见他不慌不忙地和监考老师又要了一张空白考卷，利用剩下很少的时间重新作答，笔走龙蛇。这种淡定气质本已让人敬佩，更让无数人咋舌的是：王越居然还中了进士。神上加神的是，那张卷子其实并没有丢，它随风飘啊飘，就飘到朝鲜国去了，直到朝鲜使臣在当年秋天来进贡时，又恭敬地给带回来了。

在当官后，王越每到一地都能"警惕贪污，激浊扬清，议论风发，见事风生，众皆佩服"，让当地人民的生活提升一个档次。

偏偏这王越又是一个文艺范儿，写得一手好诗好曲。他一面发出"吁嗟我老不足怜，塞上征夫泪成血"这样的激壮之音，一面又性情流露，不须雕饰地写出可爱的曲调：

唱一会啰哩啰，论清闲谁似我！清风明月咱三个，清风是大哥，明月是二哥，论三哥咱也做得过。啰哩啰，清闲处快活，沉醉了待如何？

光这些，就足以让多少世间文人羡慕嫉恨。

但是，王越真正彪炳史册、让王阳明五体投地的可不是这些，而是因为他盖世的军事功绩。

在王阳明还未出生时，王越这位高级文官就临危受命，以武将决策者的身份投入到军事斗争中去。长期戎马军帐，王越缮修器甲、精简兵卒，他所指挥的十余场重要战役，都能出奇制敌，动有成算，也多以胜利告终。王阳明一天天长大，王越却宝刀不老。

王越一生三次出塞，收河套地。他在河套地区抵御蒙古鞑靼部，打得这支铁骨、热血的军队落花流水、闻风丧胆，单这点，他就创造了永乐以来，明军对垒蒙古军最为成功的战争神话。

这样一个英雄故事的男主角，直让有英雄情结的王阳明追慕崇拜得一塌糊涂。但同样是这个英雄，却偏偏是千夫所指的"白脸奸臣"，这让人很难接受。

是的，英雄也会有硬伤，有死角。像希腊战神阿喀琉斯照样有脆弱的脚后跟，王越也有。

王越在战场上临危不乱，英勇无比，他的弱点不在于他哪次战争指挥失利，而在于他和太监汪直的关系堪称莫逆。这让人很受不了！

中国人的传统理论就是"物以类聚，人以群分"，偏偏这王越就喜欢和大坏蛋汪直腻在一起，搞在一起，还不避嫌。汪直是什么人啊？一个有野心没人品、有功绩没底线的太监。那是万贵妃的走狗，是在背后拉着"皮偶"皇帝朱见深左右摆动的人。和这样的人做朋友，真是让人难往好的方面联想。虽然最后王越因为军事和汪直闹僵了，但他仍洗不去"勾结奸党、助纣为虐"的骂名。

据说，他们这份友情不但为百姓、百官所不容，还惊动了当时的天子。

在汪直当权期间，很多人都是心里有恨、敢怒不敢言，因为言了也是"白言"。但是，若这世界总是偏向失道者，那也会破坏了有机平稳。将汪直的友情生活升级为敏感政治问题的人是一个小太监。当时，明宪宗朱见深身边有个受宠小太监叫"阿丑"。阿丑生动地为宪宗表演过一出戏：小太监喝多了撒酒疯，周边的人提醒他"皇帝来了"，他却根本不当回事。直到有人说"汪公公来了"，小太监的酒当时就醒了，屁滚尿流地跑开了。别人问小太监："皇上来你都不怕，汪公公来你却跑那么快，这是为什么呀？"只听小太监边跑边嘀咕道："皇帝算什么啊，姓甚名谁啊？谁不知道，天下只识汪公公。"

阿丑接着又演汪直，只见"汪直"很得意地操着两柄大钺（武器），笑得很开心也很夸张放肆。有人问："你的钺是什么钺呀？""汪直"也大笑着答道："我的钺法宝就是王越、陈钺两位将军啊。"

对于前一幕，朱见深只是单纯地看了个乐呵，并未言语。而后一幕，朱见深又是一笑，笑过之后却陷入了深思。的确，他冒天下之大不韪宠信一个太监，那是因为他认为太监闹不出什么大动静，他甚至可以重用这个太监为监军。但是如果这个太监与当代最优秀的军事将领勾结，那后果会怎样？

朱见深虽然没有原则，却不傻。更何况他其实也是有原则的，他的原则就在于旁人可以玩弄他的皇权、甚至亵渎他的皇权，却万不能威胁到他的皇权。

一场大戏过后，汪直连同他与两位"钺哥"的友情，便刺伤了皇帝的龙眼。

再回顾王越一生中遭到的六次弹劾，这其中有实的，也有虚的，有的是说他和汪直关系非凡，也有的是说他太贪功，这些都直接或间接地影响了他的政治生涯。

弘治十一年（1498年），王阳明还在苦读的年头，王越在甘州前线不甘心地去世了，死前头上仍扣着一顶不知从哪冒出的反叛帽子。

世人说王越是攀附汪直，可谁又能说汪直就没有结交朋友的权利，谁又能说王越就没有自己交朋友的选择权？世人都说王越贪功，可他之后的大明王朝，却少有人再能有他一样的功绩。而我们，也能从他的诗情中触摸到他内心深处的一份平静：战乱别离，生死权且不畏惧！聚散别离，恩怨对错，总是空。君不闻他《浪淘沙》：

远水接天浮。渺渺扁舟。去时花雨送春愁。今日归来黄叶闹，又是深秋。
聚散两悠悠。白了人头。片帆飞影下中流。载得古今多少恨，都付沙鸥。

好在这时的皇帝朱祐樘给了王越一个相对公平的认可，"辍视朝一日，以示悼念。赠太傅，谥号襄敏"。

王越的确是明朝历史上难得的军事将领。对于王越和他特立独行的一生，王阳明和皇帝的看法是高度统一的，那就是：去其糟粕、敬其精华，给予其超越世俗的谅解与尊重！

天赐良机，让王阳明可以奉旨建王越墓，他觉得光荣而神圣。在王越的老家河南浚县，大伾山西面。王阳明要以自己的方式祭奠这位心中的大英雄，他要竭尽全力地送心中偶像最后一程。

具体方法就是：以一颗无上虔诚之心，将兵法贯彻运用到整个建墓工程中去。

在还没开工之前，王阳明就先做了整体规划。他根据统计建墓民工的人数，又结合民工们的身体素质，将民工进行军队式的编制。工程操作中，王阳明还要求全员执行"什五法"的工作计划，即该干活时干活、该吃饭时吃饭、该休息时也不加班，注重劳逸结合。

执行"什五法"，不压榨工人、也不强行赶进度，这是王阳明的一片苦心：第一，王阳明心中有仁，他把民工当人看、不当工作机器；第二，王阳明认为，王越本就是一个充满争议性的人物，如果死后还要民工加班加点地为其建墓，定会引起公愤，这无疑是抹黑了死者；第三，正如王阳明多年所悟：急有什么用？急不来进度，只会带来错、乱，搞不好还要返工，倒不如慢下来，有序进行就是了。

另外，王阳明还积极组织守墓者进行守墓操练。其标准更是霸气到以诸葛亮的"八阵图"为基准：吸收井田制和道家八卦的精华式组合，集天文地理优势于一身的作战阵法，为的就是保王越墓的长久安宁。

就这样，在"包工头"王阳明的部署与督导下，民工们的工作效率极大提升，墓地也如期完美地竣工了！墓地安全也有了长期保障。

跪拜在英雄墓前，敬一杯清酒，无需什么奉承的言语。王阳明的苦心、敬重之心，苍天可表！

临回京时，王阳明拒绝了王越后人感恩戴德送来的金银财宝。但他收下了他们所赠与他的那把咸宁宝剑。那是随王越出塞征战的佩剑。那把王阳明曾经在梦中接受过的王越的宝剑。

接过它，有朝一日挥剑沙场，谱驰骋之壮歌。

刑部里来了个王青天

弘治十三年（1500年），三十一岁的皇帝朱祐樘因为没忘记在宦海中望见王阳明的两眼，特意为他指派了一份在基层锻炼的工作——刑部云南清吏司主事（监管全国总监狱中的云南分监狱）。这一年，王阳明二十九岁，跪在大殿上"谢主隆恩"。

这里，先有一个疑问：两岁之差，怎么人和人的差别，要比人和龙的差别还大呢？两岁之差，不知道才学相差多大，皇帝朱祐樘已是日理万机，掌管天下生杀和朝代走向数年，而王阳明却还要在基层跑腿、监工，这合理么？

或许，这是一个历史都难以满分作答的题目。

王阳明虽贵为状元郎的儿子，是个官二代，但还是得凭自己的实力参加科举考试、博取功名，碰到打压和意外，还要留级几年。各种原因，他考上的又不是状元，入仕后，就得从基础做起。

朱祐樘不同，尽管他的生母是个普通到卑贱的宫女，但他的生父是皇帝。他就是"龙子"。在他高层人生的字典里，关于自己，永远没有"基层"二字。若说有，上面密密麻麻标注的也都是别人的名字。

在小朱祐樘还没有丝毫准备时，他就被藏匿在了深宫；同样在他没有准备好时，他又被推去认了父皇，再之后成了太子、失去母亲，失去父亲……之后，他就莫名其妙、又顺理成章地成了皇帝，被推到龙椅上去，决断国家大事。因为他是皇二代，愿不愿意都得跳级。

或者，王阳明算是正常进度，搭公交前进，只是赶上了几个红灯，几个地段堵车，略耽误了些。而朱祐樘是跑得太快了，他乘坐的交通工具是火箭，把众人都甩得远远的。

所以，虽只两岁之差，王阳明还只是个仕途新人，朱祐樘却已经是一位从政十多年的老前辈了。但说起朱祐樘会从茫茫官员中发现王阳明，也算是王阳明自己争取来的"荣幸"。

这还要追溯回弘治十二年发生的两件大事。第一，弘治十二年，王阳明负责修了王越墓，过程有条有理，结果像模像样，为朝廷长了脸，也去了弘治皇帝朱祐樘一桩心腹大事。第二，在当年一场流星引发的社会风暴中，王阳表现得不错。

原来，就在王阳明修王越墓的同年，北京上空划过一颗美丽又长尾巴的彗星。

没人会去夸赞这样一颗星星的长相，因为在人们的传统观念里，那可是扫把星啊，会让人走霉运的！一时，北京的街头巷尾议论纷纷："该不会国家要出什么乱子吧？""该不会吧，当班皇帝如此圣明。""那可不一定，天威难测呢。天灾这种东西，还不是老天爷说了算。""祈祷国泰民安！"

第三章　狂而不疯的"官二代"

或许，有一种叫"墨黑定律"的诅咒真的无处不在。有时候，还真是好的不灵，坏的灵。

就在这个人心惶惶的敏感节骨眼儿上，大明的一块"旧疾、顽疾"复发了：蒙古人又开始在边塞闹腾了，虽说闹得不是很欢实，却也总是让人悬心。

这一下，从朝廷到百姓又炸开锅了。人们的想象力变得出奇的丰富：扫把星出现、边疆告急……几天下来，摆在皇帝朱祐樘面前的上疏已经堆成了小山，有官员从天文、地理、星象方面告诉他"此事必有蹊跷，二者必有关联"，也有人从人文治理方面提醒皇帝要如何作秀安抚动荡民心。奏折无数，好话废话亦是无数。

在这众多的奏折中，朱祐樘翻来看去，觉得有亮点且有点用的也就那么几篇，在找重臣商量之后，便派人边关传旨去了。这其中，包含一篇几千字的奏折，那便是王阳明所上的《陈言边务疏》。上疏中，王阳明发表了针对国家弊病和军事训练等问题的见解，这倒是深深触动了皇帝朱祐樘。且不说它的实际作用到底多大，这样一个小官能不像多数文官一样东扯西扯，说些具体建议，单是将"良苦用心用在刀刃上"这一点，朱祐樘就是欣赏的。

皇帝相对认可王阳明的理论，甚至也将他的建议结合到了国防工作中去。但是，就王阳明这个人来讲，皇帝还是决定继续考察的。国家建设从来不缺少理论，而谁又能保证，一个叫王阳明的新科进士就一定不是眼高手低的空想家呢？

毕竟，这是一个缺少有效执行者和有效执行的时代。

朱祐樘到底是朱祐樘，一个在皇位宝座与国事中磨砺得日益成熟的男人。尽管他会犯大错，却仍是称得上英主。为了表扬、鼓励和继续观察王阳明，朱祐樘没有安排他去前方战场，而是先给王阳明一个"狱官儿"的活让他锻炼。

六月初夏，一旨诏书下来，王阳明被安排做了"刑部云南清吏司主事"。当然，这也不是说要王阳明亲往事多繁杂的云南边境办案，他只要在京城主管云南地区的案件就好了。

于王阳明而言，新官职，说大不大，说小，也的确挺小的。但他本人倒也不嫌弃：至少可以踏实地做点实事了，哪有比"实践检验真理"更爽的事呢！

王阳明永远也忘不了自己第一次巡视监狱时的场景：囚徒们身着脏兮兮的囚服、披头散发，晦暗的光线下，看不见多数人被遮在头发下的脸面，他们骨瘦如柴的身形倒是清晰可见。监狱里，汗味、尿骚味、霉臭味掺杂，还时不时传来痛苦的呻吟声。

巡狱是在晚饭时间，见有大点的官员进来，有人扔下饭碗，爬起来抓着栏杆喊冤，有人疯了似的嚷着要出去，更多人则只是淡淡地抬头看一眼，就闷头吃饭了。

许是怕让主事受惊，看管的狱卒们态度强硬地吆喝着犯人们不许吵、不许闹。甚至还当着王阳明的面，打开了一间牢房的锁，踢了里面一个闹得凶的犯人。王阳明在一旁冷眼瞧着：这哪是对人，倒像是对待畜生的态度。在这些狱卒们的眼中，就只有犯了事儿的坏人、犯人，已经没有了人性。这到底只是职业病，还是人性的麻木？

想到这里，王阳明不免一阵叹息。

然而，真正让他震撼的，还不是监狱里恶劣的环境，而是囚犯们的吃食。就着狱卒开牢门教训犯人的时机，王阳明见到了犯人们碗里的东西。若不是随行人员解释那是饭，还真不敢相信那是给人吃的东西！简直就是给牲畜的吃食！

见王阳明满脸惊讶与不悦，一个资历老点的狱官赶紧解释说："是没有粮食了，才会吃米糠的。不总是这样，只是赶上了，就委屈他们几顿了！"

"是吗？据我所知，按例律，朝廷有给囚犯专门拨粮食啊！另外，我还听说过一些关于牢狱的风言风语！你们自己忽悠人不打草稿，就以为本官来巡察也不提前做功课么！"听王阳明突然讲了几句又冷又酷的话，众人不能确定他的态度，也只好尴尬地陪笑，都盼着这位新来的王大人早点结束巡视，回去补补为官的"功课"。

不料，王阳明却没一点要走的意思，他像是没见到众人拦阻的眼色，只顾继续往前走，一副非要找到点什么才罢休的样子。

再往前走，就到了监狱的最深处，眼前的场景让王阳明再次惊呆了！

栏杆内的几间牢房，几群膘肥体壮的猪吃得正欢！与隔壁犯人们吃糠喝稀不同，这群猪吃的却是大米饭、馒头。

顿时，王阳明的脑袋"嗡"的一声。果真应了外面的传言！刑部大牢里有个不成文的规则：狱中养猪，猪养大了，分给相关工作人员还有当官的吃。但怎么也想不到，这些猪吃的竟然是囚犯们的粮食！

王阳明很愤怒，或者说是痛心疾首。他转过身，想责骂那些狱官儿、狱卒，却也意识到这根本起不到什么实质性作用！憋红了脸站了半天，王阳明才吐出一句："这是猪吃人啊！"然后，便忿忿的离开了。

不久后，京城，刑部办公室，王阳明怒气冲冲地与上司理论：怎么能不把人当人呢？犯人也是人啊！况且，朝廷明明拨了专款专粮用于监狱伙食，刑部默认这种饿人养猪的行为，这不是在打朝廷的脸么！这是在给朝廷结怨，是不利于国家发展的！

王阳明如是说，主管上级也觉得理亏。毕竟是他们默认不良行为在先。便也只好允诺，随王阳明处置就是了。

接下来，京城监狱的囚犯们福利来了：他们吃上了长期养在隔壁牢房里的猪的肉。他们还吃上了自己的正经粮食，尽管米面都没有理想中那么白，却到底是人吃的东西，有饱腹感更有营养。那之后，王阳明还统一对牢狱的基层人员进行了思想教育。

事实证明：这不是一次作秀，因为王阳明还郑重地发了公文，告诫以后不许再发生这样的事。

犯人的伙食问题解决了，王阳明接着又开始处理"提牢主事"（狱官们）的旷工问题。原来，因为监狱条件恶劣，所以平时如果不闹出轰动性的大乱子，通常是少有上级领导"莅临视察"的。像王阳明这样主事亲自来巡视监狱，不是"吃饱了撑的"，就是新官上任。

缺少高层监督，这使得那些本该定期来值班的狱官们也都闲散了下来。没有检查，就不见狱官们的身影。狱卒们自是打鱼的打鱼，晒网的晒网，养猪的养猪……

这种种问题，上级不是没操过心，只是一直没找到合适的办法，也就这么被当成"宿疾"拖着。

在很多人的字典里，表面和谐，就足够了。但王阳明不一样，他要做圣人，他的世界，容不下那么多的敷衍。

为了解决这一棘手问题，王阳明发明了新的考勤方法：他命令提牢们在大牢监狱上写上自己的名字，每次值班时都要写上自己的名字和值班时间，这样实名制签到，避免了代签和旷工的行为，也能够在特殊事件发生时找到责任人。

就这样，刑部长期以来的"猪吃人"问题，和狱官旷工的问题，被王阳明轻轻松松就搞定了。整个刑部，从上到下，都知道这个王阳明年轻气盛，为人刚直不阿，精明能干，其背后还有个大官老爹的背景。于是，部门里难啃的硬骨头也都丢给他去啃。

弘治十四年（1501年），王阳明被安排去江北监狱突击检查，审决直隶、淮安等地的积案。

这一次，王阳明仍是雷厉风行。没有严刑拷打，以良心为基础，以律法为准绳，以计谋为手段，俨然一个王青天：为冤狱者沉冤昭雪，还无罪者清白，打掉长期在监狱"养老"的"关系户"，果断处理那些拖延不办的案子。

看他审案，不管是当地的官员、差役、受审犯人还是当地百姓，惊心动魄的同时也觉得不可思议。有时候，王阳明会把审案变成品德课，他会苦口婆心地教育犯人招供，要他们洗心革面；有时候，王阳明又会变得很凶悍，很狡猾，甚至出一些"损招"让奸诈的犯人上套。

事实证明，仕途虽无捷径可走，王阳明却凭着良心、智慧与勇气为自己选了一条绿色通道。所处的舞台虽小，却不影响他演绎精彩。只是，若王阳明知道，几年之后，自己也会有这深深的牢狱之灾，不知又会作何感想？

踏上生命中的一座灵山

弘治十四年冬，王阳明人在淮北地区。一面接受沉冤昭雪者的真诚谢拜，一面想着忙完了要去哪里散散心。

此时，王阳明三十而立。他仍是个玩心重、好奇心重、世俗心也重的凡人。当然，他胸中还有大志，他也渴望成为圣贤。但，要走下去的人生路，就同已经走完的路程一样，总是急不来的。

在即将迎来人生第三十一个年头之时，王阳明踏上了他生命中的一座灵山——九华山。在安徽省南部的青阳县，王阳明取道上了这座山。

九华山，古又称"陵阳山"、"九子山"。因山有九峰，形成莲花之状而称奇。或许，正是有了这"莲"的渊源与祭奠，让此山自古便获得了不少礼佛者的青睐。它也因此成为佛教的四大名山之一，是"地狱未空誓不成佛，众生度尽方证菩提"的大愿地藏王菩萨道场。

不过，说起这座山之所以招人招风，倒也不全是因为它是佛教圣地，还因为它风景优美，诗意深重。想当初，此山还叫"九子山"。唐朝年间，旅游爱好者李白偶然经过此地，与隐居诗人高霁等好友一起登山。不料，初上此山，李白便沉醉其中，不能自拔。

山峰之上，由李白开头，高霁、韦权兴接联，三人洋洋洒洒联了一幅倾世好句：

妙有分二气，灵山开九华。（李白）
层标遏迟日，半壁明朝霞。（高霁）
积雪曜阴壑，飞流喷阳崖。（韦权兴）
青荧玉树色，缥缈羽人家。（李白）

同时，浪漫的李白还为联句作了一篇序：

青阳县南有九子山，山高数千丈，上有九峰如莲花。按图征名，无所依据。太史公南游，略而不书。事绝故老之口，复阙名贤之纪。虽灵仙往复，而赋咏罕闻。予乃削其旧号，加以九华之目。时访道江汉，憩于夏侯回之堂。开檐岸帻，坐眺松雪。因与二三子联句，传之将来。

就这样，"九子山"变成了"九华山"。

诗仙的广告影响力果然是不可小觑的，山没反对，政府没反对，老百姓更是开心地口口相传："叫九华山好！就叫九华山。"之后，李白本人更是拉着他宗教界、文化界的朋友第二次、第三次登上了九华山，大家边游山边作诗，好不乐乎。自此，九华山上的文人雅士就和前来拜谒的佛教徒一样多了。

如此奇妙的山，有诗、有景、有佛，喜欢"通吃"的王阳明又怎么会错过！

果然，登上九华山，王阳明就被眼前的景色惊呆了，果真是"天河挂绿水，秀出九芙蓉"。再加上这里丰富的文化底蕴，简直是人杰地灵啊！

这心情一澎湃，诗性就痒痒，王阳明当即挥毫做了一曲《九华山赋》：

> 循长江而南下，指青阳以幽讨。
> 启鸿蒙之神秀，发九华之天巧。
> 非效灵于坤轴，孰构奇于玄造。
> 涉五溪而径入，宿无相之窈窕。
> 访王生于邃谷，掬金沙之清潦。
> 凌风雨乎半霄，登望江而远眺。
> 步千仞之苍壁，俯龙池于深窅。
> 吊谪仙之遗迹，跻化城之缥缈。
> ……

怡情山色，醉在参天峰峦的氤氲间，王阳明仿佛置身于梦幻中的仙境：扣云门而望天柱，列仙舞于晴昊。下安禅而步逍遥，览双泉于松杪，在黄石上休息，鹿麋群在左右嬉戏，白鹤在云峰中招之即来，嘉鱼在龙沼中垂手可钓，各种花木的幽香在鼻间回飘，听着洞箫，另一面百丈灏灏！

尘寰纷扰渐渐消失不见。

凌空而立于山峰之上，王阳明甚至连建功立业的梦想都能抛却，宁愿就终老在这像莲花一样孤标于世的九华山上，剩的只是一颗纯净的心。当然，这也只是他以为。

几百年前，浪漫的李白醉于这山间。几百年间，多少人醉于此。而今，王阳明亦醉了。几百年后，这座山还醉倒另一位玩遍了名山大川的旅游爱好者，那位后来人叫做爱新觉罗·弘历，没错，就是风流倜傥的乾隆爷，乾隆皇帝曾满心激动地在此山题下：江南第一山。

九华山上神仙多

然而，观乎山、醉乎林，却还不是王阳明此行的全部目的。来到这样一个文化圣地、宗教圣地，若只是看看景色就知足了，那可不是王阳明的风格。他，还另有打算——探得高深层次的"镇山之宝"，才是王阳明要做的事。

好在，这座被尊为"佛教灵山"的九华山也果真没让王阳明失望，神明有没有还待探寻，但神人倒是真的存在。

原来，就在九华山的木林景致之间，竟住着一位货真价实的道士。一座佛教名山，住着道家人，看来真是佛道不分家啊！但世事微妙，就是如此！这个道士叫蔡蓬头，人如其名，头如其名：蓬乱，像是老式爆米花机炸出的发型。

听闻有此人时，王阳明便像是发现了新大陆一样欢欣。毕竟，他对道士是有深厚感情的。早在十七岁结婚期间，王阳明就与南昌郊外的一位老道相聊甚欢，二人聊养生聊到他竟然忘了去拜堂。这次，他也是满心期待，希望这个叫蔡蓬头的老道，能给自己一些成圣的提点，当然，若还是养生方面的也不错。

可惜，想美事容易，操作起来却没那么容易了。首先，这蔡姓老道虽就在山中，却是仙踪不定。与其说是寻找，不如说是"搜捕"更贴切。几天之间，王阳明光是"知情人"、路人就问了不少，怎奈这道人竟是个"打一枪，换个洞"的家伙。费了很多周折，王阳明总算是在九华山的东崖上找到了那个头发蓬乱、虱子爬在道服外的道士了！

出人意料地，这位蔡道士开始倒是很配合，王阳明一发出邀请，他就欣然接受了，但也仅仅是接受邀请。

待到了王阳明住处，蔡神仙的架子就来了。

王阳明向他问学、问道，他就只会说："尚未。"

王阳明再问，他仍只是说："尚未。"

王阳明倒是不介意，只当有仙风道骨的人难免孤傲。谁想，自己越恭敬，老道越是"蹬鼻子上脸"，只会说"尚未"。

几句"尚未"之后，老道像是被问烦了。他撂下一句："你虽然是以礼隆重待我，却仍是掩饰不去你的官相。"便扬长而去。

这位"蔡蓬头"道人的意思很明显：年轻人，你官僚，你还是个俗人！

王阳明一听，不但没生气，反而乐了，感谢老道骂出了他的弱点，让他知道自己还差得一颗初心。（怪不得很多悟道者都要有点贱的精神：不挨骂不快活。）

与这样一位高道行的道士论道，虽只是挨了几句骂，倒也似受了很大点拨，这真是件刺激的事！可是快感怎么能就此停下！王阳明决定继续拜访下去，"剜门盗洞"也要寻到大修行者。

功夫不负苦心人，在高人指点、多人指路后，王阳明又在九子岩下的地藏洞中找到了一位高僧。

对于真正靠谱的和尚，王阳明也是有些敬畏的。且不说当年和他斗联的花花和尚慧明，就说那个曾说出"道破了"三字便助王阳明开口说话的僧人，也是让王阳明一生想起来都觉得惊奇的。

听说，地藏洞中的高僧已经一把年纪了，是个古怪的老和尚。他在地藏洞中过着原始人的生活：食甘露，吃草根、松子、树皮，穿兽皮（当然不是自己打死的野兽），以天地为铺盖，一副"不识人间富贵花"的模样。

事实也正如王阳明所闻。

对于这位大师，王阳明是十分尊敬的，虽然他知道老人并非真的神仙，而是一位道行高深的苦行僧。但是，愿意用整个生命去修行，这得多放得开，多看得开啊！

老和尚不问王阳明来自何方，也不管他将去向何处，只是当做有缘众生之一。更让王阳明有些意外的是，这老和尚竟是一点也没端架子，还乐得回应自己的搭讪。整个过程，王阳明与老和尚的聊天都很随意、很舒服，甚至没用什么佛家的专业术语，像只是在讲花草、只是讲起居，却又是讲人生，讲过去、讲未来、讲死生，却又像是什么也没讲。

聊了一阵，老和尚像是累了，对王阳明说了一句："你无缘做什么神仙，还是做你自己吧。"然后就鼾声起伏。

次日之后，王阳明再度来问访，却发现哪里有什么老和尚，竟是空空如也，不像有人待过的地方。

活佛没了，王阳明倒也不着急寻觅，因为，他已经问到了道。

九华山中，最后一位触动王阳明的是实庵和尚。说是最后一位，其实也是这山上的第一位。他是王阳明在此山的"房东兼导游"，两个人白日里一起游山，夜里一起论佛，以青山绿水、松声竹韵论禅机，很投机，也很快活。

王阳明很喜欢这个和尚，还专门送了他一首曲：

从来不见光闪闪气象，也不知圆陀陀模样。翠竹黄花，说什么蓬莱方丈。看那九华山地藏王，好儿孙，又生个实庵和尚。噫！那些妙处，丹青莫状！

客观来讲，就佛学修行来说，实庵和尚还是差点火候的，像他这样的"小仙"在人间寺院里也一抓一大把。不过，王阳明仍然真心地将他与之前的两位"大仙"相提并论，不为别的，冲的就是他身上可贵的人间气味。

神佛固然了不起，只是太过高不可攀，倒是那些有些人情味的小"神棍"更真实可爱些。

对于这初次九华山之行，王阳明还是相当愉快的。赏了山中美景不说，他还访了道，问了佛，还结识了一个不错的人间和尚。当然，他也隔空问候了那位不曾远去的诗仙。

之后，王阳明一生几上九华山，每次来都有不同的感悟与收获，因为这座山美丽又神奇，蓬壶藐藐，九华矫矫，也因为它装载着一些关乎宗教、关乎信仰又关乎灵魂的神秘。直到有一天，王阳明再也不用人到山中，也可以如在山中，因为那些美丽、神奇与道义都已经深深印在了他心上。

九华山归来，王阳明虽然还未成圣，却已是把自己看成一个"世外高人"了。

阳明洞，别有洞天

弘治十五年（1502年），北京城又有人风光无限。一个小王阳明三岁的陕西汉子康海荣登榜首，成为新科状元。后来者居上，王阳明虽然不嫉妒，却多少有点心里不是滋味：自己的出头之日，又在哪天呢！好在，从九华山沾得的仙气，以及一颗出世心，还是及时镇住了他心中的魔。

其年八月，王阳明为官后第一次向皇帝告假，也是他官宦生涯中难得一次痛快地请假成功。

起初，王阳明也是不愿意告这个假的。一面，同龄人的事业蒸蒸日上；一面，自己也终于为皇帝所发现，似乎酬壮志指日可待。而自己的小身板却是亮了红灯，哮喘加重，年少"格竹"落下的病根又复发了。不过，考量再三，他还是决定：先强身，再奋斗，也只有这样，才能让奋斗和奉献更长久。

虽然只有三十一岁，王阳明却是比一些同龄人更早地有了这个感悟。十余年病痛相随，给他上了刻骨铭心的一堂课：若没有前面的"1"做支撑，后面跟再多"0"又有什么意义呢！

况且，为圣若是久长时，又岂在乎一朝一夕。

犹豫之后，王阳明递上了病假条。很快，他就收到了皇帝的批复："好好回家养病去吧，身体要紧。养好了身子才能为国效力！"有关切、谅解、叮嘱，却唯独没有犹豫、没有挽留，这不免让王阳明在感激皇帝关爱外，又有些心理落差：朝廷真的是多我一个不多，少我一个不少啊！

不知道这算不算是王阳明多虑，但它确是皇帝朱祐樘的深谋远虑：纵观弘治年间的大明王朝，有谢迁、刘健、李东阳这样的牛人辅佐，更有皇帝亲自敬业坐镇，也称得上是"能人辈出"。对于像王阳明这样能力还没有充分体现的年轻人，朱祐樘不着急重用他，除了觉得其还差些火候、还需要培养之外。更是因为，他想留些人才、人情给儿子去做。

俗话说"一朝天子一朝臣"，朱祐樘很清楚，若自己把能人都用上了，等到自己儿子掌管天下时，这些人，就会以"功臣"、"老臣"自居，容易牵制新皇；相反，如果自己留下些潜力股，让未来皇帝去挖掘，那这些被压抑过的能人，自会感恩戴德地辅佐新帝……

朱祐樘相信，只要是金子，就早晚会发光，除非你不是金子！

帝王这样高深隐晦的心思，王阳明自是不曾得知的。请假获准，他有点小失落，又有点小解脱，而后便脱下官服，回浙江老家养病去了。

说是养病，还真是养病。在一个没手术可做、没特效药可用的年代，王阳明的病还真的很难去根。那时，身为"病号"的他，每天所做的，也就是遵医嘱：按时吃些调理的中药、多休息、多呼吸新鲜空气，尽量保持身心愉快。

但若一切都这样按部就班，没有点"节外生枝"，那就不是"传奇王阳明"了。

这一天，王阳明早早服过了药。便换上道服、戴上道冠、拿上拂尘，带上《道藏》系列道家图书，连同一本与道家相关甚深的《黄帝内经》参考书，跑去他在绍兴东边会稽山中相中的宝贝洞穴了。

说起来，这可不是一处普通的洞穴，这个穴叫"禹穴"。据说，"禹穴"还是大禹当年藏书或葬身之所。在王阳明入住后，这个洞便有了新的名字："阳明洞天"，又称"阳明洞"。

许是不想破坏了阳明洞的生态，又许是洞中状态实在不适合他的虚弱体质，王阳明还着手安排人在洞侧建了个小屋。一连数日，王阳明都把自己关在小屋之中，起居、修行。他还专修了"导引术"之类的气功来疗养身体。期间，他为自己命名"阳明子"，从此，"王阳明"这个称谓在江湖正式启用。

朋友们听闻王阳明大山中修道，也都打趣道："这小子可能不是身体病了，是脑子进水了！"正当这个笑话被传得沸沸扬扬时，又有一个消息震撼传来：王阳明"通灵"了！

通灵？！如此玄乎的事件，还要从他"闭关修行"中的一次接见说起。

那天，王阳明一早起来，便念叨着"有朋自远方来"。为此，他还专门安排了仆人到指定地点去迎接。仆人临行前，王阳明交代了来客是王思舆等四人，他还一本正经地描述了四人来时所经历的事。仆人被唬得直愣愣的，又不好多问，只当这位小主子又发什么神经，屁颠儿地照做去了。

王思舆四人见到早早出迎的仆人，双方都大吃一惊。听仆人转述王阳明所说他们来时的经过，竟然一字不差。几个人一路小跑到了阳明洞的小屋，推门而入，都争相赞道："王兄啊，你已经是半仙儿了！"不料，王阳明却是"嗖"地从蒲团上起来，整理了一下衣衫，宣布"出关"。

朋友们急着阻拦，连仆人也跟着急了："您修炼了这么久，好不容易有了特异功能，现在不是应该趁热打铁继续修炼么？"

王阳明却只淡淡一笑，便回应了众人炙热的眼神："这不过是些小聪明罢了，不是道的本体，要修，就要修大成。"

此后，王阳明还真的就放弃了这种浅层次的修炼，向着道更高境界的精神家园进军了。

灵魂在诗意中升华

王阳明此次休病假，日子很长，也很清闲，没有官事困扰，没有俗事羁绊。身体稍好些，他便在浙江和周边地区游山玩水起来，常常，他还会跑到人家寺院里去写诗、参禅。

置身游牛峰寺（现浮峰寺），王阳明的禅意在实境中升华了：

> 一卧禅房隔岁心，五峰烟月听猿吟。
> 飞湍映树悬苍玉，香粉吹香落细金。
> 翠壁年多霜藓合，石床春尽雨花深。

胜游过眼俱陈迹,珍重新题满竹林。

访万山深处的化成寺,在人家的高阁看雨看月亮,王阳明感慨颇多:

化城高住万山深,楼阁凭空上界侵。
天外清秋度明月,人间微雨结浮阴。
钵龙降处云生座,岩虎归时风满林。
最爱山僧能好事,夜堂灯火伴孤吟。

在合适的时机,他还重登了九华山,于月照五溪花时,在山上的无相寺小住:

春宵卧无相,月照五溪花。
掬水洗双眼,披云看九华。
岩头金佛国,树杪谪仙家。
仿佛闻笙鹤,青天落绛霞。

回归城市途中,路过芙蓉阁,王阳明惊叹这不是给凡人歇脚的地方:

岩下云万重,洞口桃千树。
终岁无人来,惟许山僧住。

那年有幸,游李白祠,在祠堂间叹千古诗豪,他仍不忘题诗:

谪仙栖隐地,千载尚高风。
云散九峰雨,岩飞百丈虹。
寺僧传旧事,词客吊遗踪。
回首苍茫外,青山感慨中。

但在逛了那么多的寺院，见了那么多菩萨，吃了人家不少僧粥、斋饭之后，王阳明却干了一件让僧人们吐血的事——他在西湖边上劝一个和尚还俗了。

那会儿，王阳明游西湖，玩得很开心，喝得酩酊大醉，还写了首诗：

> 十年尘海劳魂梦，此日重来眼倍清。
> 好景恨无苏老笔，乞归徒有贺公情。
> 白龟飞处青林晚，翠壁明边返照晴。
> 烂醉湖云宿湖寺，不知山月堕江城。

人们并非不愿意见他在深夜里买醉，要知道，醉也是一种中国传统文化。美时、美景，王阳明喝醉也是人之常情，况且他的诗也给西湖又增了几分色。

回想这一年病假时光，倒更像是宗教之旅、灵魂之旅。期间，他体验过当道士的滋味，还劝还俗了一位和尚。"晴雪吹寒春事浓，江楼三月尚残冬"，他在云深帘幕处倚蓝天望北边；"十里湖光放小舟，谩寻春事及西畴"，他在香含雨气中野老情深自行乐；"风吹蝉声乱，林卧惊新秋"，他在青峰山池边"袒裼坐溪石，对之心悠悠"；"柯家草亭深云里，却有梅花傍竹开"，他从九华山下柯秀才家的萝深幽径处归来……他迷茫过，也悟过，却仍是在寻找着那让一切通达的理。

身上的病还未痊愈，王阳明就要重归于尘世，回归到那条让人欲爱欲恨的仕途之路，继续寻找道义，继续奉献自己。虽然前路充满了未知，但此时的王阳明，已经又是一番境界了！

还记得大明湖畔的主考大人吗

弘治十七年（1504年）八月，山东济南：大明湖上荷叶荷花好，红妆翠盖木兰舟。这座后来被赞为"四面荷花三面柳，一城山色半城湖"的泉城，它的美，竟是与岁月无关、与朝代无关。它是一场亘古的风景，不管喧嚣还是寂静。

泉城江山如画里，城里人物更是风流：三十三岁的王阳明一身官服、玉树临风地巡视着考场——他，正是其年山东省乡试的主考官。

原本，以王阳明的资历，和朝廷对他的"长线培养"态度，他想做一个省的主考，还是有点距离的。但架不住当时有另一个人盛情聘请。那人便是陆偁，时任山东巡按御史。

说起陆偁，虽不是什么强势的大角色，却也是个有性格、有能力、有眼光的人物。当年，陆偁在福建做官时，就把福建沿海地区的治安弄得井井有条；后来，陆偁到了山东，更是敢于改革，为民做主。

按当时制度，身为当地的巡按御史，陆偁有资格自行聘请主考官。但是，陆偁放着众多对口人才不选，偏偏相中了刑部主事王阳明，是不是"慧眼识珠"，人们还说不好，质疑声一定是先起来了。然而，有发言权又有实权的人这样讲了，别人也唯有听命请人！就这样，"年纪轻轻、资历也浅"的王阳明，荣幸地走马上任了。

济南城，王阳明激动着，也忙碌着。

从布置考场到安排各项事宜，王阳明这个主考都要亲自进行督查。一旦出现问题、纰漏、或是隐患，他都会勒令马上整改、完善。不过，王阳明最忙，也是最费心的事，还要数——出考试题。

山东本就是孔孟之乡，又是文化重地。因此，给考生出什么样的乡试题目，关系重大，意义也重大。因此，王阳明也格外上心。本着向孔孟致敬的精神，本着忠心为国的精神，本着针砭时弊的精神，本着为自己的心志找一个出口的精神，本着"不雷人，吾宁死"的精神，王阳明出的试题大胆、露骨，却又不离儒学正宗。

比如，其中一道题目是"所谓大臣者以道事君不可则止"。

这本是孔子与孟子宣传的做官理念："以周公的标准来侍奉君王，如果不行，宁可辞职走人。"也正是这个理念，让孔子与孟子与仕途基本绝缘。试想，就算是官员有周公的德行和能力，又有多少皇帝会愿意乖乖听进"周公"的"有用之言"呢？面对这种冲突，绝大多数官员选择了：向皇帝妥协。凡事皇帝说的对，若有不对，参照上一条。这个问题在明朝历代也不例外，还更厉害。

从皇权者的角度来看，这的确是一道令人反感的题目：封建社会，君主专制，这不是多少朝多少代的潜规则么！王阳明却突然引出圣人之言，呼吁人们"不当奴才"。这样下去，官员百姓虽然有了尊严、个性，却也很难方便统治者驾驭了。但是，这样犯"忌讳"的题目，王阳明还是出了。

王阳明出此题，是想看看考生们在原则、道义、骨气、良心与私欲之间如何选择，又或是他们如何能更好地处理这样的问题。当然，他也想借此来呼吁：不管当政的皇帝如何，读书入仕的人们，至少要有一种高贵的品格。守住它，这是底线。

另外，王阳明会在山东出这样的考试题目，还有一个原因，那就是向济南城已故的英雄铁铉致敬。

当年，燕王朱棣率军南下发动"靖难之役"，欲与建文帝争夺皇位。其大军所向披靡，势如破竹，却唯独没能攻下济南，就因为铁铉带人死守在城上，让朱棣的软硬兼施都成了泡沫。当时，铁铉无视朱棣的诱惑不说，还公然将《周公辅成王论》射给朱棣，劝其要效法周公，忠心辅佐建文帝。同年，铁铉配合盛庸在山东聊城大败朱棣。一直到最后，朱棣也没能挪走铁铉这根铁柱，不得已，他只好绕道而行，避济南直攻建文帝南京大本营。朱棣即位后，生擒铁铉。铁铉不但不接受新天子的拉拢，还大骂朱棣无道，结果被割掉耳鼻，甚至在他被处以凌迟行刑时，还大骂朱棣。

虽然，朱棣之后，大明皇帝都是朱棣的直系后人。但是，朱棣曾经"谋反"这也是不争的史实。铁铉能忠诚旧主，不侍反王，这就是节操，就是忠贞。

铁公虽逝，音容犹在，大义犹在。在王阳明看来，不但是山东的读书人要有铁铉这样的大道义感，全国的官员都应该有。所以，在选拔和检验国家未来"储备"干部时，他更注重这一点。

同时，在山东乡试中，王阳明还出了这样一道题目："禹思天下有溺者，由己溺之也；稷思天下有饥者，由己饥之也。"这个问题通过先贤的作为，直击了历代很多皇帝、官员的不作为。

禹想到天下有人遭受了水患，就好像是这灾难是他带给大家的一样；稷想到天下有人在挨饿,就好像是自己害他们挨饿一样。所以禹和稷才会以拯救天下百姓为己任。这是孟子所尊崇的儒家教义:仁者以天地万物为一体,也是王阳明以后心学的重要理论之一。

整套试卷观下来,不难发现,王阳明所出题目都是这样"一题多关":为考生、为官员,甚至为帝王的当下与未来敲响警钟。至于这些题目出得是否有过火之嫌,阳明本人倒是并不介意。第一,他行得正就不怕影子歪,他敢出,就自然敢承担后果;第二,虽然自己还未曾得志很憋屈,但王阳明却并不怨恨当朝天子朱祐樘,相反,从朱祐樘用人和治国十几年来看,王阳明知道,这样的皇帝会允许正义的言论。

没有任何思想包袱,王阳明才敢放手去做一个最称职的考官。

初秋的济南,夏的余热还未全部散去,却还是有凉风习习。乡试考场,这些还没有被仕途染缸所熏染的学子们,庄严地在试卷上写下:"先天下之忧而忧,后天下之乐而乐。"相信,此时的他们是这样想的,也想这样做。阅卷的王阳明也是欣慰的。虽然,他本人也十分清楚,这样一群参考人士,待他们走上仕途后,难免也会在赤裸裸的政治现实下化为"变色龙"。但这一课,他觉得自己有责任也有义务要为这些考生上好。

对于这届山东考生来说,他们自然是荣幸的,他们有幸生在孔孟之乡,给他们出题和阅卷的考官马上会成为当代圣人。当年静秋,莲香犹在,那一纸纸虔诚的试卷上,蕴含了太多的圣贤之道:"齐明盛服非礼不动所以修身也",这是让学子们对动静、内外与礼正进行深刻的思索,以提升个人的德行;"继自今立政其勿以憸人其惟吉士",这是让学子们站在政治高度上,劝诫国君亲贤臣、远小人;"诗不遑启居狁之故",这是让学子们对兵役与国家安危、战事有个清醒的认识。在这套儒学试卷上,学子们还有机会谈佛论老,取其精华,明心见性……

总之,在王阳明的有力督办下,山东乡试圆满地落下帷幕。

丹霞闪余晖,儒学的气息历久弥新,凌云依旧高飞。站在圣人的故土上,泰山之高,其高虽不可极,圣人的思想却可以触摸,王阳明感到,圣道就在眼前。

京城诗友赌年华

"这个王守仁自入职以来,各项工作都干得不错,在领导、同事与群众中获得了一致好评。"

"是啊,听说这小子不但能文,还是全京城有名的'兵痴',自小就喜欢用瓜果梨核排兵布阵,不知道可塑不可塑。"

"不错,有点意思。既是个有为青年,就成全他全面发展吧。就给他在兵部谋个差事先做做,再观察观察,要成大事就是需要多锻炼。"

弘治十七年(1504年)九月,皇恩再一次浩荡,前些天还在主宰秀才们命运的山东主考官,转身就成了兵部武选清吏司主事。

走马上任后,王阳明发现,或许自己的官职本身并不低,但在大官如云的京城,自己一个小司的主事,作用和职权却是可以忽略不计:对于战事、军队、甚至兵器,自己都没什么实质性的决策权。自己能做的,也不过是"纸上谈兵"式的提一些建议。至于是否采纳,是否有下文,那又是层层上级的事儿了。

不过,兵部岁月,对王阳明一生的影响却是深远的。它让王阳明加深了对全国军事情况的了解,这为有朝一日,他运筹沙场,储备了能量。当然,这个安排的伟大后果,恐怕连皇帝朱祐樘也始料不及。

而在当时,王阳明也是没能看得那么长远的。他喜爱兵戎,好不容易入职相关工作,却又发现现实与理想相差实在太远。这一回,王阳明实在是难再提起热情。或许,此时的他还不够成熟,或许,长期处于这样的落差中,真的会摧毁一个人的斗志。

反正,当时的王阳明,多少有点人生失意。工作也不忙,他闲的就只剩下时间了。

闲来无事,眼睁睁地耗太阳也不是办法,唯有找点事做,才能打发时间。犹记得,自己最开始"大闲"还是在蜜月期,新婚第一年,王阳明闲得选择了练习书法。上一次"大闲",是在浙江老家休假,王阳明闲得天天都在修习佛、道功夫。而这一次,是工作闲暇太多,他选择写诗来打发时间。

纵览古今，写诗、吟诗也算是读书人的基本技能之一吧。诗能宣泄感情，也有助于修心养性，还能抒发志向，表达憋屈，交流感情。写好了，还能成为诗人。好事啊！特别是像王阳明自小就有诗文积淀，还能把金山寺的月亮给写绝了！

诗性起时，情感浓时，王阳明想到了好些人，好些事。他干脆借诗传情：寄舅的、忆诸弟的、忆龙泉山的、忆鉴湖友的、寄西湖友的。可惜，可送的人毕竟有限，况且人总这么活在回忆与远方也不是办法。

记忆越是火热，当下就越显冷清。好在对于理想与现实之间那点矛盾，王阳明早已经习惯了，他也总能为自己的远大志向寻到一个出口。

这一回，王阳明选择：以文会友，以友辅仁。

此时的王阳明，早已在北京有了自己的朋友圈，比如鼎鼎有名的文坛才子李梦阳、何景明、徐祯卿、还有那个中了状元的康海等人。王阳明的这些朋友，可不是什么普通的文艺青年，他们都是有功名，或是即将考取功名之人，却因为不满当时千篇一律的八股文风、歌功颂德的学术氛围，敢公然对抗当时的"第一老笔杆"首辅李东阳。以李梦阳、何景明为首，包括徐祯卿、边贡、康海、王九思、王廷相在内的七个中青年，还轰轰烈烈地倡导了一场"复古运动"，主张"文必秦汉、诗必盛唐"，单这一点，就给当时迂腐萎靡的诗风带来了新气象。

这些年轻人，不但学术造诣深厚，诗写得有朝气，人也都是相当有性格、有思想。比如那个性格火爆的李梦阳，就连皇上的小舅子都敢抽；再比如，何景明、徐祯卿也都是性格耿介的奇人。

在相对安稳的年代，这一票年纪相仿、又志同道合的好友们，隔三差五地聚在一起，饮酒、对诗、谈天说地、切磋学问。已不是在龙泉山的落魄文人聚会，而是得意文人引领全国新兴诗潮的雅会。跟这些人混在一起，日日感受着几位友人的人生意境，王阳明实在是觉得想不耳濡目染都不行。

或许，连沉浸其中王阳明自己都不曾意识到，身边的这几位诗人好友，不但享誉当代，更几乎是整个明代文坛、诗坛中最耀眼的群星。这些人从容有度，能自信而发"内有于尚书，外有石将军"；这些人细腻起来，还会朗朗吟出"美人立，江中流。暮雨帆樯江上舟，夕阳帘栊江上楼。舟中采莲红藕香，楼前踏翠芳草愁"这样的深情之句。

此等诗相映此等人,王阳明与他们一起,看京城花开,看繁花开到荼蘼依有余香。没有江南的半濠春水,京师的满天黄沙也是一种磅礴;没有千家烟雨的小情小调,却仍可以"将新火试新茶"。那年,京城的诗友在一起,吟至情深处,诗酒趁年华。

一群年轻诗友,倒数着弘治十七年的除夕夜。根本没有人知道,即将迎接他们和大明王朝的是何等残酷的命运。

赌书消得泼茶香,当时只道是寻常。

讲学开启圣贤路

不过,诗词虽好,甚至也能大气豪迈、流传全古。但做一个诗词中人,却不是王阳明的追求,他心中还有一念,念念不肯忘,那就是寻得圣道、做个圣人、弘扬圣学。

因此,不管世人怎么粉饰,王阳明都确实做了一件"跟风"的事——讲学。

明朝早期,大江南北都很流行讲学风,像吴与弼、罗伦、章懋、陈献章这样的饱学之士都在广收弟子、开坛讲课,传授自己的"领悟"。他们之后,全国上下,各路牛人也都各显其能,讲学之花开遍,搞得竟像是"百家争鸣"。鉴于很多大师的讲学效果良好,不少有抱负的文化人也都跃跃欲试。王阳明就是其中一个。

不过,王阳明讲学,可不是单纯的跟世风,他还有自己的考虑:遥望当年,孔子、孟子、朱子列位先圣,都走过讲学这条路,他们通过讲学起家扬名,而后桃李满天下,再由弟子们将圣学传扬、传承。然后,世世代代,不息。这些成功的案例摆在前头,自己为什么不能效仿呢?虽然自己当前的学识还很肤浅,也没有系统的圣学理论。但有些事,不能什么都准备好了才出发。勇敢地踏出第一步,没准就能更快地趟出一条成圣之路呢。

王阳明规划着，讲学的大计已经付诸于实践了。

事实也正如他预计的，会有重重困难。讲学路才刚开始，王阳明就遭受到了各方质疑与攻讦：在人才济济、卧虎藏龙的北京城，你王阳明要讲学，凭的是学识、是资历还是什么？一个青涩还没褪尽的小伙子在这"标新立异"，简直是沽名钓誉想疯了！有一些有才学、有资历却始终没好意思讲学的闷骚者，都不禁心里暗骂：臭不要脸的。

外人众说纷纭，连王阳明的老爹王华都表示不解：守仁啊，讲学先生可不是普通教书匠，认几个字就能混口饭吃。讲学是要有真才实学、系统知识的，你是不是有点不知天高地厚了？能不能先停一停，沉淀一下？

然而，顶着各种唾骂、质疑的风声，王阳明却是越讲越起劲。没有过多阅历，他就以个人经历为活教材，以正宗儒学为基准，像模像样地讲起了"先立必为圣人之志"。

相见恨晚，圣人之交淡若水

也就是在这个艰难又兴奋的时期，王阳明遇到了他一生的思想知音——湛若水。

那天，阳光明媚，北京城也很给面子地绽放了蓝天，一个叫湛若水的京城的文化新贵，慕名来拜访王阳明。就像是场一见钟情的相遇，两人从眼神中便读懂了对方，接着更是相谈甚欢，惺惺相惜。

王阳明激动地说："我王守仁当官三十年（夸张的说法），从没见过若水这样的人物。"

湛若水同样激动地说："我湛若水游历四方（夸张的说法），从没见过守仁这样的人物。"

原来，连接他们的除了才华、德行、眼缘这些东西，还有最重要的一点，就是两个人拥有一颗共同的"朝圣"之心。

王阳明想做圣人,这是他十几岁开始的人生理想。却没想到"寻圣道、扬圣学",同样是湛若水的人生座右铭。

说起湛若水的圣学情结,还要从他那位已逝的老师陈白沙(即陈献章)说起。

陈白沙是明代较早开始敢于怀疑朱熹理论的人,也是叫板较为成功的一个人。虽然他的成功还只是局限于个人理解,还无法驾驭整个朝代的思想走向。但是,他所开创的江门学派主张"学贵知疑",鼓励学子独立思考,提倡较为开放的学风,甚至日后阳明心学都与他的学说有着微妙的关系。师从这样一位大儒,湛若水就有了和这个时代不一样的圣学观。

从湛若水个人来讲,他也绝不是个普通青年,自小,他对传统的科举考试就很不屑一顾。别人削尖了脑袋地挤那座独木桥,他却真心认为那不是大学问,更不是真正的道。但是碍于母命难违,孝顺的湛若水还是参加了考试,并且取得了优异的成绩。他用自己的优秀证明,自己不愧为"江门钓台"的新任掌门人。人虽穿上官服,湛若水的心却是没变的,他发誓要追随着内心的指引,要找到真正的圣途大道。

当听闻小自己六岁的王阳明也在宣传什么"圣人之志"时,湛若水不但没像别人一样说风凉话,反倒是冲过去认真拜访了。王阳明的世界,他懂,他这一生都懂。

共同的心志与使命,将素未谋面的两个人紧紧地联系到了一起,越是相处,他们就越有共同语言。就像是钟子期遇到了俞伯牙:巍巍乎若高山,荡荡乎若流水!两个人两种高端思想在一起切磋,碰撞出圣学的火花。朋友做得开心,讲学也更有劲了!

弘治十八年(1505年),王阳明三十四岁,他所讲学的重点还只是"志"。而湛若水讲的,则是他三十二岁就提出的"随处体认天理"学说。其年,相见恨晚的二人腻在一起,一起探讨先贤的学术对错,他们一起讲学,一起讨论着成圣之道。尽管那时,二人的学术都还未成熟,他们却乐得享受着上天的另一份赐予——亲密伙伴。那时,并肩坐在案桌旁,你爱谈天我爱笑。

第四章

王阳明

步步惊魂的权力格局

另类天子开启另类"新纪元"

弘治十八年（1505年），北京城内丧钟响起，大明王朝在做一场当时最高级别的法事道场，以祭奠刚刚在乾清宫驾崩的皇帝朱祐樘。

人们实在无法不祭奠，无法不哀思。正如后来人所评判的：明朝天下，先后十六位帝王，除了朱元璋、朱棣父子，称得上有建树的仁君不过仁宗、宣宗、孝宗三位。这"孝宗"就是朱祐樘庙号。尽管这些君王，也都存在着自己的性格短板、政绩争议，但是，于天下，他们也算是尽心力了，特别是这个"劳模"朱祐樘。

按照惯例，老皇帝驾崩，新皇帝就要登场了。那么，这个即将登场的新皇帝又是个什么角色呢？

"让我再睡会吧，昨晚玩得太高兴了，等刘公公想好今天带我去哪玩，再叫醒我。"说这话的可不是普通的皇子皇孙，他是大明王朝的新皇帝朱厚照。

此时，在朝堂大殿上，文官位东，武将位西，一班文武大臣早已排列整齐，都在等着朱厚照来参加登基大典。由于新皇几催不到，殿上的气氛也显得极为微妙。

刘健、谢迁、李东阳三位被尊称为"天下三贤相"的内阁大臣相视不语。先皇朱祐樘临终前，拉着他们的手托孤的场面仍历历在目。他们宁愿相信，现在只是一个十五岁的少年在赖床，也不愿意相信"弘治中兴"已经成为过去时了。

那一天，朱厚照伸了个懒腰，从被窝里不情愿地爬起来，被三请五请地请到大殿之上居高坐下。随着一声声"万岁"震耳欲聋地响起，他极其不耐烦地抚弄着龙椅上的纹案。

那一月，朱厚照继承大统，称"正德皇帝"，后世又尊其为"武宗"。

那一年，全国各地头版头条，每天都在滚动播报着新皇帝的爆炸性新闻：不务正业的朱厚照在宫里打架、翻墙、听戏、斗蛐蛐，还翘班玩"微服出访"出宫逛动物园，回来后又把后宫打扮得跟菜市场似的，妃子演妓女，皇上自己演嫖客……

到第二年正式使用"正德元年"年号时，已是1506年。届时，少年朱厚照用不到一年的时间，已经完全颠覆了"皇帝"这个职业，也更颠覆了父辈们苦心经营的江山，更颠覆了全民的价值观。

一开始，皇帝朱厚照没日没夜地玩儿，辅佐的大臣们忍了，他们强颜欢笑地告诉自己和天下百姓："皇帝还只是个孩子，还处于贪玩的青春期，长大就好了。"他们甚至想着，如果皇帝长得慢，他们正好趁机施展抱负，像辅佐先皇那样，搞一个"正德中兴"。所以，对于朱厚照的成长，他们也抱着"愿意等"的心态。

但很快，残酷的现实就让这些大臣们再不敢自欺欺人。正德元年，一封联名上书送进了皇宫，递到了皇帝朱厚照面前。谢迁、刘健、李东阳这些九卿六部的"大佬们"均"书上有名"。上书中，这些人以整个中央行政机构的名义郑重警告皇帝：一定要好好上班。更重要的是，一定要处理掉八个太监，否则我们就集体罢工。

辅臣位高权重，又是先帝遗老，劝谏小皇帝态度强硬，这可以理解。其他大臣元老也有资历，参与上书也有情可原。但这"八个太监"又是谁？他们的命何以值钱到需要动用朝中最高官员联名上书？到底是一帮朝官没度量容不下几个太监，还是太监们做了什么人神共愤的事呢？

"八虎"把朝廷搞得鸡飞狗跳

这是大明王朝一段沉痛的历史。

原来,少年朱厚照爱玩已经不是一天两天、一年两年的事了,只是先皇朱祐樘将心思都放在了治理天下上,当时能说上话的重臣们也是一样。大家都忙得忽略了这位接班人的"小毛病"。岂料,在朱厚照接班当皇帝后,他不但玩心不改,还变本加厉,直至将自己的全部精力,都去主攻"玩"业了。朱厚照自己不爱管天下事,也没听从父亲的意思器重辅臣们,相反,他将一切政务都托管给了一个强势的太监——刘瑾。

就这样,这位刘公公不但有机会参政、议政,还代替皇帝批起奏折来,看刘瑾那决断国事的模样,俨然一位"立皇帝"。但说起皇帝用刘瑾,倒不是因为他有什么旷世才学和治国之道,仅仅是因为他是自己亦父亦友的"金牌玩伴"。

从小到大,朱厚照的亲密玩伴当然不只刘瑾一人,还有另外七个大太监。这种玩伴关系存在了多年,但随着朱厚照身份的变化,这些太监们"玩耍"的内容也发生了本质性的变化。以前,他们还是怂恿太子朱厚照斗鸡追狗,现在,他们干脆打着天子朱厚照的名号,把朝廷和天下搞得鸡飞狗跳——巴结贿赂刘瑾的人可以迅速升官,就像"鸡飞";这群太监们主管的东厂、锦衣卫等特务机构四处抓人、抢钱,无恶不作,就像"狗跳"。

因此,包括刘瑾在内的八个大太监,被世人赐予了一个共同的名字——"八虎"。

眼看着新皇帝在"八虎"的指引下一天天走向昏庸,眼看着黎民百姓惨遭涂炭,眼看着不男不女的宦官集团把文官集团打压下来,眼看着一封封奏折对皇帝和太监们构不成一点杀伤力,大臣们再也坐不住了,辅臣们坐不住了,那些一线以下的官员们也坐不住了。这样下去,别说他们的"周公梦"会破碎,就连个人的基本权利都要得不到保障了。

这其中,反响最强烈的人当数吏部尚书韩文。每天下班之后,韩文都会回到办公室痛哭流涕,说什么"枉为官员,辜负先皇,对不起天下人"之类的话。

说到伤心时，还会用拳头痛砸桌案。这一天，下班之后，韩文又召集了一些同事，没等开口说话就先哭得不行。眼看着这么个位高权重的大老爷们在那咧着大嘴嚎，在座的其他人也是坐不住的，有的上前安慰，有的过来递手绢，有的干脆也跟着伤心地哭了起来。

不管大家真实怎么想的，领导痛哭时，你总是不能表现出开心吧。就这样，一个办公室塞满了哭声。韩文不见停下来的意思，别人谁也不好停下来。

过了好一阵，有一位侍郎再也看不下去了，也没管官位尊卑，朝着韩文就是一声呵斥："国家有难，哭就有用，还用我们这些臣子们做什么！还是干点有用的吧。"韩文当时哭得头昏昏的，被这一声喊吓了一跳。众人也是一惊。擦眼观看，才发现，说这话的，不是别人，正是爆脾气的文坛新领袖李梦阳。大西北孕育了李梦阳的质朴、火爆，更是塑造得他一身正气。

李梦阳制止了领导和同事们痛哭，他还给出了切实的方案：上书。在获得批准的情况下，李梦阳当场大笔一挥，扬扬洒洒地写了一篇奏折，叫板皇帝。从那气势激昂、发问有力的行文间，不难看出，李梦阳这个腹稿，该是打了许久的。

不过，鉴于以往的相关上书都石沉大海或如隔靴搔痒的先例，这次，他们也学聪明了。由韩文带头跑关系，搞到了九卿六部的大佬们的集体签名。

事实也证明，团队的力量是巨大的。

当朱厚照十分不情愿地打开这份奏折时，当他看到这是一分重量级的联名上书时，他再也没有心思把玩龙案、龙椅了，他吓哭了，吓傻了，也吓尿了：全国官位最大的一批人、先皇的"爱卿们"、自己的老师们，居然这样指鼻子骂自己皇帝当的不称职，还以辞职要挟要自己杀掉亲爱的伙伴们。

年少又有一颗顽童之心的朱厚照哪里见过这个架势。他的第一个意识反应就是：哭。边哭边尿。

哭了好久，这位少年天子拿袖子抹了抹鼻涕眼泪，表现出了他性格中唯一的亮点——"重义气"："我可以道歉，也可以好好做皇帝。但是，我一人做事一人当，那几位太监伙伴就不追究了吧。他们都是为了我才受到连累的。或者能不能不要杀他们啊，处罚轻一点。给我一个面子……"在换了一身干净的龙袍后，朱厚照派人去找大臣们求情。

这当然不是讨价还价、和稀泥的时候，这是鱼死网破的时候，八虎不除，日后必会变成更加乱咬人的疯狗，谁知道他们会想出什么卑劣手段来进行报复。惹了八虎，就意味着惹了一帮小人，当断不断，必受其乱。大臣们很清楚这一点，所以，他们的回答也相当坚决一致：不行！

万般无奈之下，朱厚照只好允诺：明日早朝，诛杀"八虎"。

大臣辞职，"八虎"升职

大臣们很开心，都回家洗洗睡了，盼着昭示正义一天的到来。他们自以为尘埃落定，却忘记这个世界上唯有变化才是永恒的。这位天子的过去心、现在心、未来心，他们都猜不透。而且，他们似乎忘记了，刘瑾也不是一个人在战斗。

刘瑾的"八虎"成员还有：马永成、高凤、罗祥、魏彬、邱聚、谷大用、张永，这些太监都是虎狼之辈。另外，"八虎"的势力爪牙同样遍布在那群言辞凿凿的大臣中间，比如没有节操的大学士焦芳，在九卿六部联名上书时就给刘瑾通了风、报了信。

"八虎"听说大臣们要灭了自己的团队，要了自己的小命，当时就懵了，他们阴声怪气地抱在一起哭了好半天，终于决定向皇帝打出"亲情牌"。

夜色深重，宫灯的光明晃晃地亮着。八个太监跑到皇帝那里，连跪带爬，哭得那叫一个惨："皇上啊，我们这些年所做的一切可都是为了您啊，为了让您玩得开心，活得开心，我们费了多少力啊。想我们这样一群高等残废，就要看不见明天的太阳了，日后清明重阳，连个来上坟的儿女都没有……"

就是这样几句话，他们重复着表达，却是深深触动了小皇帝。一时，朱厚照的怜悯、回忆、亲情、友情各种复杂的感情都涌上心头，他不相信自己的伙伴们会成什么祸害，更不想自己不好好上朝的事，由这样一群"忠心"的奴才来买单。

但是，乱子捅出来了，总要有个垫背的吧，而且大臣们都硬着脖子要处理结果呢！

刘瑾是何等聪明，又是何等了解朱厚照，皇帝的小心思一动，他就立刻抓住机会，爬到皇帝身边，说："皇上，其实您不用犯难，这其实都是王岳那一帮人想害我们，他看我们平时太疼爱皇上您了，什么都让您玩，才蛊惑大臣们，想联合大臣们的势力控制您的行动。可是皇上，您是天子啊，您的行为怎么能让一帮奴才控制了呢？您不想击球走马了么？您不想放鹰追兔子了么？您不想看杂剧听小曲了么？您不想看那些美女们轮番跳舞了么？"

几句歪理让皇帝瞬间感到自己的利益受到了威胁，是啊，怎么能让一群不怀好心的奴才限制自由呢？朱厚照怒火中烧。

第二天一早，朱厚照坐在高堂之上，百官听到了这样的处理结果："处罚王岳与其同党，刘瑾等'八虎'升职。"退朝之后，皇帝像个没事人一样玩去了，"八虎"也露出了得意的笑。

对于更多人，这就是个晴天霹雳！

可怜王岳，不过是另一支太监集团中的头目，相对于"八虎"集团，他们还没有那么嚣张，也没有那么强势，当然，他们也没有文官集团那样有分量。这样一伙地位尴尬的太监，是皇帝朱厚照最舍得下、也最得罪得起的人物。而王岳等人，这样尴尬的存在，也注定了是泡沫般的存在。

"干王岳什么事？我们弹劾的也不是王岳！怎么'八虎'不升反降？怎么皇帝的诺言让狗吃了？"对于这张翻得过快的牌，大臣们显然都不能接受。

一时，"善谋"的李东阳谋不起来了、"善辩"的谢迁也辩不起来了，只有刘健还能当机立断："事到如此，我们别干了！"于是，几位当权的国家最高官集体把辞职书一交："刘瑾不除，老子们就集体罢工，不干了。"皇帝朱厚照这会儿也从被威胁恐吓的惊吓中清醒了过来，他拗了起来："爱干不干，不干滚蛋，谁还留着你们约束我呢，准奏。"于是，那帮跟着朱祐樘鞠躬尽瘁、治理过天下的大臣们都纷纷收拾行李回老家去了。

至此，劣币成功驱逐良币。

然而，到这里，悲壮的剧情才刚刚开始。

问天下谁敢斗"宦虎"

"八虎"的确不是吃素的，他们是吃人的。特别是在经历了那个惊魂夜巨变之后。只是在皇帝面前哭闹一场，他们就完成了"一石三鸟"之计：保全了自己势力，打击了大臣们这批劲敌，还顺手做掉看了不顺眼的王岳集团。可怜九卿六部的大员，就这样灰溜溜地"被回家"了。

犹记得，谢迁在打包之际，还特意去哭了先皇朱祐樘。跪在那里，想起曾经成功说服先皇不要在父丧期间再娶，想起朱祐樘的种种听话、靠谱，五十多岁的谢迁哭得泪人一般："对不起您啊，没把现任皇帝教育成人，就被赶走了，老臣没用啊……"

再说"八虎"，没有了头号政治强敌，他们变得更加得势，也更加无所顾忌，做京城的黑社会老大、明目张胆的烧杀抢掠不说，还公然命人打起官员的板子来了！

午门外，经常可以听到板子与官员屁股剧烈碰触的声音，"哎哟哟"的惨叫声此起彼伏，官员们被打得皮开肉绽、被打晕过去都是常事，就连官员被打死也不算稀奇。当一具具尸体卷着席子被抬出去，那些读书做官之人可曾预想过，自己此生会是这样一种死法！

针对这一系列政局变化，朝中官员的性格结构也发生了明显变化，其中以三类性格人群为典型：第一类是"倒戈型"，即直接拜倒在宦官老爷的高权下，愿为走狗，任君消遣；第二类是"我以我血溅轩辕型"，即以官位和生命为代价，死谏宦官奸佞，要骂就骂得痛快；第三类是"忍耐型"，这类中的极品还可以升华为"厚黑型"，即迫于现实、现状，虽忍无可忍，却还能重新再忍。而这第三种的差异，也只是后来再倒过来看才有细分，于当时来看，就是鸢了，厌了。

不过，林子大了什么鸟都会有，皇帝做了奇葩中的奇葩，一"鸟"当先，这大明的林子自然是不寂寞的。

从原则上来说，正义之人和饱读圣贤书的人都是不屑于做第一类人的，但是在焦芳大学士带头投怀送抱给刘瑾、并做了实质上的"立皇帝助理"之后，识相者便趋之若鹜，他们还恬不知耻地为自己找到了一句古语座右铭：天下熙熙，皆为利来；天下攘攘，皆为利往。

从道义上来说，每个热血儿郎都应该做第二类人：是非分明，眼里不容沙子。比如说南京御史蒋钦，就坚信邪不能压正，他也搞了一批御史联名上书，结果被打得见了骨头，还在咬牙骂刘瑾十八辈祖宗，还在劝皇帝要上进、上进。这类人所表现出的千秋大义，英雄气节，可彰可表！

在两种大是与大非的走向间，更多官员选择了做第三类人。他们也有良心，也有是非观，却是敢怒不敢言。他们看不惯刘瑾等"八虎"的虎狼行为，却考虑到家中老小，考虑到自身的仕途得失，选择闭嘴，选择做沉默的羔羊。这类人一面背着良心的谴责，一面背着世人"贪生怕死"的指责，一面又要小心应酬着刘瑾的试探拉拢，活得又累又不光彩。

不过，也恰是在这憋屈的第三类群体中，还蕴藏了另一部分人。傲气、骨气与正义感都让他们不肯向刘瑾一党低头，但现实又让他们无法高高抬起头颅，他们只能弓着腰。比如说李东阳，高级元老中，唯一一个因为没有强烈要求除"八虎"，被刘瑾视为"可拉拢对象"而留下的人。此刻的他，正忍着千夫所指，默默地在刘瑾的魔爪下救人。

当然，在这几类人的间隙中，还夹着一小类人，那就是王阳明性质的：早晚要出手，却还没想好如何出手。在这场突如其来的王朝变天中，王阳明一直在观望、寻找，希望可以找到一把可以刺破昏暗现实的光刀。他不会谄媚地向刘瑾势力低头，那是他所不屑的。他也不怕死，但他怕自己的死解决不了任何实质性问题。他也想搞"中立式厚黑"，保存实力，后发制人。遗憾的是，王阳明很快便认识到，自己还没有这个资格，若是大官如此做，还能救一些人，而自己一个芝麻小官行此举，就等同于懦弱！

第四章 步步惊魂的权力格局

明知山有虎,偏向虎山行

就在王阳明还没有想到一个万全之策时,形势已经不等人了:南京御史戴铣上书,却被刘瑾假传圣旨投进了锦衣卫的大狱。眼看着一位忠臣就要成为烈士,王阳明知道,必须要出手了。尽管他意识到自己将做的,也可能是过程悲惨、结果徒劳的努力。但是他不得不试。于是,王阳明连夜提笔给皇帝写了一封奏折,这一次,老爹王华没有再拦着他。这封上疏也确实到了皇帝那里,确切地说,是先到了"立皇帝"刘瑾那里,而且,在那里,就打住了。

刘瑾板着脸听人念着这样一份与众不同的《乞宥言官去权奸以彰圣德疏》:

王阳明没像其他官员一样言辞激烈地大骂"刘瑾,你就一大傻帽,你全家都是大傻帽,你们这帮阉党滚出去";他也没有像其他官员一样训皇帝"别再当虫了,快当回龙吧"。相反,王阳明的上书还显得很恭敬,又像是春风化雨般柔和:"皇上啊,戴铣这些人本就是'言官',他们的工作职责就是向朝廷汇报问题、提有利于国家建设的意见。要是他们说错了,原谅他们就是了,这多显您的宽容啊,您要是杀了他,以后谁还敢向您打小报告了?谁还会对您说体己话了?况且,这死冷寒天的,把一群身子骨单薄的官员往死里打,万一失手打坏、打死了怎么办?就算他们命大,可万一他们在被押解的路上突然出意外,拉个痢疾致死什么的,这个迫害忠臣的罪名不就落在您身上了!"

但尽管王阳明很多地方写得很委婉,他还是态度强硬,立场鲜明地提到:"朝政还是要管一管,奸人还是要除一除!"

应该说,王阳明算是识趣的,他知道九卿六部死谏都没有用,自己一个名不见经传小官员的命更是不值钱。所以,他试图通过事实和后果讲道理。只可惜,王阳明真的不擅长玩政治,当时不适合,后来也不适合,而且他的软刀子已经深深刺痛了刘瑾那只敏感的"老家贼"。

刘瑾把脸一沉:"一个芝麻大的小官也敢在本公公眼皮底下给人求情,不是我的党羽,便都是我的敌人!我不能容忍你骂我,更不能容忍你欺负我文化低、变相式地骂我!"一顿咆哮之后,刘瑾恶狠狠地放了一句话:"不服者必揍之不宜惯也。"

这一次，王阳明亲自领教到了中国古代的又一大变态发明：廷杖。

寒冬的北京，北风呼啸。几个彪悍的锦衣卫像拖小鸡子一样把王阳明按在室外的长凳上，他们先是喝了碗酒暖身，随即便抡圆了板子开始打，这些人动作熟练、表情狰狞，下手也是贼狠的。

冷冰冰的板子落在文人身上，虽不协调却很显亲切，仿佛它们在这个年代，就是为了打人而存在的。至于这些抡板子的人，由于打人太多、太久，也都好像是在拿木棒浆洗衣物，麻木成自然。像有些有骨气的官员一样，挨打的王阳明只是紧咬牙关不说话。如果不是刘瑾新加的那道特令，这打人与被打的画面可能还更入目一些。谁料，刘瑾却突然关照"脱了裤子打"。

王阳明不是第一个挨打的官员，却是少有的被刘瑾如此"厚爱"的官员。

要知道，人活一张脸，脸面对于那些或迂腐或耿直的读书人来说，简直比千金还贵。再者，就算不是读书人，一个青年男人，被脱了裤子在大庭广众之下打屁股，也是件极为难堪的事！但是，刘瑾要的就是这样的羞辱效果。

这面，王阳明被强行扒去了裤子，按住。另一面，打人的锦衣卫来了精神头儿：练习臂力的绝好机会来了！这些人大声数着板子数，越打越起劲，越打越兴奋，特别是在见了血之后，好像连板子本身都具备了自觉嗜血功能似的。

其实，在这期间，锦衣卫打手也略犹豫过，毕竟，王阳明官位虽小，但他却有个当大官的老爹。若是王老爷子日后得了势，责备起来，他们可都要吃不了兜着走了。不过，这个念头最终还是一闪而过了：王华算得了什么，刘健、谢迁厉害不厉害？甚至还是看着当朝天子长大的，还不是照样被刘瑾撵回老家去了？顾命大臣中就只留下一个李东阳，官位虽大，却仍要处处给刘公公面子。所以，他们还是决定放开了打，好歹在当下还有刘公公罩着，不打白不打，至于日后会有什么秋后账，那也只能秋后再算了。

本着"爱岗敬业"的精神，这些手提大板的家伙们丝毫没有客气，他们这样反复说服自己：若是我们总想着要对得起王华、对得起王守仁、对得起良心，那便太对不起自己锦衣卫的"雅号"了，更对不起刘公公的栽培。

就这样，刘瑾坐在府上生闷气、王华站在家里心疼、锦衣卫抡着板子使劲打，唯有被脱了裤子挨板子的王阳明心情倒是释然：自己这可是因为反抗奸佞挨打啊，能让刘瑾恨到体罚，这也是一种光荣啊！

不过，光荣归光荣，不代表不疼。

几十大板后，皮开肉绽的王阳明被扔进了大狱，生死未卜。

在绝望中看到希望

奸党当道，满是残忍暴戾气息的北京城时时都如天寒地冻。

伴随着阵阵剧痛，王阳明挣扎着抬起眼皮。吸嗅着潮湿发霉的气体，就着微弱的光线，他甚至可以感觉到有很多邪恶的小妖在来回窜动。当时，王阳明脑海里的第一反应就是：这是阴曹地府么？我这是来阎王爷这里报到了吧！

但很快，凭着极为模糊的感觉意识，王阳明又能感觉到，眼前的场景很熟悉，像是在哪里见过。可是，到底在哪里见过呢？他想不起来。此时的他终是不清醒的，很多支离的、可怕的回忆碎片飞来，却拼不成一个完整的画面。对于这是哪里、到底发生了什么，自己又为什么会在这里，他竟给不出完整的答案。

借着昏惨惨的微光，王阳明仍在努力回想。可是，越想他就越觉得头痛难忍、体痛难忍。再想下去，一大口鲜血已是喷了出来，紧接着又是一口。

也就在王阳明这里有了动静的同时，不远处传来一阵激动又并不大声的询问："守仁兄，你醒了么？你可算是醒了。你已经昏迷了好长一段时间了，这帮奸党一直派人来打探你的生死，我以为你会……"如果能够原音重现的话，一定可以听得出，这声音中有关切、有着急、有愤怒，还伴随着同情、哽咽，就像是一杯苦羹，里面情味复杂。

可惜，在那一刹那王阳明还没能吸收到这些。他还活在模糊的自我寻找与定位之中。不过，这声音倒还是唤醒了他：呼唤自己的是个人类，原来自己还没死，自己尚在人间！以此为基奠，那些上疏和挨打的记忆也都如过电影般找了回来。他的意识总算是重组了起来。

在隔空和关心自己的难友简单沟通了几句之后，王阳明又闭目养了一会儿神。这才开始打量周围的一切：

正如难友所说的，这里虽不是阎王的地狱，却是人间炼狱，还不是刑部大牢，是锦衣卫专门收拾"不听话"官员的监狱，这监狱的真正主人正是刘瑾等人。而一直在眼前攒动的，也根本不是什么小妖，而是在旁若无人起舞的老鼠、蟑螂。在这样一处打着"公有化"旗帜玩阴的的监狱，关押的虽不一定都是什么善类，却多是和刘瑾集团对着干的人。

随着人渐清醒，王阳明身体的多处神经也恢复了状态。比如，他开花的屁股和散架的身子就痛得越来越清晰。不得不说，几十大板，真是足以结果了他这有病根的小身板。好在王阳明总算是年轻，身体恢复能力好，最重要的是，他有着超于常人的意志。意志这东西，虽无色无形，却足以创造奇迹——比如，大难不死。

挨板子后大难不死，有没有"后福"还不知道，明日的忧愁也未可知。可以确定的是：如何过得狱中的每一个"今宵"，是王阳明当下要面对的最大难题。

就在差不多十年之前，王阳明二次会试不第，还在说自己："不以考不上为耻。"那时，他确是有这种"不动心"的心态，当然，也许那还叫做"年少轻狂"。然而，时隔十年，青年王阳明想要做到坐狱"不起心"，却比当年要难得多。尽管那份高傲的心志仍在，但这个将它付诸于实践的心理过程，却要比当年艰辛得不是一点半点。

毕竟，于一个十岁初头就立大志要做圣人的人而言，二十年过去，无大成绩，壮志未酬就已身陷囹圄，这本身就是一种精神、信仰上的重击。无奈之余，王阳明也只好采取精神疗法来转移注意力："想我王守仁，无名小官一个，能被最当权的'八虎'如此抬爱，真是'艳福'不浅！"再想想，就在几年前，自己还在整顿刑部大牢，号召大家尊重犯人的人权。他也不禁自嘲：难道自己有先知之能？

在那个黑天白天难分辨的阴暗大狱，身为官二代又自诩"青年才俊"的王阳明，心中似有千千纠结。王阳明甚至忘记了要睡觉的概念，他失眠了。为了国家大义入狱一点也不可怕，可怕的是，魑魅魍魉仍然在人间肆虐，而自己就要这样白白牺牲了么？

挨打醒来的几个晚上，王阳明都很迷茫，他的思维穿越到了逶迤的深谷，在烟霞中思索着报国之路。他自嘲为何自己要千方百计踏上仕途，现在想回到田垄当个农夫都不能够。他厌倦这样尔虞我诈的官场，只渴望一分解脱，但是，他又怎能自私得寻求一个人的解脱！他不后悔上疏救忠臣，只是惋惜自己能力不够，不足以救人于冤屈。他也更加坚定信念：就是崖再陡，我也要攀岩；就是水再深，我也要游弋。

牢狱生涯，王阳明的活动范围很有限，但他的身体和精神世界倒是开明了许多。身为"待定处理"的犯人，他的业余时间反倒比上班时更充裕了起来。每日，王阳明都在狱中打坐，参照《易经》的内容，调理气息、调理心态。数日下来，他虽还没完全回到一颗初心，却也是去了不少浮躁之气，安定平和了很多。他的身体也以惊人的速度恢复着。

有时，坐得闷了，他还会就着监狱的屋罅赏月，感叹着"盈虚有天运"而"泪下长如霰"。然而，胸中大志尚在，他仍坚信"留得升平双眼在，且应蓑笠卧沧州"。

萧瑟寒风别京城

牢狱内，王阳明如此快活；牢狱外，刘瑾却很不自在。得知这个文弱书生居然顽强挺过了硬汉们几十大板，刘瑾很失望，这意味着自己"杀鸡给猴看"的把戏减了分，刘瑾自觉失了对后来官员们的威慑力。更让刘瑾不爽的是，这样一个小人物，在受了侮辱和暴打捡回来一条烂命后，居然还"不知悔改"，虽然他不像别的官员一样臭骂自己，却是在狱中吟起诗来，看样子很享受，像是比自己还幸福。如此种种，都足以让日夜操心于打压异己势力的刘瑾自尊心受到重创:"只要你过得比我好,我就受不了。"

但是,刘瑾一连数日却没有再为难王阳明,还吩咐狱卒盯紧,以防这小子在"未经批准"的情况下就自杀了。说起来,朝中的大官被他拉下马的很多,像王阳明这样区区的小角色他更不知道处理掉了多少。但刘瑾对王阳明迟迟没有下文,还一念"仁慈",并不是他良心发现,只是因为他在等一个人的屈服。这个人就是王阳明的状元老爹王华。

若不是此前内阁几位元老形成了稳定的金三角,王华也是做内阁的料,刘瑾做梦都希望自己的势力集团内能有王华这样有才气的大官,可是,他又畏惧王华那源自骨子里的正直。

直到王阳明不知好歹地撞上了"八虎"的枪口,而且还怎么折磨都不死,刘瑾才恍然大悟:王阳明就是上天安排给自己要挟王华的人质啊!

但是,在跑了几次王华府上、进行了几次不愉快的"谈判"之后,刘瑾的耐心也走到了极点:"爹和儿子一样是犟驴,不识抬举、不可教、不可救也!"啐了一口唾沫之后,他冷冷地下了一个命令:"将王守仁贬谪为龙场驿丞,眼不见为净!"

这个命令翻译过来就是"发配到龙场去,给人洗马做饭"。可怜王华,身居要职,眼看着自己的儿子承受宦官带来的不白之冤,却无能为力。刘瑾势力,可见一斑。

王阳明倒是很从容,仿佛他不是被"发配"了,而是出狱了。为此,他还写了一首《别友狱中》与狱中的兄弟们共勉:

居常念朋旧,簿领成阔绝。
嗟我二三友,胡然此簪盍!
累累图圄间,讲诵未能辍。
桎梏敢忘罪?至道良足悦。
所恨精诚眇,尚口徒自蹶。
天王本明圣,旋已但中热。
行藏未可期,明当与君别。

第四章　步步惊魂的权力格局

愿言无诡随，努力从前哲！

王阳明就要远行了，这次离京不同于以往出去娶亲，也不是真的出去做官，而是发配性质的贬谪，到一个叫贵州龙场的地方。风声眼线之下，还是有一些好友来为他践行。场面不隆重，却是充满了诗意与哲理。

比如湛若水就一连送了两首诗给王阳明：

皇天常无私，日月常盈亏。
圣人常无为，万物常往来。
何名为无为？自然无安排。
勿忘与勿助，此中有天机。

天地我一体，宇宙本同家。
与君心已通，离别何怨嗟？
浮云去不停，游子路转赊。
愿言崇明德，浩浩同无涯。

湛若水这样告诉王阳明：人生无常，不如学习孟子：勿忘勿助，顺其自然。

对于若水兄的这两首诗，王阳明的触动还是很大的，他深信自己为正义挺身而出没有错，却也为好友的观点有一丝凌乱：世间万事，世间疾苦，不闻不问真的就能顺其自然么？或许，真的是自己修行尚浅吧。

好在，经历了这样一场牢狱之灾，王阳明也确实是有收获的。他学会了忍，生忍。这，也算一种圣人气质吧。

作为远行的当事人，王阳明本人还是有点伤感的，他这样写诗回赠湛若水：

洙泗流浸微，伊洛仅如线。
后来三四公，瑕瑜未相掩。
嗟予不量力，跛鳖期致远。

> 屡兴还屡仆，惴息几不免。
> 道逢同心人，秉节倡予敢。
> 力争毫厘间，万里或可勉。
> 风波忽相失，言之泪徒泫。

那天，萧瑟寒风。王阳明还做了一首诗，送给伊人：

> 忆与美人别，惠我云锦裳。
> 锦裳不足贵，遗我冰雪肠。
> 寸肠亦何遗，誓言终不渝。
> 珍重美人意，深秋以为期。

只是，春寒料峭的季节，风沙卷地而起，这郑重的离别被重重大义所覆盖。所以，那样一份儿女情和那样一位伊人竟这样淹没在送行的队伍中，没有了下文。

不管怎样，王阳明这次被放逐，名义上到底还是叫做一个官员的"贬谪"，他可以不必带着枷锁铁链。就要远行，王阳明还可以潇洒地挥一挥手，作别这紫禁城上方的云彩，作别恢宏又充满阴暗的京城。没有放歌，悲壮是别离的笙箫。

第五章

王阳明

山高水长,颠沛流离贬谪路

第五章 山高水长，颠沛流离贬谪路

锦衣卫千里大追杀

鉴于王阳明骨头硬、屁股硬、牢狱中也关不死、又不好直接杀掉，是一粒"蒸不烂、煮不熟、捶不扁、炒不爆、响当当"的铜豌豆，而王阳明的老爹王华也是超级"不识趣"，刘瑾一想起来，就如指甲刮黑板一样"膈应"。思来想去，又咨询了自己强大的"智囊团"，刘瑾决定继续使用"八虎"整人常玩的一个阴招——贬谪。

把王阳明贬谪到龙场做驿丞，这的确是一个阴招。

首先，"驿丞"工作对于王阳明这样的高级知识分子来说，简直是"大材小用"。

何为驿丞？在驿站负责招待的人就叫做驿丞。而所谓驿站，其实就是古代的官方旅馆。它的建立，是为了给那些传递官府文书和军事情报的人提供一个换马和歇脚的地方；也为避免一些来往官员行进途中遇到"前不着村，后不着店"的情况。驿站的驿丞不但要赔着笑脸招呼停留的官爷、吏大爷，还要为他们准备饭菜，为他们喂马、洗马，做些不需要多少文化含量、又让读书人觉得很没面子的劳动。

第二，把王阳明派到龙场这样又偏又远的地方，刘瑾就是在故意向百官挑衅："我在整他，怎么样？他敢怎么样？他能怎么样？他那老爹又能怎么样？谁若不服，尽管学他就是了。"

刘瑾将王阳明发配去的地方叫龙场。其地理位置处于现在贵州的修文县，在地图上拿放大镜看它也是一个犄角旮旯。虽然几千年后它的宣传语成为："山川秀丽，物华天宝，人杰地灵。县城古名龙场，明代大思想家王阳明谪居于此悟道讲学，创立阳明心学体系，世称'王学圣地'。"但在王阳明还没有到达时，修文县的龙场确实有种鸟不拉屎的荒凉，鸟都嫌弃它偏远、贫瘠，又怎么会有官员跑到那里去休息呢？若不是发配充军的话，过去休息的人也太不顺路了。

第三，对于王阳明这样已经没有利用价值的人来说，刘瑾的终极目的只有一个，那就是："叫王阳明去死。"在京城杀不了，那就只好在去龙场的漫漫长路上给"做了"。刘瑾是这样计划的，也是这样做的。离开北京的王阳明实质上踏上的是一条难归之路，说是"赴任"，不如说是"赴死"。

王阳明挥手别了友人，别了九重门的北京城阙。踏上万里迢迢的长行路，身后的道别声越来越远……

一路向南，没有娱情河山，只有步履沉重。王阳明甚至可以敏锐地察觉到：有人在跟踪自己。当然，他凭的可不是第六感，更不是强迫症，而是他多年来为做圣人对自己进行的全方位锻炼。还有就是，这些"跟屁虫"做得也太明显了，丝毫没有低调行事的意思。王阳明知道，身后的人可不是因为担心自己山高路远、行路安危来做保镖的，他们是来要自己命的。王阳明仍是不怕死，只是不甘心圣道未成就这样没有价值地死在奸党手上。

就这样，双方一个要躲，一个要抓。

再说两个奉命追杀王阳明的锦衣卫。特殊年代，他们被训练得以杀人为生，长期进行的都是不讲理的"野蛮游戏"。本次"出差"执行任务，二人也原以为这不过是"小儿科"一场。不就是一个无缚鸡之力的文官么！按他们最开始的预想，只要二人做得明显一些、杀气重一些，可能王阳明就会吓到腿软，乖乖受死或是跪下求饶了。毕竟，"尿"、"孬"、"怕死"也是很多文官的通病。

然而，锦衣卫毕竟是个暴力活儿，靠体力吃饭的人，蛮干还行，给人算命多少嫩了点。他们只知道文官多没骨气，却忘了文官也是人，也有人的本性。再者，王阳明要是没骨气、胆小怕事，就不会和刘瑾结仇了。更何况，后面有人拿刀追着还不玩命快跑，傻啊！

更让负责追杀的锦衣卫没有算到的是，这个王阳明在高危下仍然是个淡定哥儿,是个智慧哥儿,他一玩儿起智慧来,这游戏规则就变了,主动权的方向也发生了微妙变化。王阳明身体虽还没有完全康复,生存意志却是极为强大,一遇到大街市,他就"隐身"到茫茫人海中,加上他早年跟蒙古少年习过武,行动也比一般读书人敏捷得多,这让两个训练有素的锦衣卫大伤脑筋。他们不是找不到他,而是找不到合适的时机杀他。

毕竟,再高调的杀手,也不好在光天化日、众目睽睽之下诛杀朝廷之人,哪怕他只是个被贬谪的芝麻小官,哪怕他连官都算不上了。前面跑着的王阳明,利用的刚好就是这个追杀漏洞。时间一分一秒过去,双方一个狂抓、一个狂躲,他们都在等一个结束这场游戏的时机。

余姚亲友如相问,硬命已过钱塘江

时机终于到了!锦衣卫的时机,也是王阳明的时机!

王阳明本是想取道老家余姚,去看望他那年事已经太高的祖母,但碍于锦衣卫一路连追带撵,他又不想连累家人,只得改变路线。行路间,前面就是有着号称"天下第一潮"的钱塘江了。

摆在王阳明面前只有两条路:要么活着过江,要么被锦衣卫杀死。短暂的头脑风暴过后,他选择了第三条路"我的生命我做主"。想到将是最后一搏,王阳明飞速提笔,在暂居的客栈写下了《绝命诗》:

> 学道无成岁月虚,天乎至此欲何如。
> 生曾许国惭无补,死不忘亲恨不余。
> 自信孤忠悬日月,岂论遗骨葬江鱼。
> 百年臣子悲何极,日夜潮声泣子胥。

如果说这将是自己在世上的最后文字，那么一首又怎么会够？还应再来一首：

> 敢将世道一身担，显被生刑万死甘。
> 满腹文章宁有用，百年臣子独无惭。
> 涓流裨海今真见，片雪填沟旧齿谈。
> 昔代衣冠谁上品，状元门第好奇男。

此时的王阳明，本人身死不待，可他又何曾惧过死？脑袋掉了不过碗大个疤，十八年后仍是一条好汉！心中的热血却仍在汩汩流淌，为圣到底能不能，他始终不曾怀疑。只是，此生尚未能成圣贤，尚未能救家国于水火，就要随流水而去了么？想到过往求道岁月，想到亲人远隔，想到那些百年臣子的悲哀，想到被陷害赐死的伍子胥，想到就要葬身鱼腹。真是可惜了自己一个有志儿郎了！乘除加减，谁知道上方到底有没有苍穹？

诗是真心的，人心却还有一丝的希望，王阳明决定和上天赌一赌，赌个大的。

趁着夜色，他走出房门，快步走向茫茫的钱塘江。这江、这潮，当年自己和友人在龙泉山诗社时，还曾深深感慨过北宋诗人潘阆为这里作过的《酒泉子》：

> 长忆观潮，满郭人争江上望。来疑沧海尽成空。万面鼓声中。　　弄潮儿向涛头立。手把红旗旗不湿。别来几向梦中看。梦觉尚心寒。

正德二年（1507年）盛夏，三十六岁的王阳明站在钱塘江边，虽是盛夏，满是心寒。他似乎可以听见锦衣卫的阴笑声："王守仁啊王守仁，你想往哪里跑？刘公公让你三更死，谁敢留你到五更！你不知道太监王岳就是在往南京的路上惨死的么，你就是下一个王岳！你死也要做个明白人，是公公让你死的，可不要回来找我们……"王阳明猛地回头，却是没见到人影。他也不禁自谑了起来：看来我真是有些神经质了。

第五章 山高水长,颠沛流离贬谪路

但他知道,即便当下是幻听,那两张狰狞的面孔也就潜伏在自己附近,而且越来越近。

享受着这在人间最后的空档,王阳明深吸了一口气:那就让我做这大江的弄潮儿吧!再接着,他便摘下帽子、脱下鞋袜,纵身投入茫茫江水之中。

没有求饶,也没有怨天恨地,只有从容,只有视死如归。两个锦衣卫追来时,正赶上看到王阳明那一跃的身影,看他像鱼一样消失在江际。这倒是让他们没有想到,王阳明最后是以如此态度、以这样的方式自杀的。许是因为敬畏,更是因为担心没淹死。直到江水又归于平静,王阳明彻底不见了踪影,二人才拎着在岸边被打湿的鞋帽回去复命:"王守仁落水死了。"

听到这个消息,刘瑾总算美美地睡了一个踏实觉。

同样是这个消息,王家上下却是哭作一团,但凡长点心又与王阳明交好的人,也都不免伤心叹息,他们不愿意相信这是真的,却又不得不相信刘瑾有让人、神、鬼三界都死去的实力。这其中,当属两个人的表现最为另类,一位就是王阳明的老奶奶岑氏,因为年事过高,没人敢将这个"白发人送黑发人"的噩耗告诉她,所以,岑老太太仍是每天敲着木鱼,祈祷着自己的大孙子和其他子孙平安如意。至于另一位另类者,则是王阳明的妹夫徐爱。徐爱心中也有担心,但他更坚信自己的大舅哥儿尚在人世,凭信任、凭直觉,也凭着他与王阳明宿命中的某种牵连。

对于别人的悼念反响,不管它们是强烈还是平常,是该道谢、该感动,还是让人抓狂,王阳明都没空理会了。此时的他,还在忙着与死神抗争。

也就是在那个漆黑的钱塘江之夜,王阳明凭借强大的求生意志,再凭借着年少时在浙江练就的一身水性,他一口气憋了好远,闷潜着,直到游出了锦衣卫的视线,还在继续前游着。就在他体力不支、快要失去知觉的时候,上天的"救生圈"到了:一支商船路过此地,借着月光和船上的亮光,他们发现了王阳明,并救起了他。

仅是一次过往船只对落水者的好心搭救,它无意而及时,却帮王阳明又扳赢了死神一局。

最大的智慧是活下去

　　人在虚弱和迷茫时，塞壬的鬼魅歌声便更加动听，但王阳明可不是会被迷了心志的人。在没有成圣之前，即便是死神塔纳托斯、阎王老爷也不能摧残他求生的意志。

　　又是一个凄凄暗夜，飓风大作，救下王阳明的商船由驾驶着改为漂着。船只一路顺着水势风向漂浮，王阳明的内心也是一路沉浮不定：活是活了下来，可是自己又该往哪里去？回家，只能连累族人；不回家，这天下之大，又哪儿有我王阳明的容身之地？现在，自己被这商船救了性命，王阳明甚至想从此隐姓埋名，随这商船老板当个小伙计就算了。可是，自己愿意，老板又怎会愿意收一个不懂生意的大老爷们儿吃白饭？叹自己堂堂男儿，除了做官做圣人之外，竟没有职业可选。真是百无一用是书生啊！

　　王阳明这样翻腾着心思，船已经被风刮到了福建沿海，开始靠岸了。何去何从仍是没有想好，但他很确定，是该谢别船上之人了。说是谢别，又拿什么可言谢？自己是一个被当权者逼到山穷水尽的人，连有没有未来都不知道，又怎好向恩人做什么报答承诺，只有深作一揖表达自己最诚挚的谢意。

　　就这样，作别恩人。在登岸之后，王阳明又开始了一个人，这一次，已不再只是逃亡了，还有流浪。既然已经无路可走，那就先走那些跳到眼皮底下的路吧。眯着眼睛环视了一下四周，王阳明决定沿着正前方一条小山路猛扎进去。沿着路，他就这样一直走、一直走、一直走到天黑，人早已是精疲力竭，他想喝水、想吃饭，还想找个睡觉的地方。

　　可是，荒山野岭的，去哪儿找这样的"救助站"呢？就算是有驿站，也轮不到他这个逃犯式的小驿丞去住宿。眼下能收留他的，也唯有荒野人家、寺院这样的居所了。

　　正在这时，眼前山上平地处还真的就出现了一间小寺院。起初，王阳明还以为那是幻象，是蜃楼。直到他咬得嘴唇快要流血了，才证实：这真的是一间寺院。

第五章　山高水长，颠沛流离贬谪路

王阳明三步并成两步挨过去敲门。半晌，才有一个胖和尚探出头来，胖和尚上下打量了一下他，懒懒问道："什么事？"听说王阳明想借宿一个晚上，和尚当即把头摇得像拨浪鼓一样。眼见着吃住都没了着落，王阳明也只好继续赔笑装可怜："师父，您看我一个瘦弱书生，昨天还落了水，着了凉，今天又赶了一天的路，真是太累了。我不讨饭，只住宿行不行？外面实在太危险，要是还像昨夜一样飓风骤雨，会出人命的，怕亵渎了这佛门圣地。"和尚耐着性子听他讲完，仍是态度蛮横地说了一句："住宿？去那边的破庙住吧。"一句话说完，寺门被"咣当"一声关上了。

又砸了半天，门仍是没有开，夜却是更黑更深更寂静，不知道什么时候、会从哪里爬出一个披头散发的女人嘴里噙着血喊救命。四周各种怪叫声起伏……王阳明已经没有力气去感慨佛已不佛、人心不古的世道，就着微弱的月光，他跌跌撞撞地走到不太远处的破庙。那和尚说是"破庙"一点没有错，真是太破了。连个门都没有，风从几面吹来，就勉强能称为"不露天"，实际是和露天一样的待遇。王阳明也没管那么多，他也不知道这庙里到底供的是土地神还是妈祖，倚着香案就睡着了。

迷迷糊糊中，好像是奶奶岑氏踮着小脚走过来，她招着手，唱着家乡的童谣，说"小守仁啊，小守仁，你辛苦不辛苦啊？跟奶奶回家吧。"王阳明想伸手抓住奶奶，却是没有力气。他挣扎着想伸手，又觉得那哪里是奶奶的模样，分明是母亲的模样，母亲也是一脸的慈祥，说："小守仁，过来，不许四处乱跑。"可是，母亲已经过世多年了啊！王阳明还在迟疑，已有一只毛茸茸的大怪物向他走了过来，怪物用鼻子嗅自己，拿爪子摸自己，还一直叫唤，像刘瑾那样狰狞，却更凶狠。可是王阳明实在是太累了，呼吸都显得那么的薄弱，这会儿真是懒得理它。

又不知过了多久，王阳明感觉有一个胖头胖脑的秃头靠近了自己，这个大脑袋越来越清晰，而且很熟悉。"一定是在哪里见过这张脸！""没错，是和尚的脸，寺院里没有留宿自己的那个和尚，虽然月色下看他没有这么白，但就是这张脸没错的！""他来这干什么？"王阳明想着"腾"地一下坐了起来，倒把在身前细细看他的胖和尚吓了一跳。

胖和尚见王阳明醒了，迅速扔掉自己手上拿着的行李，一把拉住王阳明的手说："这位大哥，你不是常人啊。昨天半夜听老虎叫得那么凶，你怎么一点事都没有啊？快点跟我到寺院里来吧。"

王阳明一听，顿时火冒三丈："你明知道山中有老虎，还深更半夜把我扔在外面，现在才来，还提着我的行李。分明是要看看我身上有什么值钱的东西，好收了去。现在见我是异人，反倒请我了！得嘞！你请我我还不去了呢！"

胖和尚被训了一顿，倒也不觉得尴尬。但见王阳明不动，他才开始正经着急起来："施主，寺内有人说是你的故人，你还是和我走一趟吧。"

"故人？我都没来过这鬼地方，更没进过这不近人情的寺院，又怎么会有故人？"王阳明心下思量着，肚子却已经是咕噜作响了。想到好汉不吃眼前亏，不争气也要争一个馒头，他还是拍拍身上的尘土，起身跟胖和尚走了。王阳明在后面走，胖和尚还在前边小声嘟囔："明明老虎叫得很凶，怎么没死呢？真是奇了怪了！"

他乡遇故知

破庙与寺院本就不远，王阳明一出破庙的门就看见寺院门口站了一个人，等他走近了，才看清，果然是旧相识。

是谁？

二十年前曾见君，今来消息我先闻！

眼前人王阳明再熟悉不过了！正是当年跟自己在铁柱宫谈养生的那位老道长啊！他乡遇故知，还是在自己最落魄的时候，王阳明有太多话想说，不过，在那之前，他还是羞涩地先说了句："先吃早饭呗。"

看着王阳明狼吞虎咽，老道捋着胡须开口说道："老朋友，贫道其实已经关注你很久了。你这一路走来真是多灾多难啊！"

第五章 山高水长，颠沛流离贬谪路

一句"关注"，便足以戳中离人的泪点：昏昏尘世，尽是些炎凉险恶，不想竟还有一个方外人如此厚爱自己。若是自己不曾受这贬谪之苦，大家在一起谈谈养生、论论道，该多美好，就像二十年前一样……

老道倒像是没有看到王阳明的神情变化，继续问道："不知道你未来做何打算？"

王阳明吃得差不多了，放下筷子，有点无奈地答道："找一处人间仙境，做一个娱情于绿水青山的神仙好了！"

是啊！前番还是状元郎的爱子，霁月光风、潇洒无限，还吃着皇粮等提拔；这番却沦落得颠沛无所，连吃饭都要向人乞怜。过程翻转的有常又无常，让王阳明咽下了那个做圣人的理想，宁愿做一个方外之人。

老道一听，倒不感意外，他随即拍手笑道："好啊，好啊，老朽也云游一生了，正缺一个有缘的徒弟。我不但能带你游遍名山大川，还能教你益寿延年。而且，你这'阳明子'的道号起得好，正合我意！不如我们择日就起程吧！"

"这……"听到老道要来真的，王阳明又迟疑起来。

"怎么？后悔了？莫不是你还有放不下的东西？哈哈，莫不是你想到了家中某人？我猜你一定是想到了你老父。跑得了和尚跑不了庙啊！你老父都被贬官到南京去了。若你就这样死不见尸地消失了，不知道以刘瑾的多疑性格，会不会甘休。他若不甘休，不知道会把这笔账加到谁身上呢？对付德高望重的三朝元老，一般的罪名恐怕无用，要是能安上一个'私通土匪、外贼'的罪名就完美了！"

只这一语，王阳明就惊醒了。一腔热血、几十年的求索、一路艰苦南下求生，为的不是如闲云野鹤一样避世，更不是为了连累家人！想到老父和更多亲近之人要为自己付出的代价，王阳明打了一个冷战，他要重新拾起责任和希望。他要像自己诗中所讲那样不畏艰险、勇往直前：

险夷原不滞胸中，何异浮云过太空！
夜静海涛三万里，月明飞锡下天风。

辞别了老道，王阳明决定去龙场赴任。不过在去龙场前，他先是偷偷地取道南京，看望被贬官到那里的父亲。

见到衣衫不整又十分消瘦的儿子，王华自是老泪直流。儿子成长的一连串记忆袭上心来，儿子出生神奇，又自小聪明，现在想来，连他少时的"偏僻乖张"都是一种勇敢个性的前兆啊！王华觉得，儿子简直就是为伟大而生的，是王家的铮铮铁骨，是家族的骄傲。可如今儿子又要为保全家人而离去了，这一去，不知相见何时。那时那刻，王华多想煽情地说一句"儿子，我以你为荣"，可老人家还是控制住了。临行前的那个晚上，王华留王阳明在书房，二人相谈了很久，谈国事、谈家事、谈人生、谈理想，也谈这充满恐怖和未知的未来。

天亮启程，父子执手说再见。说再见，有生之年却还能不能再见？

道一声"儿去也，莫牵连"。带了两个年纪不大的仆人，王阳明走了，朝着一个让他悟道成圣的地方，开始了他人生的另一段历程。只是，在路上他还没能想那么多，无非是以生存之信念走下去，活下去。

这一走，先生之路山高水长；这一生，先生之风山高水长。

风雨兼程路三千

晚堂、残荷，最是客行人先感知到：天凉好个秋。也最是离家在外的人，最会说出：却忆故园垂钓处，短蓑长笛下江村。

作别父亲，从南京出发，王阳明身后已经没了急于索命的锦衣卫，而朝廷也实在是不关心他这个编制外的小驿丞能几时到任。再加上身上有病痛，于是，他便有了走走停停的理由。

贬谪不幸，幸运的是，他能在贬谪途中见到故人、亲人。父亲之外，他还在北新关见到了几个弟弟。意外生还，还能见到弟弟，简直就是"喜见"。王阳明兄弟几人沉浸在这样美好的梦寐之中。

第五章 山高水长,颠沛流离贬谪路

更为幸运的是,美梦之后,还连着另一个美梦。

拖着病体,王阳明再次回到了浙江,他的故乡。尽管只是路过,他还是在杭州待了一段不长也不短的时间,还移居到了胜果寺养肺病。于他而言,那山色、那江月、那猿鹤,也许都将变成他一生的怀恋。

长梦醒后,王阳明还是要继续赶路的。此次,他仍是要先行坐船行至钱塘江,在那个差点要了他命的江域启程,行向龙场。而这一回,虽没了锦衣卫的追杀,病痛之外,却还有一个"恶魔"如影相随,那便是南方的雨。

雨,本身倒是可以很煽情的事物。小雨淅沥而下,会让人联想到"沾衣欲湿桃花雨,吹面不寒杨柳风"的美好画面。"春雨贵如油"也没错,但若下多了,就会成为洪水野兽,吞噬世间生灵。偏偏这种量与质的转变在南方地区又最为常见:连着下雨,每一次都历时持久,又或是刚刚还是大太阳,转身就大暴雨,这都是见怪不怪的事。

和着并不温顺、又凉意十足的大雨小雨,王阳明先后经过了江西上饶、分宜、萍乡水域。在上饶,王阳明曾携妻拜访过大儒娄谅,他还邂逅了当地的蒋太守。正德三年(1508年)元宵夜,蒋太守在船上简单却盛情地宴请王阳明。那夜,难得无风雨现晴空,二人就着月色,吃酒聊天。那夜,蒋太守被酒润色得发红的脸,就像是北京城的火炉。而王阳明也打心眼儿里高兴,他还专门作诗来纪念:

> 楼台灯火水西东,箫鼓星桥渡碧空。
> 何处忽谈尘世外?百年惟此月明中。
> 客途孤寂浑常事,远地相求见古风。
> 别后新诗如不惜,衡南今亦有飞鸿。

是啊,上次前来还是满心壮志,这次再来却已是阶下罪人。王阳明的心情必然是无法真正开阔的。但是,能与蒋太守这样讲义气的人一起,效仿古人吟诗赏月,也算是另一种慰藉了。

然而,这样有情调的时日总是很少的。绝大多时候,陪伴王阳明主仆的,都不是什么太守、美酒和好友,而是雨。当雨一泼皮起来,它的"玩伴儿"风也不甘示弱。风雨"二宝"这一耍闹，雷电也会跟来凑热闹。风雨夹着雷电，变幻无常，便成了王阳明一行人赶路的最大阻碍。

行向贵州龙场，少有的旱路，也多是交通不发达的山路：没有柏油，没有水泥，就只有最原始的土、泥、石头。拜连绵雨水所赐，王阳明等人踏上的是经过物理反应后的山路——泥路。在行这些山路的时候，他们总是分不清，是车在载人，还是人在拉车，因为泥路总是容易没了马蹄、陷了马车。有时候，赶上前方塌方，他们还要停下来疏通道路，或是干脆绕道而行。

这样的山路，往往要让这支小分队费尽九牛二虎之力才能勉强通过。然而，通过的人却又着实开心不起来。因为，他们多数时间要行的是水路。水上行船，赶上小雨还好，若是摊上狂风暴雨，那无异于是夺命阎王。这一点，王阳明在钱塘江被商船救起时便领教过了。

意志是战胜劫难的法宝

再次从钱塘江出发，王阳明几人的船只行过了江西，虽是风雨不断，却也总算是有惊无险。不过，在行至湖南常德的天心湖时，他们还是遭遇了一场彻头彻尾的风雨劫难。

说起那天出船惊魂，真是险象环生，让当事人们多年后都心有余悸。

那天行船伊始，天气倒也晴朗。小船载人行在水上，大有"轻舟瞬息过百里"的架势。对于这样的情形，船上人也是很感恩：船家哼着小曲，仆人们在惬意地补眠。整条船上，就只有王阳明不协调地臭着一张脸，念叨着："涨水季节，水天连成一片，小船在水上本就渺小如一叶浮萍，没有真正的行驶权，要是赶上什么恶劣的天气，船身和船上的生命连浮萍都不如。"

这话一出口，爱搭讪的船家便接了过去："你说的在理，也不在理。现在天色这么好，就算有雨也是小雨。雨季是无常，却没人规定一定要天天下暴雨啊。

你这是杞人忧天啊！"

又听王阳明表达了几句不无担忧的话，船家已是笑得直不起腰了。他有些挖苦地对着王阳明说："见过怕死的，没见过你这么怕死的。再说，若是真碰上暴雨，那也没法，只能认命。死在这水上的鬼魂也不只我们几人。我看你啊，一定是以前被吓破胆了！要么就是书读多了，死脑筋！"

二人船头船上你一言我一语地抢白，仆人早已清醒，在一旁听得窃笑了。

风轻吹，水轻漾。小船儿又轻轻松松甩过岸上几座山。

不过，事实也正如王阳明所担心的，大自然暴戾起来真是"翻脸比翻书还快"。入了夜，"雨点大人"没有丝毫过渡，直接如石子般砸下来。一时，狂风呼啸，电闪雷鸣。河神水神也一改白日的温存，面目狰狞起来，它们张开大口，仿佛要把水上、水中的一切都吞噬掉一样。很快，小船便失去了自主权。船上的人只能将自己与船体结合在一起，任船体飘摇，任凭命运在哪一刻将他们淹没在这满是风雨的水流中。

所谓天心湖，却是不见善良慈悲的"天心"啊！

四望，仍是水连着天的迷茫，没人清楚这风暴肆虐了多久，更不知它还要肆虐多久，恐怖与死亡气息久久笼罩着……

人之将死，心情总是百般复杂。以船家为例，他生长在水边，几十年的人生阅历，他又怎会不知雨季行船的危险系数，他也常有"发小"伙伴同行葬身风雨，他也常在雨后与人一起湖中捞尸。可是，这就是生活啊！明明知道有危险，还要抱着侥幸的心理出船，为的不就是挣点糊口钱么！而这船上之人，又有哪一个不像他一样，为了生活不得已的奔波，否则，谁又会在这么危险的季节冒死"旅行"呢！

就在大家以为喝下的湖水是孟婆汤时，一位救世主级的人物出现了。或者说，这个人一直都在船上。生死一刻，王阳明挺声而出（因为身体无法挺直，便只好让声音挺起）。强烈的呼唤从他的丹田处发出："既然没有生路了，不如试一试我白天想的自救方法吧。我们……"

穿过风雨，也穿过浪涛，王阳明的声音还是传到了大家的耳朵里，虽有些模糊，却仍很有力。船家惊呆了：这还是白天那个"胆小鬼"么？他的神态变得那样从容，他的指挥也是那么干练、有条理，哪是一个贪生怕死的文人，简直就是救苦救难的观世音菩萨啊！至于王阳明的仆人，也是满脸诧异：看来，以前江湖传闻我们主人是硬汉子，是真事儿啊！

其实，就王阳明本人而言，他的内心也并没有面相那样镇定。他的确花了一整天的时间未雨绸缪，但是，这种意外根本"防不胜防"。在风暴开始很长一段时间，王阳明并没有出手，因为知道自己的应急理论还很不完善。直到最后那一声吼，他也没能拿出最优方案。只是，到了必须要有人站出来主持大局的时候了。王阳明必须做这根"定船神针"。

或许，圣人真的不比凡人多三头六臂，他们只是敢于在关键时刻出来担当罢了。

自身对生的渴望，再加上被王阳明的那股子从容所感染，船家、仆人，大家都达成了统一战线——为活命豁出去了。说来也真是奇怪，人一平定下来，特别是船家也定下神来之后，篙桨和船只也似乎更听话了。

正如王阳明日后所回忆的："凭陵向高浪，吾亦讵容止。虎怒安可撄，志同稍足倚。且令并岸行，试涉湖滨止。"在王阳明的指挥下，船上人共同努力，凭科学的技巧，凭坚定的意志，也凭运气，他们真的就赢得了天命的垂青。

在经历了这样的大风大浪后，人就如同在阴曹地府走了一遭。但越是这样与艰难抗衡过的勇士，越有资格给人们讲述经历困难的历程，越有资格鼓励人们勇敢走下去。越是这样的人，越有资格享受生的美好。

然而，王阳明等人却来不及享受这美好。因为一波平了，还会有下一波起来，一波一波，他们都要以必死的心情坚持活下去，尽管大家已经比之前又多了些"起死回生"的经验，但每一次"死亡之旅"都是玩新的，玩真的。他和他们，都懈怠不得。

岳麓山寻访先贤足迹

继续行进在湖南境界，从长沙乘船沿湘江北上，经洞庭湖，溯沅江西上，再过沅陵、辰溪等地。这一路，经历三湘四水，王阳明仍像是唐玄奘西天取经一样，一难连着一难。这一路，他的感慨也颇多：虽然背后少了锦衣卫刺客的刀剑威胁，前面却不时有天灾横祸飞来，好一个行路难。

行路难，难于上青天！

怪不得，钱塘江后的一半路程，刘瑾明知道王阳明还活着，却放心不让锦衣卫跟着，想是料定了他会葬送在这艰难的行程中了吧。

"登天之梯"上，王阳明每一步都走得如履薄冰，他不敢失足，更不能失足。因为稍一打滑，不只走过的台阶白走了，还意味着他将坠入万丈悬崖。很多事就是这样：输得起，不可怕；不怕输的人却输不起，才可怕。

但不管输得起还是输不起，王阳明都得上，因为这是他此去龙场的必经之路。

在湖南，王阳明经受了难忘的天心湖生死之难。不过，在那之前，长沙、洞庭湖也都给他留下了不可磨灭的印记。

就在湖南长沙。那个"长沙沙水水无沙"的城郭，王阳明收获了意想不到的尊重与仰慕。原来，初到长沙的王阳明，头上、身上都散发着无尽的魅力："京城学术新贵"、"正义忠臣"。这一系列的荣誉，都不再是状元老爹的光环，而是他凭自己的努力打拼换来的。再加上，他这一路贬谪经历传奇，都为他赢得了不少书生粉丝。他们向他请教学问，他也认真地相教，要他们学会立志，学会"静"字功夫。

在长沙期间，王阳明诚心接待、结识了不少慕名而来的学子、名士。同时，他还满怀憧憬之心地游了长沙边的岳麓山。岳麓山上，宋真宗皇帝亲赐的"岳麓书院"御匾下，闻名于世的岳麓书院内，王阳明尽情吸嗅着宋儒们的英气。尽管，年少时王阳明曾因为"格竹"对朱熹理论产生过一点质疑。但是，做一个"真儒"境界的圣人，仍是他必生所求。置身于森森岳麓，踏着先贤足迹，王阳明觉得自己的士气都变得越加沉勇了。他在《陟湘于迈岳麓是尊仰止先哲因怀友生丽泽兴感伐木寄言二首》中，还用上了"欣然"这样轻快的字眼。

以上，算是湖南带给王阳明的喜。但相比之下，这个省份，给他的忧愁还更多一些吧。

屈原、贾谊：同命兮同往兮

也是在身处长沙时，王阳明这个"流亡"身份的贬谪之人，实在没法不想起大诗人李白的感叹："一为迁客去长沙，西望长安不见家。"半生颠沛、身为贬谪客的李白望不见家，被奸党驱逐、远走他乡的王阳明又何尝不是如此呢？

当年，李白这样诉说胸中苦闷："贾谊三年谪，班超万里侯。何如牵白犊，饮水对清流。"

失意之时，李白感叹，怀有贾谊的才华，富有班超的追求又能怎样，还不是仕途凄惨、人生冷落。倒不如牵着白牛，田源饮水，活得自在快活。

那时，李白还有个好友叫刘长卿，那个写过"柴门闻犬吠，风雪夜归人"的大诗人。除了同为诗人之外，刘长卿也是个贬谪客。他在贬谪途中，还曾专程跑到长沙贾谊旧居去写诗发牢骚：

> 三年谪宦此栖迟，万古惟留楚客悲。
> 秋草独寻人去后，寒林空见日斜时。
> 汉文有道恩犹薄，湘水无情吊岂知？
> 寂寂江山摇落处，怜君何事到天涯！

原来，即便是李白、刘长卿这样的人物，他们曾敢仰天大笑出门去，他们

第五章 山高水长，颠沛流离贬谪路

都自诩不是"蓬蒿人"。但在饱经岁月沧桑后，他们也再没了那份直指着朝廷鼻子讲理的豪气。抑或者，他们已经认识到，讲再多也不过徒劳。他们能做的，也唯有守着自己精神上的那份高贵，拿起手中的笔，尽所能地"以古讽今"，给自己郁闷的心情找一个宣泄出口。

被李、刘拿来说事儿、寻找心理慰藉的古人叫贾谊。一个谈不上伟大，却是出了名憋屈的先人。可以说，贾谊的憋屈已经成为了长沙的一大人文景观。

早在西汉年间，贾谊就是一个响当当的政论家、文学家。从年少起，他声名远播，升迁有速，还被破格提拔。可惜，这位幸运的才俊在受到皇帝厚爱的同时，也不可避免地受到了群臣的排挤。

群臣"红眼病"一犯，贾谊便无端生出好多"罪名"来。在政治对手们认真地"挑骨头、挑刺、找茬"之后，贾谊便被贬去了长沙，做了三年长沙王太傅。后来，他又被召回国都，却到底是不得善终，其忧伤陨落时也不过三十三岁。

才华横溢的贾谊，被构陷遭贬谪的命运，不也正是后来人李白、刘长卿，甚至再后来人王阳明的境遇么？那种落寞，那种讽世，那份不甘心，恐怕也只有同病相怜的人最能体会吧！

人在长沙时，尽管受到了多人尊敬，但在王阳明的内心深处，还是盛满了贾谊流露过的悲愁，他说"远为贾生恸"。待王阳明行至洞庭湖时，他的世界已经满是贾谊的倒影了。

望着八百里不到边的洞庭湖水，天气尚好时，上面江帆点点，鱼跃鸥飞，但王阳明仍可以清晰地听到贾谊穿越时空的一声长叹。

在遥远的西汉时日，贾谊也是这样深望着洞庭水。只是，贾谊想到的是更早些年前在此伫立的屈原，那位憋屈的贬谪鼻祖，悲悲壮壮地作了一篇《吊屈原赋》，他像一个重症精神病人一样，对着滔滔江水，表达崇敬，表达志向，诉说忧愤，也诉说着自己的无可奈何！

《吊屈原赋》中，贾谊对屈原这样说："屈原老大哥啊，你在世间受尽谗言和迫害，一腔热血却报国无门，心里一定很苦吧？要不然也不会最后投入到江水中来明志，你真是没赶上好的时代啊！那猫头鹰放肆地飞翔在天空，你这样的凤凰鸾鸟却被迫四处流窜；那些奉承阿谀的小人都嚣张得志，你这样忠心为国的贤臣却受到排挤。你看那帽冠在下、鞋履在上，你看他们放弃宝鼎而把瓦盆当宝器，他们把跛驴疲牛当坐骑而让千里马去干苦力，你真是赶上了一个黑白不分、是非颠倒的败家时代啊！先生你真是不幸啊！可是我与你何尝不是一样！整个国家没有人了解我，他们把我当成一个抑郁症患者，却不知我们其实是上天派来的天使，是不屑与蛤蟆、蚯蚓为伍的凤凰、蛟龙。我们的视野那么开阔，能耐那么大，何愁找不到可以辅佐的明君！又何苦蛰居在小水沟中，受制于蝼蚁……"

一样的生不逢时，一样的命途多舛，一样的不被世人理解，一样的不知与何人诉说衷肠，贾生想起屈原当年在此叹息"帝子降兮北渚，目眇眇兮愁予。袅袅兮秋风，洞庭波兮木叶下……"

多年之后，王阳明也是站在这里：洞庭四望，水连湖天。他要怎样凭吊那些先人，又要怎么样凭吊与他们融为一体的自己？日落夕下，短发萧萧。他为贾谊恸，为屈原恸，也为自己恸。

又是一样的命运，请允许晚辈也借着这湖水放肆地悲伤一回吧！

山黯惨兮江夜波，风飕飕兮木落森柯。泛中流兮焉泊？湛椒醑兮吊湘累。云冥冥兮月星蔽晦，冰峻嶒兮霞又下。累之宫兮安在？……乘回波兮泊兰渚，瞻故都兮独延伫。君不还兮郢为墟，心壹郁兮欲谁语！……

都是胸罗文章、胆照国家的志士，都可惜"雄英无计倾圣主，高节终竟受疑猜"。滚滚湖水前，志士竟是被浪花淘尽，一个步了一个的后尘。后生王阳明，是该像贾谊一样耿耿于怀，还是效仿屈原投江明志……

不得不说，此时的王阳明还处在"以物喜，以己悲"的境界。尊敬让他开心，处境却也让他难过。好在，在经历了一年又一年的蜕变，在经历了贬谪路上的一次又一次死里逃生，王阳明的心志倒也更加成熟了。

他的生命力也变得更为强大。感慨之后，他更懂得"留得青山在，不怕没柴烧"。他要活下去，不是做空悲切的"湘夫人"，而是以强者的身份，因为有更有意义的事要他去做。

天高海阔，总有人选择做最美丽的泡沫。

告别了湘山湘水，就到了传说中的贵州地界，那里，又是另一个世界与心界了。

第六章

王阳明

龙场悟道,推开圣贤这扇门

你为弃妇，我亦然

山一程，水一程，身向龙场那畔行。夜深少院灯。风一更，雨一更，聒碎乡心梦不成。故园无此声。

那些日子，离了水域，王阳明几人都是在山路崎岖间行进。离目的地越来越近，却也离人烟越来越远。尽管对故乡的思念不见减退，但王阳明以为，很多人事，他都已经能够释然了。不过，在遇到了一个可怜的妇人之后，他还是苦醉了一回。

那时，虽不是夏天，山风也算清凉，但奈何行路人运动量太大，所以，每每骄阳起时，或是走过一段路程之后，几个人的衣服便都可以拧出水来了。

这一天，几个人照常行路，走得又渴又累，嗓子眼看就要冒烟儿。仆人还在有一搭没一搭地闲扯抱怨着，王阳明则留心观察着四周环境。猛地，眼尖的他发现不远处若隐若现，好像是一间小茅草屋。

顺着王阳明手势望去，仆人也都欣喜若狂。于是，几个刚才还像腿灌铅的人，立即像脚底抹了润滑油一样，加速跑向小屋。

半山腰处，目标小屋。几个人不约而同地愣在了那里。如果是以前，富家子弟王阳明，还有他见过些世面的家仆可能都会嫌弃：真是好简陋啊！尽管这一路走来的山野人家都不富裕，但像这样简陋的也实属难见。重要的是，这房子倾斜程度太严重了，像是随时就会倒塌一样。

一个仆人嘴快，不觉说了出来："这也叫房子么？能住人么？"

不过，惊讶归惊讶，几个人终是没资格挑三拣四的。毕竟，此一时彼一时。

眼下，他们想着，要是能在里面歇上一会，喝上几口清水，啃着自己的干粮，若有幸还能吃上几口主人做的饭菜，然后眯上一觉，就再好不过了。

他们这样规划着，急性子的仆人已经开始叫门了。虽然，那破败的门根本起不到什么作用。

听到门外有动静和询问声，一个女人从屋内缓缓走出。

那真是一个无法言喻的女人：她看上去并不很老甚至还有些年轻，但又确实像是位龙钟老太一样。她整个人瘦得像一具皮包骨，她的眼大而无神，像在看人，又像是没在看人。见有生人，她的脸不自然地抽动了一下，随即又死僵了回去。

"人还是鬼啊？"仆人冒失地问了一句，被王阳明瞪了一眼。不过那妇人倒似一点也不介意："是人，是个寡居村妇，几位是想休息吧？随便坐吧。"

在了解到家中只有这样一个单身女子居住时，主仆几人都有些像霜打的茄子。这就意味着，他们不好意思向这位穷苦的女人讨饭，更别谈什么进屋睡觉。尽管几个男人君子坦荡荡，也还是不方便。他们只好在房前找了个庇荫的地方坐下。一个仆人还刻意找了个离房子稍远的地方，他总怕那倾斜的房子会倒下来。

好在，女主人倒也慷慨热情，她舀了不少自己存下的雨水，还有山下打来的溪水，供几个人喝了个水饱。就着喝水的机会，他们也很自然地攀谈了起来。就这样，一个不幸女人的悲惨身世就被挖了出来。

原来，眼前这位单身女子，并不是因为丧偶才孀居。不过，却要比丧偶还可怜——她被老公一纸休书给抛弃了。其实，这女子本是有家的，她的家就在山下。原本，她也是和丈夫过着和和美美的小日子。只是，随着年龄渐长，就算她没有色衰，却也总有更年轻的女人较她妖娆。结果，一个新人代替她占据了丈夫枕边的位置。新来的妹子越笑越开心，她的眼睛也越哭越肿。就在她已经认命要这样了此余生时，不想丈夫却全然不顾前情，伙同新人，彻底地将她扫地出门。

颤巍巍地拿着休书，弱女子无处可去。顶着"弃妇"的帽子，她既没脸回到娘家，又无法活在乡邻们的非议与同情中。无奈之下，只好一个人躲到这清净的山中，活一日，便是一日。

这样的经历，听得几个男人瞠目结舌。在一个以"喜新厌旧"、"始乱终弃"为本色的社会，他们本该对这种事见怪不怪的。但是，眼前这个深窝着眼眶的女子，还有她如此凄苦的生活，还是让他们触动了：可怜啊！真是可怜！怎么会有如此狠心的男人！这世上，怎么会到处是不公平的事！

更多细节，他们都没必要再追问下去了：山上粮食足不足？房子能不能遮风避雨？那个男人后来有没有上山看过？答案已经摆在他们眼皮底下了。

又坐了一会儿，王阳明便示意仆人起身告辞。

一连多日，那弃妇枯瘦的身影，幽怨的话语，空洞的眼神，无期等待的样子，都在王阳明的脑海里挥之不去。一到龙场，他就一连作了五首《去妇叹》：

委身奉箕帚，中道成弃捐。苍蝇间白璧，君心亦何愆！独嗟贫家女，素质难为妍。命薄良自喟，敢忘君子贤？春华不再艳，颓魄无重圆。新欢莫终恃，令仪慎周还。

依违出门去，欲行复迟迟。邻姬尽出别，强语含辛悲。陋质容有缪，放逐理则宜。姑老籍相慰，缺乏多所资。妾行长已矣，会面当无时！

妾命如草芥，君身比琅玕。奈何以妾故，废食怀愤冤？无为伤姑意，燕尔且为欢。中厨存宿旨，为姑备朝餐。畜育意千绪，仓卒徒悲酸。伊迩望门屏，盍从新人言。夫意已如此，妾还当谁颜！

去矣勿复道，已去还踟蹰。鸡鸣尚闻响，犬恋犹相随。感此摧肝肺，泪下不可挥。冈回行渐远，日落群鸟飞。群鸟各有托，孤妾去何之？

空谷多凄风，树木何潇森！浣衣涧冰合，采苓山雪深。离居寄岩穴，忧思托鸣琴。朝弹别鹤操，暮弹孤鸿吟。弹苦思弥切，巑岏隔云岑。君聪甚明哲，何因闻此音？

想那女子，从出嫁之日起便深信夫君就是自己的宿命。为夫君，她奉献了自己的青春和全部，不想换来的却只是他的不屑一顾。被撵出家门的那天，邻居都出来送别，弃妇却只能强忍泪水，假装没事，她一步三回头，不只向着送往资助自己的邻居，更是因为她还在期待，期待自己深爱的男人还能出来挽留，或是像自己以前回婆家时一样，丈夫不舍地追出来叮嘱："早些回来。"

只是，连家中的狗都不舍地跟出来好远，她却始终没有见到那个熟悉的身影。她也终于知道，此生此世，都将与所爱之人不复相见了。

女子沦为了弃妇。于丈夫，她却还是深爱的：我本是不漂亮的贫家女儿，只因感君一回顾，从此相思暮与朝。甚至，在独居山林里，思念之前和丈夫美好时光仍是她活下去的唯一动力。对于被抛弃，她也是心有不甘，却又无能为力。她甚至隔空对着那个新人喊话说："你要好好地遵守妇德，要好好地侍奉我们的夫君啊。不要等到色相老去的那天，落得和我一样的下场……"

然而，这一字字如泣如诉，真的只是王阳明同情那弃妇遭遇所作么？这分明也是王阳明写给自己的！

想自己，花去了大把青春才换得一个为国效忠的机会。然而，自己忠心为国，拼死上疏，到头来还是抵不过奸臣贼子的几句花言巧语。这不是可气可叹么！于奸党刘瑾集团，自己固然是记恨到了骨子里，可是，归根结底，自己还是被国君、被朝廷所抛弃的呀！对于一直心心念念的国家与朝廷，自己又到底是该爱、该恨，还是又爱又恨？

尽管，已不知道还与所爱之人、所爱之朝廷、所爱之国家有没有未来。王阳明仍然在内心这样劝谕那个妇人，也劝谕自己：如果有一天，我能回来，或许我仍想着与你白头偕老。只是，可能会选择若即若离的方式，将最深的爱埋藏在心底。只为不想再被你伤得体无完肤。

与那弃妇一样，王阳明也渴望被挽留，渴望被再次想起。但是，他又不想真的像个为读书人所不齿的"怨妇"一样侍君。如果可以再来一次，他定要爱得有尊严，爱得有保全。带着这样复杂的心态，王阳明等待着重生。

险为人识的原始往事

旧路被甩在身后，溪风仍是漠漠，忆别江干风雪阴，艰难岁月两侵寻。

正德三年（1508年）春，王阳明终于跋涉到了位于贵州西北部的龙场。此时他已经三十七岁了，大好的青春在科举路上流逝了，大把的青年时光也扔在了颠沛流离的贬谪之路上。不过，时况已让他没工夫感叹这些了！

踏足这片陌生的土地，眼望着周围万山齐聚、荆棘丛生、人烟稀少的场景，王阳明再一次感受到了刘瑾的"用心良苦"：这是要有怎样的深仇大恨，才能将人发配至此？但细想想，他又觉得好笑：恐怕身居京城、见惯了繁华的刘公公，做梦也梦不到这样偏僻的山旮旯吧？是啊，如果不是亲见，恐怕这样的地方描述出来都少有人会相信吧！

抬头，是明晃刺眼的阳光；四望，是不到头的灌木、山川。虽是分辨不清哪种叫声来自哪一种野兽，但那叫唤声却清晰得让人毛孔发胀。摸着胳膊上泛起的鸡皮疙瘩，王阳明忽然想起那些与自己一样进言的官员。不知道他们此时是生、是死？他亦不大清楚，在自己之后，那些骂刘瑾的人又遭遇了什么？毕竟，他这一路逃了太久，也走得太偏，实在是没精力去关心别人、八卦别人。或许，就在这大明版图的边边角角，散落着太多与自己同命运的官员吧。

"也不知道刘瑾还要嚣张到什么时候，难道就真的没有天理了么！"

听王阳明边叹气边自言自语，他的仆人在一旁挖苦道："您这连自己的命都管不过来了，还有心操心别人和朝廷呢？"另一个仆人也跟着嘟囔："是啊，心真大啊！心大走天下啊！"

被这样一抢白，王阳明自己也苦笑了起来："是啊，泥菩萨过江，先渡自身吧。"这一下，几个人又笑了一阵。除了苦笑，他们也的确不知道，要如何应对眼前这可见的一切，还有未知的一切。眼下，他们只是到了龙场地界，却连龙场驿站在哪儿都不知道。

顺手摘了几个野果子吃，又休息了一会儿，王阳明便带着仆人起身找路。这回，他们捡了几个大的树枝，左右划拉，总算是在一条快要消失的小路上找到了那个传说中的"龙场驿站"。

说起这龙场驿站，倒也有些来头。它还不同于普通迎来送往官员的驿站。洪武年间，此驿站是为了方便彝族土司进贡大明皇帝而修设，也是打通贵阳与四川通道的九个驿站之一。不过，由于这里太过偏僻，当年就没什么人选择走这条"路"。随着大明几位明主的逝去，少数民族已经早就不对明朝那么"俯首帖耳"了。

到了正德年间，"进贡？进哪门子贡！进贡不是你要供，要供我就供，你们若是想要供，打赢我就供！"虽然到王阳明来办理入职时，这里的土著民族还算是对大明王朝有一些畏惧。但是，来到这里做"驿丞"，真不知是做人的驿丞，还是做动物们的驿丞：在荆棘间，野狗、野猪旁若无人地蹿来跳去，各色叫不上名的蛇在"搔首弄姿"扭曲着身体……

更糟糕的是，王阳明作为一个被贬谪的罪臣，按照规定是无法住在这个官方驿站里的，他需要自谋住处。

赶了迢迢万里路，几经生死，好不容易挨到了落脚点，还因为是"戴罪之身"不能住。当事人的心情可想而知。

可惜，灾难还不只如此。就在王阳明愁眉不展之时，迎面过来一群当地的少数民族居民。他们可不是来请这几位远客吃肉、跳舞、举办篝火欢迎晚会的。他们是听到风声后专程抄家伙前来驱逐的。

看这些人的山野式穿戴，还有手上的标枪、铁器，倒像是传说中的食人族。见来者汹汹，仆人都不自觉地在后退。王阳明也只好先安定下仆人们的不安情绪，然后亲自上前与来者谈判。但这的确算不得是"谈判"，因为语言完全不通。

此时的王阳明，虽然风尘仆仆，却仍是一副美髯、细目，文质彬彬的模样。再加上他态度良好，很耐心地和当地人比划。当地人倒也耐着性子打量了他一阵。见他拿出公文，当地有见过世面的老人们眼睛亮了："小时候见过这个！"

接着，双方又是呜哩哇啦、手脚并用地"讲"了一阵。当地人终于搞明白了："这是朝廷派来的官，像很多年以前的官一样有名无实，他和后边那几个人想待在这。"不过，按当时双方的默契，他们还不知道，王阳明是个"罪臣"。

又沟通了一阵，最后这些人最终商议决定："你们可以先待在这，但不准靠近

第六章 龙场悟道，推开圣贤这扇门

我们。"

被批准入住的那一刻，王阳明还是有些欣慰的，比起朝中人钩心斗角、吃人不吐骨头，这些山沟沟里的"野蛮人"倒是更富有些人情味，至少会给同胞一条生路。

不管怎样，当地人这一关暂时是过了。王阳明主仆的纠结又回归到当地的环境问题：吃啥？住哪？总不能茹毛饮血吧！

好在，吃的问题还好将就，来时的干粮早就吃光了。饿时，几个人就摘些野果、菌类。为了改善生活，机灵能干的仆人还会偶尔打些小白兔之类小野物就地烧烤。渴了，他们就近到河边喝水，喝雨水。明知那河水也是动物们的洗澡水，他们也管不了那么多。只要有水喝，只要动物们不会扑过来，他们就"阿弥陀佛"了。就这样，靠山吃山的日子倒也能支撑一段时间。

相比之下，住的地方就很难将就了。

若是在故乡西湖，几个人"以天为盖地为庐"，数星星看月亮，那该是别有一番情趣。但在这龙场，想盖天睡地，那就只能是"谁知兽中餐，块块皆人肉"了。

江湖走到这里，当地人靠不上，野兽靠不上，就只能是自己动手，搭窝棚栖身。在离龙场驿站不远的一个山洞口处，几乎没干过重活的王阳明，加上他没动过土木工程的仆人，几个人花了几天功夫，使出吃奶的劲，硬是摸索着建了一所小茅草房。

房子建成那天，几个人欢呼雀跃，算是举行了落成仪式。当时，一个仆人吐着舌头说了一个再贴切不过的比喻："好像把那个山间寡妇的房子搬到这来了。"待真地住到那风吹得进、雨打得透、又湿又潮的小屋时，王阳明甚至怀念起北京监狱来。

不过，尽管肉体饱受折磨，王阳明仍然保持了精神贵族的特点：苦中作乐，永不低头。他还自嘲、自励地作了一首《初至龙场无所止结草庵居之》：

草庵不及肩，旅倦体方适。开棘自成篱，土阶漫无级。
迎风亦萧疏，漏雨易补缉。灵濑响朝湍，深林凝暮色。

> 群獠环聚讯，语庞意颇质。鹿豕且同游，兹类犹人属。
> 污樽映瓦豆，尽醉不知夕。缅怀黄唐化，略称茅茨迹。

身居草棚，却不当它是草棚，而设想自己过的是黄帝唐尧时的生活。无奈之外，这又是多么强大的精神信仰！

但是，再强大的精神信仰，有时也要拜倒在现实跟前：由于龙场空气稀薄、毒气重，当地的住宿、饮食条件都太不理想，再加上水土不服，连日为了吃住问题折腾，不但王阳明的旧病犯了，仆人也陆续倒下。患难时，大家相互照应，也不分什么主仆尊卑。落地为兄弟，何必骨肉亲！

在野兽魑魅出没的龙场深山处，王阳明主仆的安危，倒成了远近人担心和好奇的话题。隔三差五，便会有人过来打探一番：这几个中原人还健在么？但是，他们很快就惊奇地发现：这几个人不但没有死，在王阳明的带领下，活得还挺滋润。

首先，迫于肚子的叫嚣，几个大男人不能总像猴子一样吃山货，他们也开始尝试着种植一些果腹的粮食。但是，要做个合格的农民，还不同于种花种草，几个人要开荒、种地、灌溉、照看，哪一样都马虎不得。不过，几个人倒是做得有模有样、有条不紊，每碰到不懂的地方，王阳明还会拉上有经验的当地人问个究竟。

第二，在一来二去的沟通中，王阳明也很快地掌握了当地语言。随着前来串门、问候的人越来越多，双方的了解也多了起来。能与这些质朴的人做朋友，也算是王阳明不幸生涯中的万幸。

至此，王阳明就算是个地地道道的山野村夫了，他的处境，比当年"采菊东篱下"的陶渊明还要原生态。想来，"隐居"算是古代读书人在"入仕"理想之外，另一个比较高雅的理想了吧。不过，放着很多正事、大事未成，就这样被困到大山里隐居，其中滋味也并不好受。

一次溪边取水，王阳明就不禁感慨起来：

> 溪石何落落，溪水何泠泠。
> 坐石弄溪水，欣然濯我缨。

> 溪水清见底，照我白发生。
> 年华若流水，一去无回停。
> 悠悠百年内，吾道终何成。

其实，不管所处什么样的环境，是京城繁华也好、江浙风情也罢，还是这石冷水又冷的龙场；也不管周围的人是帝王、是高官、是学者，还是"蛮夷"；也不管王阳明是什么样的心态，苦乐或哀愁。但有一点总是不变的，那就是他心中那份圣人之志。他心里一直惦记着成圣，走到哪里，这都是他的路标。

只是，在遇见刘瑾这个头号瘟神之后，王阳明那个做圣人的路标，也就成了他数次求生的路标。

沿着路标考察下去，王阳明在龙场附近的龙冈山上，惊喜地发现了一个山洞。尽管里面的条件仍是不容乐观，阴暗潮湿，但这山洞比起他和仆人现住的小草棚却是强了不少。至少，还能遮风避雨，也算是三面不露天。当天，王阳明就兴冲冲地带着仆人搬了进去。入住之后，他还十分不客气地把"洞府"命名为"阳明小洞天"。

住进阳明小洞天，王阳明好像重温了故乡洞府的味道，也好像自己还在故乡山中打坐。虽然，龙场的山洞比浙江山洞要潮湿得多，却也总能装进游人不少乡思。不只如此，洞里的石头还成了他的天然床铺，岩石也成了他的灶台、桌几。更重要的是，王阳明不只是把它当成住处，更赋予了它深厚的学术期待。

在这偏僻的异乡山野、洞穴，王阳明打算过一过当年孔子"欲居九夷"的日子，在成圣贤的路上再进一步。

先悟了生死，再悟圣道

正德三年（1508 年），王阳明被困在闭塞的贵州龙场。虽然前路是迷茫的，但眼下可供他自由支配的时间、精力却是一大把。

只是，满是穷山恶水、毒气烟瘴的周遭环境，除了谋求基本生存外，还能做些什么？面对饥饿、严寒、风雨，除了祈福不再绝粮、远离疾病之外，还能想些什么？在这样境遇下的人，很可能"眼睛一闭一睁一辈子就过去了"，还能追求些什么？但也正因为这样，人与自然完全融为一体，人才会变得不那么贪婪。山高皇帝远，还说什么王权富贵，还怕什么戒律清规，虚名实利都成了浮云，爱恨情仇都不过前世过往。

"采蕨西山下，扳援陟崔嵬。"王阳明仍是"泪下心如摧"。只是，他的眼泪不是用来抱怨的，而是游子思乡所发。此时的他，也不想再抱怨了，因为即便再恨再怨，他也像这周旋的囚鸟一样，飞不出这群山。

南归的舟楫断了，北望又全是埃尘。困在长空中的云，回不去的颍阳，虽不是畏惧，却也是对现实的暂时妥协。

王阳明也暂时妥协了。荒山草坡边，灌丛之中，这个消瘦的中年男人一次次俯身拾起蕨菜，他想到的，多是当下：晚上的菜有着落了。

此地，此情，此景，此人，此阳明。官架可以放下，贵公子的身份可以放下、刘瑾的生死亦不关他鸟事，吃不上饭时，他甚至连遥不可及的亲人也可以暂时放下。还有什么放不下呢？或许，还在执着的也就只有生死和圣道罢了。

起初，忙完杂事之余，王阳明都是反复地翻看携带来的书籍。不过，这一路山水跋涉，还能完好存下来的书也真不多。在阅上那几本书之后，百无聊赖的王阳明突然做了一个大胆而惊人的决定——找死。不是找野兽搏斗，也不是用其他方式自杀。而是以"死"的方式去了悟生死。

先悟了生死，再悟圣道！

事实再次证明，王阳明从来不是空想派，他是行动家。幽深的龙场山洞中，王阳明以一个石蹲为棺材，自己像死人一样待进去，一坐就是数天。因为主人在石棺中，外面守护的仆人干脆戏称彼此为"守灵人"。

这已经不是王阳明第一次静坐了，这几乎是他人生的第 N 次静坐了。年少时，他曾在北京家中静坐格竹，一直坐到吐血；十七岁在南昌郊区，王阳明也与老道静坐了一天一夜，坐到忘了回家拜堂；后来，王阳明频繁接触佛、道二教，也没少以打坐的方式静坐。长期静坐，他的屁股还是练得很能坐得住。

人到中年，王阳明的思想已较早年有了较多较大的变化，他变得开始怀疑朱熹所说的"格物"之理。但是对于朱熹所说的"无事存养，静中体悟"之理，他却仍是笃信不疑的。尽管此时的他也对佛、道二家有了自己的独到见解。但是，静坐这个习惯，他却是乐得保留了下来。平时，思考问题，或是调理身体时，王阳明也都爱静坐着。正如他所钟爱的《易经》所云："天下同归而殊途，一致而百虑，天下何思何虑。"

静坐，能让人集中精神、思想，更好地面对自己的内心，更好地调理身体的气息。这便是王阳明想要的"同归"吧。

这当然也不是王阳明第一次体验死亡，午门外、天牢里、贬谪途中、天心湖上，甚至是在这龙场，王阳明一次次出生入死，又死里逃生，他都未曾怕过。只是，那些慌乱的环境，他能做的，只是被动地迎战死亡，他甚至没有时间也没有心情去体悟"死到底是怎么一回事"，便又要忙着迎接新的死亡挑战了。

这一次，王阳明要主动地"挑衅"死亡：他倒要看看，世人都畏惧的"死"到底有多神秘，又有多可怕。既然世人都终将死去，那到底只是肉体的腐朽，还是魂飞魄散呢？

不得不说，三十多岁的王阳明，仍和年少时一样，对未知充满了极强的好奇。

入棺之前，王阳明便想着：若能连生死都看透了，那就没什么看不透了吧。

接下来的日日夜夜，在龙场洞穴的"石棺"里，王阳明悟生悟死。或许正如几百年之后，娱乐主持人蔡康永所说："有一天，这些都会过去的。想到这结果，我就欣慰。再怎么累死人的爱，再怎么累死人的恨，都会过去；失眠、被冤枉、塞车、太穷了，都会过去；被轻蔑，被迫说谎，被迫承认自己改变不了什么，或者长得不好看，都会过去。"虽然有些阿Q，却也说的那样真实。

石棺里的王阳明眼前漆黑，故乡、京城、亲人、朋友、学生、"蛮人"、刘瑾，一切人和事都历历在目，却又渐渐走远。他在那里，仿佛是和一些人有关，却又与一些人一点关系也没有，人和事泛起他心头的涟漪，却又最终定格为宁静。

又是不知多久的冥想。心，从乱到静，再到乱，最后又归于静。石棺外的仆人们在讲着什么样的悄悄话，岩石上在滴着什么样的液体，山洞外的当地人在做什么，野兽又在进行什么捕猎计划……王阳明想起他们时，他们便在；王阳明不想时，他们便连个影像也没了。此时，他就只活在自己心中。什么"死"、什么"生"，倒成了些无关紧要的概念名词。原来，那"死"连同"生"一起，竟是无畏也无谓。

"生"、"死"虽没有被实际切割，但它们的使命和意义却也不容混淆。王阳明认可老子对"死"的观念"道法自然"，但他并不想像老子一样无为的"生"。因为有着"成圣"那个志向。他更想如儒家所尊崇的人生观那样："知生"、"尽道"、"闻道"。生命的每一刻虽不可强求，却可尽可能充实，只有"息有养，瞬有存"，才能超越死。

生，当如夏花之灿烂；死，可如秋叶之静美！但其实生也可以很静美，死也可以很灿烂。肉体短暂的寿命终挡不住精神永存。生而无憾，再走向死的超脱。想到这些，王阳明便觉得"胸中洒洒"。

蓦然回首，那"理"就在吾心处

不过，在打通了生死玄关之后，王阳明却没有直接出关。他忽然发觉自己手上已经多了一把"钥匙"，一把通往真正圣学殿堂的神奇钥匙。但在正式登堂入室之前，他还需要先解开长期困扰自己的一大谜团：人，到底要怎样才能了解事物的理？

南宋年间，大儒朱熹毕生提倡"格物穷理"，说的就是要在事物本身上找到事物的理。这个理论，王阳明在年少格竹之后就有些不解，只是他找不到合理的论据来辩驳，或者说，他隐隐觉得朱子的理论有漏洞，却又说不清错在哪里。他只知道，如果按着朱子的理论"格物才能穷理"，那人唯有追着事物转，才能获悉事物的理。可自己像个死人一样待在石棺里，没有格物条件，没法格物，就没办法"穷理"了么？

王阳明总觉得，事物的"理"，应该还是真实存在的。但若它们存在，又是如何存在？它与想"穷理"的人又有着怎样的关系呢？

以此为出发点，王阳明又进入了新一轮的静坐静思。这一回，他以自己所熟悉的另一个事物作为研究对象——书籍。他想到了自己过去三十多年所读过的书。他发现，就算那些书不在眼前，或是许久没看，书的内容与书中道理却都在自己心头。而此时再细细揣摩、咀嚼那书中的字句，体悟其中的道理，竟豁然开朗！书之后，王阳明又想起了自己曾经格过的竹子，让他意想不到的是：竟然每一片竹叶都脉络清晰。

继续想下去，王阳明渐渐觉得自己已与这山洞和周围的环境融为一体了。此时的他，甚至觉得自己就是这洞边的草，是这山中的野兽，是石棺外的仆人，是自己所认识过的人……

王阳明恍然大悟：原来，世间万物竟是一体的，心与物与理都是不分家的！天地万物和万物的理都不在外面，而是在自己的心上！

至此，埋在王阳明心中多年的谜团也终于解开了：所谓"格物致知"，其实并非是要以物为主体进行"穷理"，相反，"求理于吾心"，才是正道。因为，人心，才是一切的主体与主宰。

众里寻"理"千百度，蓦然回首，那理就在"吾心"处。

一个平淡却不平凡的夜晚，阳明洞里住着的仆人被一阵吵闹声惊醒。借着柴火的微光，他们看到王阳明从石棺里站起，拍着手欢呼："吾性自足，吾性自足！向之求理于事物者误也。"洞外是狼嚎野猪叫，洞里，王阳明还在棺材里呜哩哇啦："圣人处此，更有何道？"

是的，这就是王阳明所悟的，心外无物，心外无理！

反过来理解，正如多日后，他游南镇答学生时所表达的："山中的花，它们本来客观地存在着，或是黄色，或是粉色，或是其他颜色，也或者是初开，盛开，或是开到荼蘼花事了。人们不看它、不想它时，这花开得再美也与人无关，花枝乱颤也好、万紫千红也好，这些都不会在人心中显现。一旦人产生了看花行为，不管是有意还是无意地看到了花，人与花就会互相发生作用，花的存在与状态才呈现在人的心中。应该说，花和它的道理虽然是客观存在的，但如果没有主体看花的人和看花的心，它对于未看花的人又有什么意义？"

当然，不同的人看同一朵花，由于人心不同，看花的角度不同，对花的感悟自然也不同，悟到此花的理也就不同，这就是为什么"一千个人心中有一千个哈姆雷特"。

那夜，从棺材中出来，王阳明真正地置之死地而后生。弹弹身上的灰尘，脱胎换骨，信步而来！

何陋轩内，君子亭边

大山环抱里的贵州龙场，在二十一世纪是个旅游胜地，因为曾有一个叫王阳明的古代圣人在那里悟了道，那里的山水茅庐都化作为中国思想史上重要的里程碑。可是，在五百年前的明朝，那里就只是个穷乡僻壤：通讯基本靠吼，寻人基本靠狗，交通基本靠走，识字的人本就不多，再别提什么文化素养。

但就是在这样一个地理土壤恶劣、人文环境不堪的地方。中原来的王阳明，却不但活了下来，还悟了"圣道"。其年，在龙场，三十七岁的王阳明写下了他人生中的第一部哲学专著《五经臆说》。书中，他将自己新近悟到的理论融入到了对孔孟、程朱理学的认识当中。

没有知音不要紧，没有读者也不要紧，王阳明心上自足。

说起来也怪，悟道之后，身子底子最差的王阳明，连旧病也不再发作了。而且，性情也较之前有了明显变化。他变得更能设身处地地为他人着想了，他也变得更加具有仁道主义精神了。再有仆人病倒，王阳明不但会亲自烧火、做饭、打水给他们，还会为他们哼唱家乡曲调。甚至，他还会将自己所悟，转化成简单的故事、道理讲给仆人听。物质上关怀，精神上开导、鼓励仆人战胜病魔。那一阵子，前来探望的当地人，见到王阳明给仆人开的药，竟然是自己的学问，也都笑称："王先生这是疯了，着魔了。"

当然，当地人调侃王阳明，并不代表他们有恶意。但尽管如此，王阳明想在这样的龙场讲学传道，还是让人大不理解。而对王阳明本人来说，这更是天大的挑战：满是荒草荆棘，拿什么当校址？温饱都成问题，又以什么条件办学？遍地文盲，学校生源又何在？

不过，迎难而上向来都是王阳明的作风。况且，如今他已悟了"圣道"，身上便有了无限力量。他有一颗强大的内心，强大到足以处理好别人很难做到的事。果然，随着不久后一所院落的建成，这一切，就都有了着落。

这一切，还要从院落的建造过程讲起。

当时，王阳明还和仆人住在"阳明洞天"里。相对刚开始那个风雨不遮的破草棚来说，山洞自是好的。但山洞毕竟是山洞，它是原始人和苦行僧的乐土，有点精神信仰的人偶尔在里面修行也行，它却不是正常人的久居之所。白天还好，每到夜晚，蚊虫就会嗅着人体"美味"而来，很多不明小生物也会不管不顾地飞向洞中火光。

可怜几个在暴雨野兽面前都没有倒下的男人，一群"小不点"蚊虫却搞得他们苦不堪言，这不得不让人郁闷。而最郁闷的人还数王阳明，伙伴睡不好，自己一个人安睡也太不厚道了。而且，老这样睡山洞也不是长久之计。若逢阴雨天，或是等换了季，洞里空气变得更加湿潮，风寒湿疹就会找上门来。而就当时艰苦的就医条件来看，小毛病也会发展为致命大病的。

王阳明想着，一项宏大工程的草图已经在他脑海里生成了——他要建一栋房子，真正给人住的房子。而且，这栋房子最好要大点，再有院子，方便以后办学。

自有了这个想法起，王阳明就像打了鸡血一样，只要仆人不生病，他便每天天不亮就叫醒他们，与他们一起上山选木、备材、筹建。

听说王阳明要盖大房子，最激动和热心的还要数当地居民。数日接触，他们已经对中原来的这位"不入流"小官充满了好奇与敬意：他富有，却对仆人疼爱有加，仆人病了，王阳明夜以继日地守在仆人身边，直到他们康复；当地人之间有什么小矛盾，当地老人苦劝无效，王阳明却总能三言两语就让当事人放下恩怨；尽管这个王阳明看上去只是个瘦弱书生，却能很谦虚地向当地人学习如何干农活。没多久,他就已经对开荒种田独有一套见地了。

更难能可贵的是,王阳明虽然自身条件极为艰苦,与人沟通、助人为乐起来却是一脸真情、一颗真心。这一点,谁人都可以感受得到。当地人认为,像这样的聪明先生、好好先生,就应当有好报。所以,就算王阳明不张罗,当地的老老少少也不打算让他继续再住在山洞里了。确切地说,他们早就想送王阳明一所像样的房子了,只是苦于不知道从何处下手。

待王阳明选中地皮后,众人也纷纷加入了建造队伍。出力的人一多,工程进度也明显加快了。不消数日,在王阳明的总体规划下,众人齐努力,一所大房子便在龙场的龙冈拔地而起。虽然它的装潢仍是寒酸,内部看起来却也称得上宽敞明亮。且在方圆多少里内,它都称得上"壮观"了。

望着一群并不专业的"木匠"和"瓦工"朋友们,望着大家流着汗的真诚笑脸,王阳明的感激之情难于言表。

就这样,像样的居所有了,王阳明主仆算是真正在龙场扎根了。他们一面忙着除草开辟院落,忙着在院中种花、植竹,准备过日子的营生,一面又忙着开门迎客。

开始时,上门的还多是一些当地百姓,请教的仍多是些日常疑难问题,聊的也是些居家琐事。渐渐的,距当地近一点的"稀罕物种"读书人也开始登门了。他们早听说龙冈的王阳明上通天文、下晓地理,中间还能解决很多日常琐事。便也都抱着试试看的心态,来看看这位"外来的和尚"到底是不是更会念经。毕竟,以当地的教育环境,想找一个有点水准的老师请教问题也是不容易的。于是,王阳明院子的门环被斯文人以斯文的力度叩响。

很快,那些读书人便惊喜地发现:自己真是来着了,原来王阳明的真实身份并不是什么民间大仙,而是一位大学问者!他懂儒、懂佛、懂道、懂养生,还谦谦乐教,只是比较少谈国事。

龙冈的院室内,那本散着墨香的新著《五经臆说》被一遍遍翻阅,王阳明的学术名声也越传越远。穷困的小山野出了位大师级人物,越来越多的读书人穿山越岭而来,慕名求学。

学子多了,学术氛围浓了,王阳明的"民宅"便应众人所请,升级成为了"龙冈书院"。书院,当然就是学校!专门用来学习和教学的地方。至此,王阳明也理所应当地成为"校长"。

欣慰之余,他也开心地将自己那所简陋的大房子命名为"何陋轩"。在所作《何陋轩记》中,借着对陋室的评价,王阳明也说出了自己对人生、对社会的又一重体悟:

嗟夫!诸夏之盛,其典章礼乐,历圣修而传之,夷不能有也,则谓之陋固宜。于后蔑道德而专法令,搜抉钩繁之术穷,而狡匿谲诈,无所不至,浑朴尽矣!夷之民,方若未琢之璞,未绳之木,虽粗砺顽梗,而椎斧尚有施也,安可以陋之?斯孔子所谓欲居也欤?虽然,典章文物,则亦胡可以无讲?今夷之俗,崇巫而事鬼,渎礼而任情,不中不节,卒未免于陋之名,则亦不讲于是耳。然此无损于其质也。诚有君子而居焉,其化之也盖易。而予非其人也,记之以俟来者。

或许是这几年历经变数太多,自身也看多了社会底层的艰辛,王阳明有一种高于刘禹锡当年的觉悟,他的"何陋室"里不只有鸿儒,也有白丁。授课,可以面向有文化积淀的学子,也可以面向文盲百姓。哪怕是对牛弹琴也能沉浸其中,又其乐融融得恐怕也只有王阳明这位大神了!

这样的师者,又怎么会不受欢迎?这样的王阳明,在龙场有了自己的学校、学堂、学生基础和学术口碑。他的学校里,多的不再是听完课就走的普通学生,而是行过拜师礼仪的"弟子"。

在龙场龙冈,王阳明的学校,不只有"何陋轩",还有"君子亭"。一座木架的小亭子因为周围竹子环绕而尽显强大君子气场。王阳明在视线内广种竹子,是他对家乡的遥想,对逝去爷爷的怀念。更是他对自己、对学生的勉励:要像这竹子一样,有君子之德,有君子之操,有君子之时,亦有君子之容。王阳明是这样打算的,也是这样言传身教的。

清风至时,"何陋轩"内,书声琅琅;"君子亭"边,玉声姗然。心学的种子便在这书声与玉声中,悄然萌芽。

醉心讲学，梦里不知是贬客

传播心学事业，也是弘扬"圣学"，王阳明丝毫不介意从零做起，从一点一滴做起。没文化的土著过来凑热闹捧场，他就借机教他们如何修行最基本的人性工夫，教他们遵礼、守孝、守仁。平时书院上课，他就教学生们如何修习更深层次的"心体工夫"，心体与人性兼修。

且不置评当地百姓的文化水准。就说聚在他身边的读书人，从功底和悟性上，也远远比不上北京和江浙地带的读书人。但是，这些有点乡、有些土、又有点"屯"的读书人身上也有自己的优点，那是大城市文化圣地的读书人所无法比拟的：他们身上少有的是功利气，多的是山野的质朴气息；他们的思想更单纯，如一张白纸，允许并尊重老师在上面任意描绘；他们缺少做学问的灵活性，却又不乏灵性和笃实性。

而这样初级的听课对象，这些颗纯净的心灵，也正适合悟道初期，思想与理论都还有待完善的王阳明。

许是因为有了信仰，许是因为悟到了圣学，同样是那个布满林条的龙场，王阳明却见到了另一种开阔。野兽的叫唤声浅了，人声欢笑却是多了。学生从四处而来，背着行李、干粮，他们尊敬地向王阳明行礼、拜师，然后住下来充实门庭。

与这些纯朴的好学者在一起，静坐、讲习，王阳明不只有为人师表的成就感，他更有一种实实在在的快乐感。或者说，那是看见希望的快乐，那是无视外物的快乐，是可以不用大笑，却心中自明的快乐。为此，他还作了一首《诸生来》以示纪念：

> 简滞动罹咎，废幽得幸免。
> 夷居虽异俗，野朴意所眷。
> 思亲独疚心，疾忧庸自遣。
> 门生颇群集，樽罍亦时展。

> 讲习性所乐，记问复怀腼。
> 林行或沿涧，洞游还陟巘。
> 月榭坐鸣琴，云窗卧披卷。
> 淡泊生道真，旷达匪荒宴。
> 岂必鹿门栖，自得乃高践。

龙场之地，本是荒芜、野蛮之地，却因为王阳明的到来而接了地气。现在，它又因为学生们的到来，而有了人气。师生一起，更是通天、通地、通人、通心。师生白天一起巡山讲学，夜里大家倚月而坐。在老师王阳明眼中，四座都没有俗物，都是未来的圣人，大家谈的内容，也都是可以流传千年的大智慧。

人这种动物很奇怪，一旦全身心地投入到某件事中，今夕何年，今朝何处也显得不那么重要了。日月经转，很快也很慢，快得无情也清欢，慢得无聊也扎实。龙场的那些日子，王阳明忘记了自己是个贬谪客。他只记得，自己就是这里的老师。他的义务和责任就是让诸生了解心学、运用心学，最好也能发扬心学。

圣师来自山沟，学术耀了贵阳

那时的王阳明还真的只是学生眼中的老师，是当地人眼中的神人，但真正将他晋级为"圣师"的，还是一位省级大领导——席书。

在王阳明龙场讲学之时，席书的工作地点在贵州省会贵阳。他的工作职责就是抓好整个贵州省的文化教育。不过，席书虽有才，却也为一事挠头：这种空有鸟拉屎的省份，又偏又穷，当地不盛产优秀老师，也没有人愿意来支教，又该如何能大兴教育呢？

所以，听闻京城贬谪客王阳明在龙场讲学时，席书就像是发现了新大陆一样兴奋。首先，对于王阳明这个人，席书早已如雷贯耳了：王阳明，一个大小做过京官的官二代，一个因为挺身谴责刘瑾而遭迫害的忠义之士，一个跋山涉水到了龙场，却没有自暴自弃，反而安贫乐道、还悟了"圣道"的奇人。

如是王阳明，如是传闻，不禁让席书扪心自问："若是我，也落得他这般境地，我能做到他所做的么？不能！我没有这样的胸襟，也没有这样的水准。"但即便如此高看王阳明，席书也还有顾虑：从这人的家庭背景和进士身份来看，他肚子里一定是有"硬货"的，但至于有没有传说中那么玄乎却有待考察！毕竟，事关一个省的教育蓝图，可不是小事。

不过，接下来发生的一件事，却让席书认定了王阳明。

原来，悟道之后，王阳明龙场讲学搞得有声有色。很多主动招惹他的当地官员也都为他的学识、气度所折服。但有一个官员例外，那就是当时的思州太守。这位太守可能是"中邪"比较严重，派人前往龙冈大肆侮辱了王阳明一顿不说，他的差员还与保护阳明的当地人起了纠纷。为了出一口恶气，要将王阳明搞垮，思州太守决定从背后狠捅刀子。

细心的官员毛宪副发现了这个阴谋，他决定从中调停。一为正义，二是因为他和王阳明算是余姚旧交。毛宪副建议王阳明主动去赔礼道歉，不想王阳明仍是不卑不亢，说自己并没有与太守有直接冲突。王阳明还表示：自己从来了这恶劣的龙场，一天就不知道要死过多少回，如果太守想害自己，自己也只能当成是如往常一样死法罢了。

一面，王阳明硬着脖子，满脸泰然，一副"我谁也不怕，尽管开炮"的架势。另一面，思州太守受不了这样的心理攻势，乖乖服了。

正德四年（1509年），一个席书看来的"良辰吉日"，这位席大人再也观望不下去了，他决定亲自前往龙场的龙冈书院，去会一会那个才学、人品都极为强硬的王阳明。

按照席书最初的预想，他觉得所谓的王阳明"心学"，极可能是对另一位宋儒陆九渊心学理论的传承或是翻版。因此，他也准备了相应的试探题目来为难王阳明："请问，您如何看待著名的'朱陆之辩'问题？"

不得不说，席书这道题出得够狠。

早在南宋年间，朱熹之外，还有一位儒学大师，叫陆九渊。二人齐名、也是一生深交。不过，二人的学术观点却截然不同。朱子（后人对朱熹的尊称）的程朱理学主张"道问学"，主张"敬"；而陆子（后人对陆九渊的尊称）的象山心学则主张"尊德性"，主张"静"。为了在学术上争出个所以然来，二人一生都在争辩，世人也把他们辩论的内容叫做"朱陆异同"。

在二人生前身后，他们的学术追随者也就这个问题掐了几百年。尽管单从学术角度上讲，二人的观点各有侧重，难分对错。但不得不承认，从很大程度上讲，朱子还是占上风的。因为他的学说更适用于统治者治国，故而被长期奉为官学和国家正统思想。官方课本的内容主题，往往更容易深入人心。相比之下，朱熹的支持者确实更多些。不过，陆子和其学说，却仍存在广泛市场。

撇开表层官衣保护，历代以来，仍有不少有主见有思想的读书人，能以纯学术态度来看待"朱陆异同"。但到底这二者如何异、如何同，前世后世，又总是争论不出结果来。

席书发此问，确是有真心请教之意，他想问问王阳明如何解析这场著名的学术辩论。而另一点，他的提问，也是杀伤力十足。他这算是在打王阳明的脸："你所原创的心学，听起来那么像陆子的'心学'理念，莫不是抄袭吧？"同时，席书问得如此开放，也是为自己做足了回击准备。席书想着，不管怎样，王阳明总是偏向陆子的，若阳明在阐述过程中说出什么偏激言论，自己也能够辩驳。

可以说，席书是真诚前来求贤的。但是，王阳明必须接了他的招，才能够有资格成为"贤"。

出乎意料，王阳明听见了席书的发问，却又像是没听见一样。这个细目美髯的男子那样淡定地坐在那里，身子巍巍不动，嘴巴里却滔滔不绝，他并没有提什么"心"、"性"，也没提朱陆到底有什么不同。

王阳明讲了"知行合一"。

"什么情况，答非所问？"这让席书有点猝不及防。关于知与行，及二者的关系，学问派的席书其实并不陌生。早在王阳明之前数年，这也是一个比较热门的讨论话题。但被提起最多的，也最被认可的，还要数朱熹所讲的"先知后行"。

席书问的是"朱陆异同",王阳明却头头是道地讲起了"知行合一"。这个突然间的逆转让席书有点不适应,他像丈二和尚摸不着头脑:到底是自己才疏学浅,还是王阳明太过标新立异?席书有点晕了。不过好学的他,还是认认真真地听王阳明扯了下去。这一扯就是好久,好远。席书听得似懂非懂,只好先带着一脑袋的糨糊回去捣。

接下来的日子,一趟趟地往来于龙场与贵阳之间,便成了席书的主业。他不辞劳苦地奔波,认认真真地听讲、发问、研究。直到他真地听明白了王阳明讲的是什么,直到他真的认可了,直到他心服口服:"圣人之学复睹于今日;朱陆异同,各有得失,无需辩诘,求之吾性本自明也。"管它什么朱陆异同,像王阳明说的"本性自明"才是正经圣学。

席书要请王阳明这样的圣师出山,请他到贵阳书院去讲圣学。他还因此准备了一大堆的理由软磨硬泡:先生啊,龙场虽好,地方却是小而偏,学生们往返一次也十分不容易,他们行百里赶来,住几晚又得告辞了,学生辛苦不说,生源也实难保证。而贵阳书院作为省级最大的官方书院,规模庞大,弟子众多,影响力大,其所处位置交通也发达,刚好克服了这些问题。再者,贵阳的医疗、住宅、饮食条件都远高于龙场,也有助于先生您调养身体,圣道不止,先生您是千万不能先倒下的啊!

请将,同时激将。席书说:像心学这样的圣学,老师您就忍心只让一小部分人受教么?就不想让更多人沐浴到圣学恩泽么?您就这么眼光短浅么?

许是怕激得过劲起到反作用,席书干脆"撒娇"起来:现在我老这么来回跑,腿都要跑断了。等先生您到了贵阳,咱们两个离的近,方便沟通,也好一起为这个省的文化事业做贡献……

好吧,恭敬不如从命。王阳明接受了贵阳讲学之请,也接受了席书亲率的拜师队伍。

那时的贵阳,还真是担不起那个"贵"字:天无三日晴,地无三尺平,人无三分银。但比起龙场荒地,它也确实算是"人间天堂"了。随着王阳明的到来,这里很快又变成了学术天堂。

在贵阳书院,三十八岁的王阳明郑重地将心学中的"知行合一"提上讲学日程。他强调，"知"是人的道德意识和思想意念，"行"是人的道德践履和实际行动，不能把知行关系作为单纯的认识与实践的关系，不可切割二者，而是要"知中有行，行中有知。以知为行，知决定行"。

当然，那时还以讲理论为主的王阳明，恐怕连他本人都不曾料想，他的所悟所讲，将对他日后的人生起到建设性的作用，更将成为无数世人行于世的福音。

在贵阳书院一年多的日子里，在王阳明、席书和众多弟子的共同努力下，他的讲学达到了"贵州士始知学"的美好效果。这一年多，王阳明带着大家感悟"坐想咏歌俱实学，毫厘须遣认教真"。因为有理想，因为有信仰，因为有相随，不管是龙场，还是贵阳，不管是小书院，还是大书院，只要吾心吾性是安的，圣学之花便会盛开。

在贵州讲学，王阳明渡过了他生命中的又一个除夕：雪里寒梅，始终傲骨。在那里，他也建立起了心学与个人价值的坐标系。

圣学实有大出处

在大明王朝西南角的一处犄角旮旯，王阳明终于悟了圣道，成为心学一派的掌门人。

客观地说，王阳明的心学也真的不是空穴来风。表面来看，这是他龙场洞穴修行的结果，但实则是他三十年的文化求索与思想沉淀的结晶。如果说有幸运的成分，也只能说"幸运"砸在了有准备的人头上。而且，这个人是在长期准备着的，比如一直在为成圣做准备的王阳明。

一切，还要从王阳明的思想历程开始追溯。

王阳明自小读的书就多、被动和主动接受的教育也杂、经历的事情又是五花八门，这使得他的思想天马行空，行为变幻莫测。龙场悟道之前，王阳明学佛、习佛、学道、习道，喜欢扎进有点仙风道骨的山上，也爱与和尚老道腻在一起。但他又劝和尚还俗，到底也不情愿选择与老道羽化登仙而去。

偏偏就是这样一个不折不扣的行为"非主流"，他的血液内，汩汩流动多年的却仍是封建社会的主流思想——儒家思想。比如，孔孟之外，他亦尊崇朱熹，崇拜其宣扬的儒家主流学说。甚至在他十几岁格竹出血之后，仍不肯放弃。

早在王阳明二十七岁时，他还曾经刻意按照朱熹说的"循序致精"的方式去读书。不过，那一次结果仍是不了了之，这又让王阳明伤神了好一阵：到底是我无缘为圣、不能为圣，还是方法不对？

通向儒家圣人的路不好走，屡屡碰壁。这让王阳明不得再入佛、道，他渴望着有一次真正的"通灵"，能让他找到成圣的新出路。

但不管是受挫也好，迷茫也罢，游走三家间，无关宗教崇拜，深关的却是三教的核心文化宗旨。而早在龙场之前，王阳明心中，便对这三教做出了自己的取舍。

儒、佛、道，三教开源不同，也各有不同的主张，儒家主张"仁、义、礼、智、信"；佛家主张"生、老、病、死、苦"；道家主张"道、无、自然、天性、自化、无为、因循"。王阳明自幼受三教思想浸染，是个"戴儒冠的道士"，也是个"不穿袈裟的槛内人"，不过他对三教思想有着自己的见地。

王阳明自小就看祖母和母亲礼佛诵经、乐善好施，这样的慈悲心肠固然让人感动，但随着年龄的增长，他也开始注意到很多人求佛拜佛都是有求于佛：求财、求官、求子或是求平安。同样，很多出家人虽然是修得自身清净，却也以此为借口逃避了很多做人的基本责任，比如赡养父母、救国救民。

就王阳明本人而言，他很喜欢"雨霁僧堂钟磬清，春溪月色特分明"的清净心界。他也通过佛性思考对于动静、慈悲、有无，生死产生了一定的认知。但他始终认为，佛是种"自私其身"的"小道"。那年，他在西湖边上直截了当地问一个出家人："你想你的母亲么？"在王阳明看来，一个连授予自己生命的母亲都不爱的人，又怎么会有资格谈爱众生、爱万物？恐怕很难吧！

对于道，王阳明的认可度要高于佛。当然，这也可能和家族传承及他自身的特殊体质有关。

第六章 龙场悟道，推开圣贤这扇门

王氏家族的这一支世代隐居，"世外高人"般的道家情结自是少不了的，王阳明也算是受影响颇深的。比如，他在浙江老家时，就把自己暂居的山洞称为"阳明洞"；到了龙场，他也把寄居山洞称为"阳明小洞天"。另外，王阳明兴致勃勃地把自己弄成"阳明子"，也是个地地道道的道士名字。

再者，王阳明从十几岁格竹子后便身体不好。能够除去病根、强身健体、益寿延年，几乎是他成圣外的另一大人生追求。所以在碰到南昌郊区的寿星老道时，他能够忘记新娘，与其大谈养生经。也是因为他信任道家养生，有兴趣，才会有投入，才会着迷。

龙场之前，王阳明没少与老道打交道，铁柱宫的老道算一位，怪气的蔡蓬头也算一位。他们都对他产生了深刻的影响。落魄之时，他甚至想与道士一起做个方外之人算了。不得不说，王阳明生命中的顽强多少源自于道家至柔的力量，道家养生经更是让他受益终身。

但即便如此，王阳明对道家鼻祖老庄的"道"仍是不够完全认同。他认为，老庄之道过于高屋建瓴，是在以"无为"来逃避担当、太不接"人气"，也是过于修自己的"小道"。

多年寻觅、沉淀，真正让王阳明想着"投靠"的还是儒家。他认为，儒家才是真正能够天人合一的大道。

说到儒学，也算是王阳明的家学了，更是宋代以来社会的官学。

作为自小就读儒家书籍长大的孩子，作为靠解读儒家文化考"天下第一"的人的孩子，王阳明自是对传世大儒们崇拜不已。特别是在明代红到发紫的宋儒们，更是王阳明早期的精神领袖、思想导师。否则，他也不会专门挑朱熹的理论去实践了。

不过，读朱子、践行朱子学说，没让王阳明找到圣路，却让他走进了死胡同。但他最终能够悟到圣学，也正是在儒学这条大道上。

生前，王阳明是一代大儒；死后，他也从祀孔庙。

过去的半生，未来的余生。王阳明都将儒家思想的"内圣外王"视为最高理想：对内，他要求自己要有高尚的道德修养；对外，他要求自己能够做出一番惊世伟业。一如《大学》中开宗明义所讲，要能"正心，诚意，修身，齐家，治国，平天下"。只是，较程、朱等人刻意强调"理"，把儒学当成是统治阶级压制人心的工具不同，悟道之后的王阳明还更倾向于尊重人性、人情，强调个性解放。

龙场悟道后，王阳明对儒、道、佛三家思想也有了新的认识。应该说，这次的认识也更为深刻。在他看来，其实这三家并不是相互排斥的，而是"去其藩篱仍旧是一家"，其实三教本一家。儒是本宗，道与佛则是在此基础上分离出的思想，但都是因为对儒的不深刻理解所产生的思想。

王阳明主张在自家心上悟万事万物的理，求理于心，这看上去同佛家修心念的禅理有些相似，但实际却还是有很大区别的：禅更注重精神修炼，而从王阳明强调将知行合为一体、从他一生踏实从事上磨练，便可看出，王阳明是个如假包换的务实派。

应该说，王阳明的心学，吸收了三大宗派的思想大宗。它吸取了佛、道精华，更结合了儒家的治国思想和仁爱精神，之后又建构了自己的思想体系。所抱主旨，便是儒学。沿着儒家这条大道，王阳明敞开步伐跑了下去。一路，历代的列位大儒都成了他的"基石"。

贵州岁月，王阳明悟到了"心即理"、"知行合一"，在他的晚年，他还悟到了"致良知"，而这些阳明心学核心思想的形成，首先要感谢的就是圣儒孟子和大儒陆九渊。

早在战国时期，孟子就说过："人不用学习就能的，是良能；人不用思考就知道的，是良知。幼小孩童都知道亲爱自己的父母，这是仁；再长大些，人就知道尊敬自己的兄长，这是义；这两种品德又是通行天下的。"孟老前辈还说："良知是是非之心，人人都有的。"而这正是王阳明后来"良知"与"致良知"的理论基础。

至于王阳明在贵州龙场所悟的"心即理"，陆九渊先生则是功不可没。南宋年间，陆子就提出："宇宙便是吾心，吾心便是宇宙。"终其一生，陆子都坚持"人心才是宇宙，才是宇宙间永恒不变的硬道理"，陆大师还说了："人都有心，心就是理。"当然，陆九渊的思想仍是有理论支持的，那个理论源便是孟子的心性论。

孟子认为，天人的核心不是天，是人。而人的实质就是心性。注重心性功夫，以天人为贯通的，才能将自我与外界很好地沟通，才能天人合一，从而到达"人与宇宙联为一片"的境界。在此基础上，王阳明悟到了：人心即是天渊。

所以，后人有给王阳明和陆九渊共同扣上"禅"帽子的，其实有失偏颇。二人所致力的，不但不是禅，反倒是最正宗的儒学。只是，人们习惯接受了被解读、改变过的东西，对最正宗的，反倒会有些质疑，甚至排斥。

不过，虽有孟子与陆子理论做基奠，王阳明作为心学一派的开山宗师，还是当之无愧的。他的得道，心学的弘扬，终不是学术跟风，而是前人点拨、个人想通、应用结合、毕生完善、师生共同传承，一步步发展来的。

而从另一方面讲，不管王阳明愿不愿意面对，他的圣学路，应该感谢的人还有朱熹。王阳明所崇拜过、跟随过、质疑过，甚至用了后半生去反对批判过的朱熹。正是因为走过朱子"格物"的道，疑过朱子"格物致知"的道，否定过朱子"先知后行"的道，反思过朱子改本《大学》的道，才让王阳明悟到了自己的"吾心即道"和"知行合一"。

兜兜转转很多路，王阳明更是发现，朱子强调"性即理"，而自己和陆子都更坚持"心即理"，但其实，根本不用谈什么性，什么理，因为所有的一切最后都是在心上大融合的。所以，席书在问他"朱陆异同"时，他才会说"不用管什么'朱陆异同'，只要认准'吾性自足'就可以了"。

王阳明该感谢朱熹，对朱子态度的变化，促成了他一生的不断提高。

圣学的迢迢大道上，王阳明的恩师还有很多人：他曾亲自去拜访过的大儒娄谅教会他"学而至"、"静"、"贵在实践"；他未曾谋过面的湛若水的老师陈白沙，教会他"朱熹不一定是对的"……他们其人、其思想，都对王阳明心学的建立与完善起到了举足轻重的作用。但不管借了别人多少的好与不好，也不管这些感谢要不要表现在嘴上，王阳明能将先圣与先贤的思想以另一种方式传承、并用以教化人心，改造世界，这就是他对文化、对先人、先师甚至对自己人生最好的致敬。

自己的路终还是要自己走，心学的大旗还是要自己先扛起。

一入圣道百年期，从此阳明是圣人！

瘗旅情，飞鸟思乡情

人生在世，难免有时要在外。远离故土，与亲人相别，却是别时容易见时难。有时候，只能轻轻和一首"人言落日是天涯，望极天涯不见家。已恨碧山相阻隔，碧山还被暮云遮"。无关坚强与脆弱，只关乎心中的思念。

贵州岁月，王阳明没有一刻不在思念着故乡。他的这种思乡、思亲之情，到了佳节尤甚。

正月十五，王阳明做了《元夕二首》。天涯久客之心，归于文字，仅是读其中一首，便已让人情动泪牵。

> 故园今夕是元宵，独向蛮村坐寂寥。
> 赖有遗经堪作伴，喜无车马过相邀。
> 春还草阁梅先动，月满虚庭雪未消。
> 堂上花灯诸弟集，重闱应念一身遥。

不知这是在外过的第多少个节日了，花灯下弟弟们的面庞清晰又模糊。而万里之外寂寥的自己，只能"举杯邀明月，对影成三人"。日复一日，王阳明都是通过梦里的回望、现实的走神来慰藉相思的。

然而，挥之不去的乡念总会有崩盘之时。这一点，连圣人也不能幸免。正德四年（1509年）秋天，三个中原人客死在了贵州当地，王阳明就心弦大乱，他为他们写下千古祭文《瘗旅文》：

维正德四年秋月三日，有吏目云自京来者，不知其名氏，携一子一仆，将之任，过龙场，投宿土苗家。予从篱落间望见之，阴雨昏黑，欲就问讯北来事，不果。明早遣人觇之，已行矣。薄午，有人自蜈蚣坡来，云："一老人死坡下，傍两人哭之哀。"予曰："此必吏目死矣，伤哉！"薄暮，复有人来，云："坡下死者二人，傍一人坐叹。"询其状，则其子又死矣。明日，复有人来，云："见

第六章　龙场悟道，推开圣贤这扇门

坡下积尸三焉。"则其仆又死矣。呜呼伤哉！念其暴骨无主，将二童子持畚锸往瘗之。

二童子有难色然。予曰："嘻，吾与尔，犹彼也！"二童悯然涕下，请往。就其傍山麓，为三坎埋之。又以只鸡、饭三盂，嗟吁涕洟而告之曰：

呜呼伤哉！繄何人！繄何人？吾龙场驿丞余姚王守仁也。吾与尔皆中土之产，吾不知尔郡邑，尔乌为乎来为兹山之鬼乎？古者重去其乡，游宦不逾千里，吾以窜逐而来此，宜也。尔亦何辜乎？闻尔官吏目耳，俸不能五斗，尔率妻子躬耕可有也，乌为乎以五斗而易尔七尺之躯？又不足而益以尔子与仆乎？呜呼伤哉！尔诚恋兹五斗而来，则宜欣然就道，乌为乎吾昨望见尔容蹙然，盖不任其忧者。夫冲冒雾露，扳援崖壁，行万峰之顶，饥渴劳顿，筋骨疲惫，而又瘴疠侵其外，忧郁攻其中，其能以无死乎？吾固知尔之必死，然不谓若是其速；又不谓尔子、尔仆亦遽尔奄忽也。皆尔自取，谓之何哉！

吾念尔三骨之无依，而来瘗尔，乃使吾有无穷之怆也。呜呼痛哉！纵不尔瘗，幽崖之狐成群，阴壑之虺如车轮，亦必能葬尔于腹，不致久暴露尔。尔既已无知，然吾何能为心乎？自吾去父母乡国而来此，二年矣，历瘴毒而苟能自全，以吾未尝一日之戚戚也。今悲伤若此，是吾为尔者重而自为者轻也。吾不宜复为尔悲矣。吾为尔歌，尔听之。

……

因为不忍看着那死者的尸骨被山野间的苍鹰和野兽吃了去，王阳明带着仆人将死者埋葬。还不是一个死者，是三个。捧起一抔抔黑土，再将它们打实，如被子一样盖在三具尸骨上面。重复着这样的动作，王阳明一改往日的端庄沉稳，忍不住痛哭流涕。

那天雨夜错过会面，他还来不及与这三个中原客搭讪，还来不及问他们的名字，来不及向他们打听故园的荷花开得怎样了，他还未曾问过他们一句：家中还有什么人啊？你们是不是很想念啊？

那天，隔着当地人家的篱笆，只远远地瞥了一眼三人打扮，王阳明就知道，那是一个吏目带着自己的儿子、仆人。他们为生活奔波，为现实奔走，才会如自己一样到了这偏远之地。他们仍在加紧赶路，还不知道终点会是哪里呢！早看出这几个人行路疲惫，面容憔悴，恐怕难以在这艰难的风餐露宿中漂泊下去，可是没想到竟这么快就阴阳永隔！

如果时光流转回两三天前，王阳明保不准自己会在第一时间、冒着雨、顶着黑夜前去搭讪。他会以自己亲身经历教他们如何荒野生存，他会教他们如何慰藉相思，他会拉着他们的手，告诉他们如何凭借强大的精神力量活下去。

可是，人生哪有那么多如果。他还未来得及相识相告，三人便相继死去，这才是现实。

在死者的坟前摆上一只野鸡和三盆米饭，那一刻，王阳明痛哭到了失声。仿佛里面埋的，就是他的至亲，就是他自己和仆人。想想死去的三人，再想想活着的自己。命运何其相似，不过是自己和仆人还存着一口气，还在苟活罢了。

是啊，同在异乡为异客，相逢何必曾相识！如今，泪葬异客人不解，它年葬侬知是谁！

悲伤逆流成河，水泱泱，泪潸然。不过，此时已经了悟了生死的王阳明明白，不管是生死还是思乡，都不该过于执着，让死者安息，生者安存才更重要。可是，擦干眼泪后，他仍然无法自已地为死者衷心地献上悼亡之歌："在这连鸟儿都难以飞过的绵延山峰中，恐怕没有哪个游子不思念家乡吧。可是，家乡又在何方呢？想自己与那逝者的家乡同这贵州一起，都是在同一片蓝天下吧，都是在四海的怀抱之中。如果能想开的话，哪里都是家啊，住不住在老家的房子里，埋不埋在故土又有什么关系呢！"

想到这里，王阳明对着坟墓轻轻安慰道："魂魄啊，魂魄啊，请你不要再悲伤。"

他，这也是在安慰自己啊。

良久，王阳明对着坟墓中人，又像是自言自语："我们都是背井离乡的人，在这语言难通的异地，我能活到哪天也不知道。要是哪天我也死在这里，请你一定要带着你的儿子和仆人回来看我。我们一起玩，一起欢乐，乘着龙驾着虎，登到山的高处望故乡，我们一起放声痛哭。若我有生之年还能还乡，你也不要因为没有同伴就难过了，因为你的儿子和仆人还与你同在啊。"听到这里，王阳明身后的仆人们再一次泣不成声了。

王阳明倒似是没听着，继续他的悼念之歌："你看这道边一个个枯冢，里面埋着的多是客死在这里的中原人啊，你们还能一起唱歌，交流，是有多么不寂寞啊。你们在这里，食清风，饮甘露，不用再害怕饥饿。白天和麋鹿做朋友，晚上与猿猴一起住。就请安心地住在这里吧，不要变成厉鬼在村寨里捣乱啊。"

就这么尽情地宣泄一回吧，宣泄之后，才有继续活下去的勇气。

死者终成了归人，生者却成为过客。日子还要继续，王阳明和他的仆人们还要继续艰苦地生活在这片荒芜的土地，尽管很多东西都在向好的方向逆转：自身、生活、周围人的态度。但死神仍在瞪眼睛盯紧着他们。不知自身的死亡哪一天会来，不知道未来会以怎样的方式到来。

他们能做的，唯有好好活着。特别是王阳明，他不敢轻言放弃，尽管他也从没打算过要放弃。心中还有着做圣人和精忠报国的志向，与其长吁短叹，不如用乐观去慰藉那悠悠乡愁：在异地看流水落花春去也，亦能与家人共天上人间。

想要寄颗愁心回去，却没有北归的雁飞过。朝朝夕夕，只有披衣而坐，在野鸡的鸣叫声中迎来新的一天。新的一天，总会有新的气象。

第七章

王阳明

再出山,世事皆心事

先下手为强

悟了圣道，被尊为圣师。可于贵州外的世界，王阳明暂时还是发不上力的。或许是道行还不够深，或许属于他的时代还没有到来。

虽有不甘心，王阳明却仍是服从现实，乖乖地待在"蛮夷之地"，做一个敬业的校长，日夜带着诸生们修习心上功夫。但也就在这个时候，在他的平行时空，宇宙粒子还是发生了巨变。世界，也在跟着变化。

原来，因为有着皇帝庇佑，"八虎"的气焰也越发嚣张，几近成魔了。尽管人们知道：魔高一尺，道终究是会高一丈，但这降魔过程却真称得上是"道阻且长"。

眼看着各路英雄狗熊都前仆后继地倒在了"打虎"路上，还是有重量级的人物要出手"降魔伏虎"的。虽然当时朝中剩下的"胖子"寥寥无几，但这批人还是做到了，不管是为人还是为己，也不管自己是否被看好。这几个人，改写了历史。

这其中，头号的"终结者"叫李东阳。没错，就是那个传说与王阳明第二次科举落第有直接关系的大官。

李东阳不是一般人物，早在他四岁时，就因为才学非凡，而被举荐为神童。当时的皇帝朱祁钰将幼年李东阳抱在膝前，称赞道："这个孩子将来会当宰相。"长大后的李东阳在仕途上本也算是一帆风顺，奈何从弘治到正德，天变得太快，他也跟着栽进了阴沟。

当时，九卿六部联合弹劾刘瑾未遂，刘瑾一气之下解散了这批最高文官团队，让他们全都滚蛋回家，却独留下了在此事中态度最为沉默的李东阳。然而也正是这份"沉默"与"独留"让李东阳受尽了鄙视：上到离京的首辅同僚，下到小官百姓，都在指责他"贪生怕死、没正义感、没骨气"。还有人专程作了一幅丑老太太骑牛吹笛的画，在老太太头上写上李东阳的名号。

这样的羞辱，李东阳都默默忍下了，他的心是红是黑也只能留给时间去印证。

接下来的日子，李东阳借着刘瑾想争取自己的优势，从刘瑾的铁蹄下救下了不少官员，其中就包括了杨一清。

刘瑾念杨一清是个可用之才，百般拉拢，不想杨一清就是不从，结果双方闹翻，杨也成了阶下囚。

李东阳救杨一清，不仅仅是因为同门情谊，更因为他知道有些事情只有他和杨一清联手才能办到。李东阳不停地跑到刘瑾府上，低尽了姿态，说尽了好话，刘瑾被磨叽得没法，终于还是卖了杨一清这个顺水人情给李东阳。那之后，李东阳和杨一清白天装孙子，晚上就待在李府密室里。他们在观望，他们在规划，他们在等待，藏于九土之下，方能动于九天之上。

他们在忍，忍无可忍，就重新再忍。直到正德五年（1510年），远在宁夏的安化王朱寘鐇造反了。

朱寘鐇也是皇室血脉的一支，因不甘心长年待在西北的大风沙中，便有了进京当皇帝之心。为了让自己师出有名，朱寘鐇还打出了"清君侧，诛刘瑾"的口号，一副"狗咬狗"还很嚣张的模样。

朱寘鐇看中的是朱厚照的皇位，但他打出的却是"要刘瑾脑袋"的口号。这一回，天不怕地不怕的刘瑾可害怕了。不是怕丢江山，而是怕江山丢了之后自己脑袋也得搬家了！

刘瑾心里很清楚，虽然现在皇帝和百官都得给自己面子，但朱寘鐇这是造反啊，造反的人最不听的就是皇帝和朝廷的话了。更何况，兵家相见，胜负总是不好定的。万一让这位愣头青的王爷带着军队打到京城，还不得把自己给杀了！退一步说，就算这位反王一时还打不过来，他也担心那些平日里被自己打压的百官，会借此机会怂恿小皇帝使出权宜之计——交出刘瑾。

最可怕的是，朝中能管大事的官员又都被自己撵走了。事关项上人头，刘

第七章 再出山，世事皆心事

瑾"病急"，只好连夜去投奔李东阳这位"权威医生"。

这一天，李东阳可是等好久了。

李府上，李东阳也没推诿，当下就大方举荐了杨一清。刘瑾一听说是曾经被自己折磨下狱的杨一清，迟疑了半晌，又看了看十分坚持的李东阳，到底还是答应了："就让他去吧，平了乱，回来重赏，我再上门给他赔不是。"是啊，早知道世界这么小，谁都会求到谁，恐怕刘瑾也会在早些时候摧残杨一清时留些情面了。

此刻还有些庆幸当时没有整死杨一清的刘瑾不会知道，杨一清这一出战，注定是要整死自己的。

就这样，杨一清出发了，同去的还有"八虎"之一太监张永，跟着做监军。

战事证明，之前刘瑾爱惜杨一清又求之不得继而发飙的心情是可以理解的。杨一清果然是个将才，他几乎不费吹灰之力就平定了朱寘鐇的叛乱。更重要的是，在战争过程中，杨一清还找到了一件可以制衡刘瑾的绝世宝贝——张永。

经过仔细的调查，杨一清发现，这个张永不但有些良心，还与刘瑾宿怨很深：与其他张牙舞爪的"老虎"不同，张永也是长年服侍在朱厚照身边，却相对本分，他看不惯刘瑾的霸道行为，刘瑾也看不惯张永有时一副正人君子的模样。二人表面上是互相依附、一致对外的同党，背地里却视对方为眼中钉。可以说，刘瑾的淫威，张永也忍了好久了。而早在张永出来做监军之前，二人已经有过几次大的冲突。应该说，二人彻底闹翻是早晚的事。

获悉了这一点，杨一清开始在张永身上狠下功夫：从观察、诱导到激将、摊牌，再到教授、演练铲除刘瑾的具体方法。在杨一清的宏观调控与微观指导下，张永也终于冲破了心中的恐惧，打开了心结：于公，自己不忍看着朱氏天下就这样毁于奸人；于私，反正已经与刘瑾互相翻脸了，自己若再不主动出手，只怕也会落得当年王岳的下场——死无葬身之地。

刘瑾集团覆没记

正德五年（1510年）八月十五，改变历史的一天！

这天，在北京豹房——皇帝朱厚照长期定点玩乐的宫外寓所，玉盘珍馐，美味佳肴，二十出头的朱厚照正大摆宴席为平叛归来的张永庆功。张永也和皇帝一起喝酒划拳，喝得大醉，还醉得很失态，磨牙、摸侍从、趴下打呼噜，还放屁……全然不顾一旁强行要求陪同的刘瑾。

刘瑾不错神儿地盯了张永老半天，盯到眼珠子都要掉下来了，直到确定这小子今晚是真醉了，做不出什么危害自己的事情来。于是，刘瑾做了一个让他后悔终身的决定：先闪人，回去筹备第二天自己老哥的世纪葬礼。

不想，刘瑾一走，张永却立马像变了个人一样，腰也直了，酒也醒了，还勒令小太监立刻关门。刘瑾是老大，张永也不是小角色啊，他一发令，谁敢不从？连皇帝都要给几分面子。于是，朱红的殿门被徐徐关上。

也就是在确定门被关上那一刻，张永突然跪地，还跪爬到了朱厚照面前。张永从长袖里拿出了两份东西：一份是杨一清等官员对刘瑾的弹劾书；另一份则是朱寘镭在宁夏当地贴的诛刘瑾号召造反的告示。

在呈上两物之后，张永更是像报菜名一样数出刘瑾的滔天罪行。

应该说，张永早做好了以生命弹劾奸人的准备：就算不成功，能像偶像郑和一样，当一个流芳千古的好太监，自己也是赚的。

出乎意料，也正如意料，朱厚照对刘瑾的罪状倒像是不感兴趣，还继续喊着喝酒吃肉。在脑子短路了几秒之后，伴君多年又老练至极的张永拿出了他的杀手锏。这一招，在回京之前，张永已经演练过好多次了。光是台词，杨一清就给润色了好多回。

只见张永再次流着泪扑到皇帝脚下，还不住地磕皇帝脚下的地面，头都磕出血来了。

玩伴反应如此剧烈，朱厚照自是心疼至极，他甚至伸手抚摸着张永的头："张公公啊，我知道你和刘公公常年在一起，难免会有磕碰，也会有看对方不顺眼

第七章 再出山，世事皆心事

的时候。但我们都是好朋友啊，给我个面子，大事化小、小事化了吧。明儿我让他给你赔不是！"

张永心想：小祖宗啊，我会舍命卖这个面子给您么？我傻啊！于是，张永也是一副假装着没听见的样子，继续流着泪背自己的台词："陛下，我们君臣可能都见不到明早的太阳了，让奴才，让奴才下辈子再伺候您吧……"

见朱厚照不解，张永干脆持着他本来就哑、哭后更哑的嗓子大喊了起来"刘瑾，刘瑾他要造反了！"

这下，朱厚照的心真的"噗通"一声，惊吓了一下，也认真思考了一下：刘公公爱我，可是张公公也不会害我。他这样说是真的，应该……

朱厚照心动了，张永又哭诉了好多刘瑾造反的"可怕事实"。期间，张永仍是一副怕刘瑾，君臣都活不了的架势。

"这还了得！刘瑾造反，让我以后住哪里啊！"朱厚照想着，人也清醒了不少，他推开怀里的小太监，哼了一声："把刘瑾给我抓起来。"

"抓刘公公？"两旁的人早已经被张永这突如其来的大闹给闹懵了，现在皇帝又突然说要抓刘瑾，他们也只得马上去执行。尽管可能明天皇帝就会改变主意了。

众人会给皇帝面子，皇帝会给张永面子，而张永又是一个好演员、半个好人。这便是杨一清会选择张永来当男一号的理由。

不过，也正中了大家的猜想，第二天一早，朱厚照就又心软了，他觉得"刘瑾虽然有恶行，却不至于造反"。就在张永茫然无措之际，担心会落得九卿六部及王岳一样的下场时，李东阳神一样地出现了，李手上还带着各部和各地对刘瑾的弹劾书，外加各种刘瑾造反的"证据"。

数日后，一个寻常却又不寻常的日子，京城闹市。自作孽的刘瑾被判凌迟，三千三百五十七刀，他的肉片被仇家和百姓买了去，或告慰亲人，或放在火炉上烤了吃掉，一代奸宦就这样成为烧烤起源，以血肉偿还了他欠给大明和世人的血债。看来，天网稀疏，却也不会漏下什么。

刘瑾被诛，阉党集团也跟着"树倒猢狲散"：有罪的死无完尸，无情的分明报应，欠命的命已还，欠泪的泪已尽，好一似食尽鸟投林！

刘瑾就这样死了，作为一个万恶不赦之人，背着诸多万恶不赦的罪名。但细论起来，他却和汪直有些相似之处。刘瑾本不是不可救药之人，他还曾经在自己推行的全民改革中提到要为寡妇谋求福利。要知道，在男尊女卑的社会，对于女子特别是寡妇这类弱势群体，连大圣人朱熹都会漠视，刘瑾一个太监却想到了她们的利益。不管是因为同病相怜还是什么，他心生恻隐了，而且明知道她们不能为他带来任何名利与口碑，他还是想到了。当然，随着刘瑾那个知行注定合不了一的改革失败，他的善念也无法成为善行了。

只能说，可怜与活该有时就只差了一步，在活该的路上，刘瑾走得太远。没有良知来主导，他失去了一个个做好人的机会。最终，因为私欲膨胀，使得其他一切可能的美好都变成了奢望。

刘瑾倒了，那些扮了太久的猪们终于把老虎们吃掉了。李东阳终于可以如释重负地说一句憋在心中太久的话："我以前只是觉得，以圣上的性格，扳倒刘瑾没那么简单，总觉得时机未到。""降龙伏虎"后，李东阳想起自己在那张讽刺画上所题的绝句："杨妃身死马嵬坡，出塞昭君怨恨多。争似阿婆骑牛背，春风一曲太平歌。"

总之，是李东阳、杨一清、张永这些人格上或多或少存在争议性的人物，完成了戴铣、王阳明这些正人君子都无法完成的"打虎"事业，这不得不让人对前者"政客"的身份产生敬畏。政客的法成于摄敛式的隐忍，他们要么不出击，一出击就会置人于死地。

且不说这些人物后来的命运如何，只说"打虎"过后，在正德皇帝身边并没有落得"白茫茫的大地真干净"，而是按下"八虎"，又起了江彬、钱宁、张忠这样的小人，"你方唱罢我登场"的权力戏剧仍在继续。

但不管接下来是什么，至少一个由刘瑾带来的黑暗年代结束了，尽管一时还没那么彻底，但欢庆却是全国性的，连遥远的贵州也能感觉到。

流放生涯终于结束了

政治这东西就像弹簧，弱与强总是相互的，遵守着能量的守恒定律，当一股势力过于强大时，与它相对的势力就要弱小些。但是，弱不代表恒久的弱，强也不可能永久强。正德五年（1510年），刘瑾被"销户"，虽然正德皇帝朱厚照没有因此洗心革面，但是天下苍生和某些政治人物还是庆幸了一番。

按照惯例，一个政治集团的最高人物倒下去，这个集团也会跟着轰然倒塌。刘瑾倒了，很多他的同党也是罪有应得。不过，这中间也包含了一个争议性人物，那便是王阳明一度的好友——状元康海。

曾经，康海与王阳明、李梦阳等人一起坐在京城的茶楼酒馆之中，大家一起谈天说地、作诗吟对。那时，他们都以为彼此是一路人：一起瞧不起李东阳的守旧文字，一起引领新文风。同为"七子"，康海与李梦阳的感情还要更为深厚些。不过，在经历了"八虎"一夜的腥风血雨之后，很多事，还是变了。

当年，李梦阳代"六部之一"的韩文草拟了弹劾刘瑾的奏折。刘公公哪肯放过他，直接派人把他押到大牢，等待处死去了。不过，人在狱中，李梦阳却不想那么早死。他偷偷地写了一张"对山救我"的字条请人递到了康海手中。

所谓"对山"，正是康海的别号。而那时的康海，也确实是有能力救李梦阳的：康海是刘瑾的同乡，又是状元，是刘瑾眼巴巴盼着的人才。老实说，若是没有李梦阳，康海真是不会拿正眼看刘瑾一眼的，只是，老哥儿李梦阳眼巴巴地在狱中等死，他又岂有不救之理？

听闻康海前来登门，刘瑾更是拿出了曹操的求才的范儿，鞋都没穿就出去迎接了。这样被刘瑾奉为上宾的康海，自是救出了李梦阳。而他自己，虽日后没帮过刘瑾作恶，却还是因此被划入了刘瑾一党。让康海做梦也想不到的是，刘瑾败事，自己受了牵连，可轮到他向李梦阳求助时，李梦阳非但不救，还嫉害地倒打了一耙。

曾经为朋友两肋插刀，结果却被朋友捅了两刀。康海心中苦闷也唯有寄给余生文字。

看来，不管是行恶于外的小人，还是表面义正辞严之人，在他们心中，都住着贼，人性的贼，私欲的贼。这关于政治，又不单关于政治。而王阳明的心学，正是用来除人们心中的贼。

不管怎样，刘瑾倒了，他的集团倒了，曾经这个集团的对立者也会得到平反。很荣幸，王阳明就是这次政治大换血中的一个小小受益者。

正德五年（1510年）三月，三十九岁的王阳明迎来了生命中的阳春，他不但结束了流放生涯，还被安排到庐陵（今江西吉安）做了知县。

对于这突如其来的大好变数，日夜盼过、甚至不再心存妄想的画面终成现实。王阳明竟一下子有点不适应。荒野生存三年，他已经习惯了那里原始却简单安逸的生活，更是深深地爱上了淳朴的当地人；而他在龙场悟道、贵州讲学，前前后后也收了好些弟子。他还有些家常想同当地人唠，他还有好多话要告诫诸生。希望诸生立志、向学，希望他们知道悔悟……

这一别，却不知何时才能相见！要抛下三年过往，重新入仕，他亦不知道自己的前路如何！

带着诸多的眷恋和顾虑，王阳明踏上了庐陵土地。

庐陵知县不授案

令人略感欣慰的是，庐陵也是在山水之间，苏东坡还曾美美地作诗讴歌这里"巍巍城郭阔，庐陵半苏州"。另外，庐陵还有着深厚的文化底蕴，是状元和进士的产地，以"三千进士冠华夏，文章节义堆花香"著称于世。一度，庐陵还出过"一门九进士，父子探花状元，叔侄榜眼探花，隔河两宰相，五里三状元，九子十知州，十里九布政，百步两尚书"的科举神话。

再早些年，元朝统治者为庐陵取名"吉安"，意思也是希望当地能够吉祥平安。

第七章 再出山，世事皆心事

只是，在上任之初，除了办公地点周围景色秀美之外，传闻中的文化气、吉祥气，王阳明还真是一点没看出来——他被成千上万的官司给缠住了。

上任第一天，还没等王阳明屁股坐稳，早早等候在县衙外要申冤的人就蜂拥而至。一群人拿着状纸、哭天抢地地诉冤，更有甚者直接在堂上吵起来，乱哄哄得像个菜市场，又像个小战场。

见过告状的，却没见过这么告状的。这场面搞得王阳明先是一愣：这里冤气这样重么？看来政务担子还不轻啊！紧接着，强烈的正义感又让他告诉自己：一定要断好这些案子，还庐陵百姓公正。甚至，能在此大展身手也让王阳明有些窃喜。

由于报案的人太多，他们的状纸也写得太长，其中还不乏写得文绉绉的，王阳明也只好先听一些看上去冤情重的人陈述。不过，荒唐的现实很快给了他当头一棒，原来这些所谓"比窦娥还冤"的冤情，在剥去表面的形容词之后，竟都是些家长里短、鸡毛蒜皮的日常琐事。

但为了防止这其中会有漏掉的大案冤案，王阳明还是连夜看了几天的状纸，白天，他也听了不少的案情陈述。几天之后，他终于有种要吐血的感觉了。不是旧病犯了，而是纯粹因为这些案子：真的多是一些无关紧要的民事纠纷，甚至百分之八十都没必要闹上公堂。

经多方调查，王阳明了解到这庐陵县不但盛产状元，还盛产刁民。没办法，交通发达，导致县里鱼龙混杂，人们的价值观太不同了。好的是，这些人都不打算以武力解决问题，而是愿意采取诉之公堂的方法为自己"维权"；坏的是，这些人又都是一点亏吃不得的，大事要告，小情也要告。被抢了财物要告，被无意撞倒也要告。所以，光是累倒在工作岗位上的知县老爷就好几个。

王阳明可不打算不明不白地做下一个。

他先是集中处理了几起作奸犯科的大案，借以稳住当地百姓对官府的复杂情绪，也让百姓放心："我新知县一定会管你们的冤情的"。不过，就在百姓举着状纸觉得"沉冤"有望时，王阳明却是再没急着处理任何一桩大小案子，知县老爷倒也没说不管，只是差人收了状纸，本尊却也不再出现在公堂之上了。

县衙后堂，王阳明已经悠哉悠哉地翻了几天的圣学教科书了。而后堂的门槛也快被跑进跑出的工作人员踏烂了。总有衙吏慌张地跑来禀报："大人，告状人又挤满大堂了，嚷嚷着要见您！""大人，前几天递状纸的原告过来询问案情了……"后来，连自以为稳重的师爷也耗不住了，颠着过来说气话："大人，这状纸都堆成山了，您还有闲心看书啊……"

见连师爷都慌了，王阳明也只好放下书卷，说出了自己的想法："我就是在想办法加重道德规范的砝码啊！治案要先从涉案人抓起，先治愈这些涉案人的内心才是正解。"

不明就里的师爷发誓，如果自己有第二职业备选的话，一定会脱口而出："你神经病呀，你全家都是神经病！不好好破案，净想些虚头巴脑不现实的东西。"

可是，师爷没有第二职业备选，只是把脸憋得像紫茄子一样不说话。

王阳明看到了，也当成没看到一样。他知道解释也是徒劳，他要打出山后的第一场攻心战，唯有做出来才会有说服力，才会见效果。

之后的几天，庐陵闹市的墙壁上多了几张醒目的告示，看告示的人围得里三层、外三层。告示是父母官王阳明命人贴的，告示内容也是王阳明亲笔写的。

首先，王阳明温暖地向当地的父老乡亲们传达了自己的殷切慰问。

第二，王阳明动之以情晓之以理地告诉大家：都是平常百姓，还多是逃难至此的乡民，每个人本质上都是心眼不坏的人，有人犯错，也只是暂时被蒙蔽了。所以请大家相互谅解、相互扶持、相互关爱，不要动不动就因为一些小事告状，伤和气、伤感情、更伤民风和当地治安。但从律法的角度，王阳明也强调，对于一些真有大恶者，或是混淆是非、颠倒黑白的告刁状者，官府会严惩不贷。

除此之外，王阳明还下达了一些听起来奇怪的命令：比如谁再敢因为鸡毛蒜皮的小事来告状，县衙不但不受理，还会将告状者打出去；而凡有告状者，必须长话短说，以此来节省国家的纸、墨资源，也避免因此耽误官府的办案效率。以后，若再有像以前一样长篇大论者，后果自负。

最后，王阳明还真切地提到自己身体不好，特别是最近老毛病又犯了，本想着为大家鞠躬尽瘁，却也请大家疼惜，能私了的就不要上公堂。

读着这样的告示，想想知县老爷的态度，再想想继续告状的后果，一些人开始掰着手指头算账：以自己的实际冤情，闹到衙门胜诉的概率有多大？若是告赢了,能赢什么?若是告输了,或是状纸、诉状内容哪个环节出了点问题,那自己就很可能是赔本的!

一些人还在算账、观望,官府已经毫不留情地处理了一批"顶风告刁状"者。这一下,那些跟风告刁状的人也就都知难而退了,剩下的就只有正经告状的人了。

但对于剩下这些仍多是小打小闹或是家庭纠纷类的案件,王阳明也不急着审理,而是摆出一副"清官难断家务事"的架势。他自己"关门谢客",却派出一批批资历老的调解员从中调解。几通思想工作下来,有人决定私了,有人决定息事宁人,也有人决定试着改改自己的为人处世方式。

就这样,旧的状纸不停地往下撤,新的状纸也越来越少。虽然不知道当地人是从什么时候开始养成的告状习惯,但是,在王阳明的真情带动与有序领导下,庐陵百姓还真是有了看得见、摸得着的变化。虽然他们没有一下子进化为道德标兵、礼数楷模,却也懂得了最基本的尊老爱幼、邻里友爱。

一个乌烟瘴气的野蛮县城,在短短几个月内便跑步进入了和谐社会初级阶段:百姓将注意力与精力都转移到了种田、做生意、读书、参加科举考试上面去了。这些成绩皇帝看不到,却是被有些主事官员看在眼里的。同年十二月,一张委任状下来,王阳明升调走了。

听说王大人要走,庐陵的官员百姓也都奔走相送。那时,他们还只是单纯的称赞与不舍;那时,他们还不知道几年后王阳明还会回到江西,并在这个省份立下他人生中的最大功勋,为一省甚至一国百姓带来重生。

大兴隆寺成了圣学大本营

刘瑾伏诛后,连幸运女神也赶回来垂青王阳明了。他的任命状一封接着一封,虽说没有平步青云,官位却也算水涨船高,升回了入狱前的级别不说,还加了级。于王阳明本人来说,更像是做了一场悲喜交加的大梦。三年前,自己还在骂奸党，还在去往龙场的路上，生死一线。很长一段时间，他都在荒凉的龙场以天为被、地为席，然后在冰冷的石棺里悟道。三年适应、升华，他已把自己当成深山"猿人"、山野中的"圣师"了。不想，却被从山沟沟里捞了出来。

再出山，自己却是以朝廷命官的身份奔走于繁华南北两京。这些迂回坎坷，到底是命运的又一次玩笑，还是"天将降大任于斯人"的磨砺？

龙场"长假"过后，王阳明已经到了不惑之年。年届四十的他没有选择也没有退路，唯有更加感恩生命，感恩每一天的日出日落。

对于官职、权贵这些身外之物，他修炼得已能不动心。朝廷仍委派他闲职，他也只是欣然接受。此时的王阳明，仍沉浸在寻到圣道的喜悦之中，洞赏着心中宇宙的奇妙变化，他只希望在有生之年能够将圣学研究透彻，发扬光大。

宣传圣学，圣人的人生才真正开始。

正德五年（1510年）十一月，京城仍是几年前王阳明挨打的天气，却已不是刘瑾一手遮着的天了。那时，进京"入觐"的王阳明抓住时机，再次在北京高调讲学。

这一次，他占据了天时地利人和：想阳明二十来岁时，并无大成就敢在人才济济的京城开班讲学，不管是在学术界还是民间都闹得轰动一时。如今他学成归来，成为新生心学一派的掌门人，又顶着被刘瑾打屁股的忠义光环，这本身就是硬广告。因此，王阳明一开课就受到了当地学子的热捧，不管是想真心拜师，还是要抨击他本人，他们都要先来搞清楚这"心学"、也就是"阳明心学"到底是怎么样一门学问！

北京，作为王阳明的第二故乡，这里不但云集了各地的优秀人才，更有王阳明优质的人脉资源。听闻阳明归来，最开心的人自是他的老朋友湛若水。旧友相逢，本就有太多的话要说，有太多情要叙。况且，时隔多年，不只王阳明独辟蹊径悟到"心学"，优秀的湛若水也有了自己的"圣学"体悟："阳明与吾言心不同，阳明所谓心，指方寸而言，吾之谓心者，体万物而不遗者也。"虽然两个早年志同道合的人如今学术观点大不相同，但这都不影响他们在一起讲学切磋，碰撞火花。

论起讲学，王、湛二人也都很尽心。只是湛明显不如王卖力，或者说更没有王能"咋呼"。看着王阳明每日唾沫星四溅，有时湛若水还要忍不住"笑话"他："你太卖力，太能说，简直把讲学当成了民间的卖菜吆喝，卖力赚吆喝。"为此，王阳明也会为自己辩驳一下："我的心，你最明白。不多讲，圣学又怎么会明？世人又怎么会了解、受益？在酒香还怕巷子深的年代，为了传播学术，自己有什么豁不出去的！"

每每此时，湛也只是笑而不语。是的，湛若水也是一生痴迷讲学，自能理解王阳明传学心切的心情，但湛终生都不似王阳明那样拼命，而是一种细水长流浸润人心的方式传承。这，或许也是湛一生多学子又长寿、不似王阳明般短命累死的区别吧。

于"主静"的王阳明来说，他之所以会急着将圣学推销，甚至"促销"出去，也是不得已的事。过去，他耽搁了太多时间在与科举硬磕、与死神赛跑上面。悟道之后，他还没来得及真正地在贵州开散圣学枝叶，便被调离了。而当下，自己的职位调动又很没有规律。他能做的，也只有在离京之前，再多传授些内容给有兴趣听课的人们。

就这样，在紫禁城西庄严的大兴隆寺中，各地好学的官员学子慕名而来，他们也秉着"萝卜白菜各有所爱"的精神，纷纷拜在王、湛两位宗师的门下，听他们讲学论道，点拨智慧，启迪人生。大兴隆寺一时成了圣学的大本营。

美好的京城岁月，美好的讲学生活，学术得意，学术友谊也更容易来敲门。沉浸其中，王阳明总是很感动。其中，他很尊敬一位学风高尚的"白湾"先生宗岩文，他还诗咏曰："白湾之渚，于游以处。彼美君子兮，可以容与。白湾之洋，于濯以湘。彼美君子兮，可以徜徉。"

读《大学》，到底要怎样读

正德七年（1512年）十二月，王阳明被擢升为南京太仆寺少卿，他择日南下，离开京城。

回首，再望一望京城。

京城，王阳明十一岁就到达的京城。朋友走了，领导走了，现在该轮到自己也走了。再回头望一眼家宅，望一眼年少时溜走过的闹市，再望一眼怦然心动过的城墙，望一眼皇城殿堂，望一眼关押过自己的牢狱方向……一切就像昨天，又像是前生。王阳明要走了，他还不知道，这将是自己此生最后一次在这块奇特的土地上逗留……

一别京师城阙，却仍是为保卫这国这土而活。圣人走了，去往更加未知的前程。从此，你若安好，便是晴天。

离别了大兴隆寺内的众学友固然伤感，但好在，有大弟子徐爱与王阳明同行。那时徐爱，刚刚结束了京城考核，也要到南京去当官。师徒二人一路走一路探讨学问，简直是天赐机缘。

面对着徐爱，王阳明有爱也有愧疚。当年自己贬谪，千里逃亡，别人避之不及，徐爱却毅然磕头拜师；后来阳明龙场悟道，徐爱不顾科场失意，二话不说就跑来龙场与自己一起论道。

犹记当时，王阳明讲"知行合一"，徐爱还是抱着狐疑的态度听讲。那时，他常为了穷尽其中道理与老师、同学争得脸红脖子粗。比如，徐爱就曾很不解：天下人都知道孝顺父母、尊敬兄长的道理，但实际生活中，却有很多人不能践行这一点，这明显是"知行两回事"！为了助其解惑，王阳明也作答道：因为那些人的心被私欲蒙蔽、阻断了，心的本体失落，故而不能将知行合为一体。之后，王阳明又结合了很多实际案例，向徐爱做具体陈述，最后徐爱总算是诚心信服了。

而后几年，师徒又是聚少离多，王阳明也多是靠鸿雁传书来解答徐爱的疑惑，但即便如此，这个弟子却从没有停止过传播师学。只是，这样严谨上进的徐爱，除了悟性不足之外，他在学术造诣上，也总是差那么一点火候。

该拿什么点拨你，我的好弟子？王阳明一路都在沉思。

一日，师徒二人又聚在一起论学。王阳明突然一本正经地对徐爱说："你去读读《大学》吧，好好读、细细读，读懂了，再来找我。"徐爱被说得一愣：说到《大学》，那的确是不可亵渎的儒家经典，可原文也算是中小学生启蒙读物了吧。自己自小就熟记于心,不说倒背如流也差不多了。老师难道是在怀疑我的基本功不够扎实么?这思想一迟疑,动作也跟着缓慢起来。

王阳明似乎早就料到了徐爱的反应,也看穿了他的心思,干脆命他当场背诵。现场背诵?要一个成年官员背小学基础课文?一般人就算是不发飙也会有些为难吧。倒是徐爱,不但没有生气、还没问缘由,就真的乖乖地背诵起来。

"能有这样心胸开阔、又尊师听话的好弟子,真是上天厚爱于我,厚爱于心学啊!"看着徐爱认真背诵的样子,王阳明有点神情恍惚了。

不过,待徐爱字不加顿地背完之后,王阳明却丝毫没有要表扬的意思,只是更为严肃地说道:"能熟记全文,这不是本事,也不是做学问的根本。你别忘了,我是问你对《大学》理解多少。"

徐爱一听,赶忙恭恭敬敬地做答。他说了很多,但与其说是自己的见解,不如说是重复宋儒的见解。当年,宋儒程颐、朱熹重新注解了儒家经典,《大学》就在其中,而徐爱从小接受的就是从宋儒那传承来的文化教育。

徐爱是一个好的接受者,也是一个好的背诵者。但王阳明更想让他成为一个好的思考者。

良久,王阳明都没有说话。又过了半天,他才开腔道:"这不怪你,是程朱二位圣人误读了《大学》,给出了很多错误的《大学》注解,你和世上的读书人不过是受害者罢了。"王阳明认为,多少年来,程朱理学作为官方教科书,教育了一代代人长大,不少所谓的"大家",也不过是反复咀嚼宋儒的文化果实。这一点,二十六岁的好学生徐爱又怎么能幸免?

听闻老师突然讲朱熹误读《大学》,徐爱的脑袋一下子耷拉了下来。此时,至少在南下之前,朱熹问题还是师生间的一个比较敏感的问题。其敏感在于,此时的王阳明已经走出了"朱熹粉丝团",甚至走到了朱熹学术的对立面。但徐爱还没有。

早在贵州之时,徐爱接受了老师的"知行合一",也就顺势屏蔽了朱子的"先知后行"。但如今老师这样态度坚决地指出朱熹是错的,还说朱子误人子弟。真是徐爱最不愿意面对的。

老实说,徐爱不服:"《左传》就是解释《春秋》的啊!很多经典原著,若没有注释版本，普通人不就等于是读天书么！这样看来，朱子解释《大学》，也是无可厚非啊！况且，他解读得还那样让人信服。"

　　一面是自己在精神上信仰多年的大圣人，一面又是自己在情感上深信不疑的老师。到底孰对孰错？又孰轻孰重？徐爱的心，乱了。就第一反应而言，他自是更倾向于朱子的。但凭着对老师人格、品性的了解，徐爱也相信，老师是不会无缘无故、无凭无据就乱指朱熹误读儒家经典的！更何况，老师曾经也是那样痴迷于朱熹的一个人！

　　眼看着老师和朱子就这样背道而驰，到底该信谁，又该挺谁？若光凭理智，徐爱或许是一时半会儿都给不出答案了。此时的他，选择听从情感的召唤——挺老师，冲着敢于突破传统思想，敢于质疑权威这一点。同样，徐爱也告诫自己：我自己的老师，自己都不带头支持，还要求谁去支持呢？

　　无条件支持、全力支持，只因为信任。这也是王阳明疼爱徐爱、疼他到骨子里的原因之一吧。

　　在经历了艰难抉择之后，徐爱抬起头，迎向老师慈祥又锐利的目光，他是多么迫切地希望老师能够成功说服自己，让他相信，自己的跟随没有错。

　　看透了弟子，王阳明也是热血满胸膛，但他并没有过多的情感流露，而是直入学术主题。王阳明先是指出，注解经传有误人之处，在于其中掺杂了太多注解人的情感及个人理解，功利性太强，容易覆盖了圣人和儒家经典的原义。

　　接着，王阳明又耐心地给徐爱作了另一个解释，即宋儒版《大学》同原版《大学》的出入在哪里。

　　在《大学》古本中，首章便是"大学之道，在明明德，在亲民，在止于至善"。而朱熹把"亲民"改为"新民"。王阳明认为，这本身就是一种对原意的颠覆："新民"，是以自上而下的姿态去教化、启蒙，改造民众，不客气地说，这样的直接后果就是让不明就里的民众产生奴性，这样的理论虽然被统治者所接受，却不是孔孟的"施仁政"本意。而"亲民"则相反，它从民众的需求、情感与愿望出发，以服务人民为导向，它主张尊重历史文化，尊重传统，这才是孔孟"仁学"、"仁政"的最好体现。朱熹只误读了一个字，偷换了概念，产生的后果却如偷天换日，足以愚昧世世代代。

另外，朱熹对于《大学》中"知止而后定"的解释，王阳明也不敢恭维。朱熹认为"事事物物都有定理"，王阳明却认为：从事事物物上去寻求至善，是在本体之外求理，而至善本是内心本体的，只要彰显人们内心本有的光明德行就能做到至善，就能穷尽天下所有的事理。举个例子：一个人行孝，若是一心想着在父母身上寻找孝，那么，父母死去之后，一个人的"孝"也该跟着死去！显然不是，孝在人心上，而不在外事外物上。同样，其他的理也是如此。

……

于徐爱而言，那真是生命中奇妙的一天。关于《大学》，老师讲了很多，徐爱觉得自己像是懂了，又好像是没懂。有那么一会，他甚至觉得，自己到底有没有读过《大学》！

不管怎样，王阳明的那些犀利观点，徐爱接收了，只是还没办法马上消化。不是觉得老师不对。相反，老师的话越对，对他的冲击就越大，那就意味着，自己二十多年间的好多信仰和因此形成的观念是站不住脚的。

为此，徐爱还郑重地将此次论学过程与自己的心情变化写成了一篇日记，当然说它是学术笔记也可以。

在笔记中，徐爱承认先听到老师王阳明说"先儒错了"的时候，自己是恐慌的、惊诧的，继而又是怀疑的，因为这颠覆了他脑海中太多东西。但听了老师的解释，自己又追问了很多之后，老师的形象在他眼中顿时又高大了许多。他认为，老师之说就是"若水之寒，若火之热，断断乎百世以俟圣人而不惑者也"。

怎样才能表达一个弟子的震惊之情啊？老师的聪明睿智简直是上天授予的！

在把老师奉为圣、尊为神的同时，徐爱也很为老师鸣不平。他想不通也见不得为什么有人会常翻旧账，说老师少时豪迈不羁、喜欢舞文弄墨，又常常出入佛道二家。徐爱认为，过去的经历又有什么关系呢，这些人是戴着有色眼镜看老师，又不愿意花时间深入了解老师的新观点，有什么资格说老师"立异好奇"！这些人哪里知道，老师的观点，看着容易、其实高深，看着粗糙，其实越探越细。那都是老师在贵州三年处困养静所悟到的精华啊！

一想到这些，徐爱又有些庆幸，为自己有幸与这样的圣师朝夕相随，也为更多可以因老师学说而受益的人们。他希望世人也能早日同自己一样，更正过去偏颇的《大学》和其他儒家观念，并因此受益无穷。

笔记写得有些肉麻，却字字肺腑，苍天可鉴。

不过，徐爱终不是固步自封的人，也不是盲目信从的人。情感是他无条件信任老师的理由之一，但反复的揣摩、学术认证并最终确认理论，才是他能跟着王阳明继续走下去的原因。

徐爱坚信，在这个世界上，除了老师本人，没有人比他更相信老师，也没有人比他更坚信老师的真理会越辩越明。

只是，那时年仅二十六岁的徐爱，还不知道自己刚刚起步的美好生活，就只剩下五年的时间，但是，他却是坚定地用了余生的所有精力来实践老师的真理。

一路南下，在爱徒兼助理徐爱的陪伴下，王阳明开始为世人揭示一个被权威"雪藏"前原本的《大学》。

滁州岁月，布道山水间

滁之水，入江流，江潮日复来滁州。

安徽滁州，吴风楚韵之地。当年，欧阳修因为排错队，支持"先天下之忧而忧，后天下之乐而乐"的范仲淹改革，被贬谪至此。好在这位郁闷的大文豪很快就在这里找到了自遣方式——呼朋唤友，娱情山水。而他一篇《醉翁亭记》更是让滁州美景闻名天下："醉翁之意不在酒，在乎山水之间也。山水之乐，得之心而寓之酒也。"

正德八年（1513年）十月，四十二岁的王阳明人也在滁州，做一个叫"督马政"的闲官，具体工作内容请参照"弼马温"一职。给马屁股盖章之余，他也会隐讳地抱怨一下自己的不得志："凤凰久不至，梧桐生高岗。""援琴俯流水，调短意苦长。"

是啊，堂堂七尺男儿，又是满腔大志，本想着安国安天下，却又不得不与

第七章 再出山，世事皆心事

牲口们厮混：关心马儿吃得好不好、长得好不好。好在这饲养好马也算是变相为国出力了，否则真是让人发疯。

胸中多少有苦闷，也难怪王阳明会没事跑到山林间去睡上一觉了。有时林间睡起，回想现实，王阳明还会自我调侃一番：

> 林间尽日扫花眠，只是官闲愧俸钱。
> 门径不妨春草合，斋居长对晚山妍。
> 每疑方朔非真隐，始信扬雄误太玄。
> 混世亦能随地得，野情终是爱邱园。

但是，他终是没有太多时间与精力去抱怨，首先，前事种种波折，此时的阳明已是一个能看得相当开的人。更何况，他主讲的心学，修的就是"从具体事上磨"，在实际的知行结合之中，见到本性。而更重要的是，那时滁州，王阳明门下，正有一群心学的新老门生聚集，他们都嗷嗷地等待着聆听师父教诲。

讲学之事，王阳明自担当之日起，便终生都不敢耽搁。

这一次，他也没有含糊。只是，面对着这支阵容空前庞大、态度又极为真诚的求学队伍，王阳明想找一个比较活跃的讲学方式，他要将死气沉沉的课堂内容，变为生动活泼的心灵传授。

在这一点上，其实王阳明也根本不必再多花心思，因为他本身已经是这方面的专家了。早在贵州龙场，他就已经做到了——寓教于乐，只把山游作课程。

龙场的冷风密叶、凛凛溪石，尚能让师生们相学甚欢，更何况这以山水美色著称的滁州了。果然，滁州的山水也真没有辜负他：

> 若夫日出而林霏开，云归而岩穴暝，晦明变化者，山间之朝暮也。野芳发而幽香，佳木秀而繁阴，风霜高洁，水落而石出者，山间之四时也。朝而往，暮而归，四时之景不同，而乐亦无穷也……

工作之外，阳明都带着学生徘徊在山水间，欣赏着"林壑尤美"的诸峰，欣赏着"望之蔚然而深秀"的琅琊山，欣赏着"有亭翼然临于泉上"的醉翁亭。

当然，旅游不是目的，传道授业解惑才是正题。行游滁州山水间，王阳明最常让学生做的工夫就是席地而坐，从静坐入道。

然而，这些大大小小的男人总是容易浮躁，他们难像修行高的和尚道士一样，一坐就是一天，他们更难像女人一样，一坐下绣花可以坐一辈子。开始时，总有些屁股浅的学生如坐针毡，王阳明倒也不苛责，假装没看见一样。这些学生见老师和其他人都在坐着冥想，便也都试着集中精力，继续静坐，坐久了，也就习惯了，当打坐不再成为一种煎熬，他们也开始进入了精神世界神游。

这样又过了些天，学生们都感觉进步不少，像"任督二脉"被打通了一样舒爽。打破这平静的是一则学子对学友的私语："那天习打坐功夫时，我偶然看了一眼老师，你猜怎么着？他在溜号。嘘！你不要对别人讲。"

说出去的秘密当然就不叫秘密。很快，这个消息由两三人的小范围扩散到了整支讲学队伍。

偷偷观察王阳明的人越来越多了。这一观察不要紧，原来老师真的有在打坐时三心二意啊！老师的思想走不走神倒很难看出来，显而易见的是老师会有些小动作，甚至大动作，严重时还搞得四座不得安宁。有学生实在忍不住了，问道："老师，您有什么不舒服么？"倒是王阳明诧异地回道："你不是在静坐么？怎么会知道我不舒服？"学生被问得有点突然，支吾道："一直见先生这里有动静，就忍不住观望了。"王阳明没再作答，他唤醒了打坐中的众学子，问大家打坐心得。

一时，有几位学生描绘了他们各自看到的画面和所到达的境界，更多学生则是羞赧了面庞说了实话。原来，他们近几日都在受老师诡异行为的干扰，很难再集中精力，很多人甚至连之前克服的流水声和蚊虫叮咬问题都克服不了了。

出乎意料的是，王阳明并没有表扬前者，也没有批评后者。他只是平静地对学生们说："继续静坐，进入到你们那个可以去除私欲、存养天理的世界里去吧！"

这不是岔开话题，却正是王阳明静坐课的中心思想。

王阳明要学生静坐，从静坐入道，体悟动静，这是他在滁州的主要教学内容，也是阳明心学中很重要的一课，但他却不要学生执着于此。他曾这样告诫学生："静坐只是一种形式，是表面功夫。一个人该在宁静与行动时，都时时不忘除私欲、存养天理，这才是硬道理，才是宁静的归宿。如果一个人只能在宁静时才能作这种功夫，不但会产生喜欢宁静讨厌活动的坏毛病，这个人其他的毛病也会潜伏在心中，遇到实际问题就又重复滋长。"

在经历了老师"钓鱼传道"的"恶作剧"后，学生们便再不敢轻易乱了心神。较之前更不同的是，此时的部分学生，已经进步到不用再刻意追逐什么境界，只是静心、观心便能通达一部分世界了。当然，学生们也更加喜欢他们可爱的老师了。

欣然地看弟子学有所成的样子，王阳明也很愿意将这种山水教学进行到底。

每逢月圆之夜，数百学生还会与老师环龙潭而坐，体悟动静一体的功夫，存养夜气。王阳明也会用诗来表达心中所感所想：

何处花香入夜清？石林茅屋隔溪声。
幽人月出每孤往，栖鸟山空时一鸣。
草露不辞芒屦湿，松风偏与葛衣轻。
临流欲写猗兰意，江北江南无限情。

就这样，赏山赏水赏道学、赏花赏月问心体，滁州讲学的日子充实而快活。

那年滁州岁月，山巍巍，水潺潺。怡养山水间，与自然融为一体，王阳明让学生们意识到自身渺小，也让他们更深刻地感受到了"天地之大，大可作为"。那年滁州讲学，他带众多学子静坐入道的画面丰富了唯美的滁州美卷，王阳明从游之众更是"自滁州始"。在天理私欲之外，他还让学生们明白了一个动静结合的观点：光坐着瞎想是没有用的，凡事还要在事上磨。那年滁州七个月，王阳明光诗就做了三十六首，有关乎山水的，有关乎师生情谊的，更多是关于圣学圣道的，又或者说这些美好的事物本就联为一体，不曾分割。

王阳明在山中示诸生，一开口就是五首：

路绝荒山久废寻，野人扶病强登临。

> 同游仙侣须乘兴，共探花源莫怨深。
> 鸣鸟游丝俱自得，闲云流水亦何心。
> 从前却恨牵文句，展转支离叹陆沉。

> 浴流亦沂水，童冠得几人。
> 莫负咏归兴，溪山正暮春。

> 桃源在何许？千峰最深处。
> 不用问渔人，沿溪踏花去。

> 溪边坐流水，水流心共闲。
> 不知山月上，松影落衣班。

> 池上偶然到，红花间白花。
> 小亭闲可坐，不必问谁家。

或者，仍如他一贯秉承的心态：既然圣学无涯，生而有涯，那唯有抓住时机，倾囊相授，让弟子们再多明了些，多一些是一些。

在滁州，经历过满是花香的清夜，还曾因大雪而闭门坐了十日，天机、人心，师生悟得明白清澈。春色之时，他送走了学徒；凉秋之时，他送走了学友；岁寒之时，他又送走了北行的弟弟王守中。最后，又轮到他自己要离开了。

诸多不舍，王阳明离开滁州，离开了酿泉，离开了醉翁亭、离开了琅琊山，他的弟子们呼啦啦相随相送，一直到了乌衣镇，都难相别。有几个人甚至一直送到了江浦县。望着这群不为功名只为学的弟子学友们，王阳明已经能够感觉到：这是自己人生中的一大万幸，这就是王门心学的万幸。

然而，再怎么相送，离别总归是人生不可推却的必然。江畔撒开相执的手，相思就如那江中潮水，来来往往，不知几时肯休。当旧时、旧地，旧人都成为旧站，历史与人事的车轮还是转向了前方。

一五一四年，南京！南京！

一觉红尘梦欲残，江城六月滞风湍。

正德九年（1514年），王阳明四十三岁。他又升官了，升至南京鸿卢寺卿，名义上他向权力高层又跃进了一大步，实际上仍是闲官儿一名。再次置身于六朝古都、十朝都会的南京，工作内容仍是不痛不痒，当事人也只好继续专心布道。

原本，南京就有一个吸引心学弟子之处，那就是王门的大弟子徐爱在这里做工部员外郎。这徐爱，不但人品好、性格好、学问好，对心学传播也近于痴狂，很有学友缘儿、学弟缘儿。在王阳明尚在滁州之际，徐爱就已经潜心将南京打造成了心学的一大宣传基地，引来不少论学者。

而这一回，王阳明本尊也到了南京，还比较有空。此消息一传开，便不停地有新老学生从四面八方赶来，在他们看来，此举不但神圣，而且怎么都是不亏：大家可以像吃大锅饭一样听老师讲课，就算得不到王阳明本人"开小灶"，能与徐爱一起切磋提高也是不错的。

事实也正是如此。很多时候，王阳明点拨完了，学生们课下自行消化。但凡有消化不了的地方，他们不好总去叨扰身体不好的老师，就会随时随地叩开大师兄徐爱的房门。每每此时，徐爱也都会温暖相迎，做一个尽职尽责的"助教"，尽管他本人的身体状况也不比老师乐观到哪去。

一时，南京成了心学的传播中心。

在南京，王阳明总结了滁州讲学的得失之处，他的讲学内容也更有侧重，侧重于让弟子们做好"存天理、去人欲"的克己工夫。

有个叫陆澄的弟子收到家书，知道儿子病重了，便整个人都处于一种绝望、担忧加浮躁之中。王阳明走过去，轻拍着陆澄的肩膀告诉他："这正是你修习用功的时机啊！父母之爱子，是常情、是至真至重的情意。但是天理也要有个度，有所中和，若是过度了，便是私意了。"他还告诉泪眼婆娑的陆澄："参圣学、做圣人，不是要人毁灭人性，恰恰相反，是要在保持人性的基础上守住心性。"

当时，还有一个学生得了眼疾，忧心忡忡，宛如世界末日一般。王阳明直接用了四个字形容他：贵目贱心！

两年多的时间里，在吴歌声声的南京，王阳明没有心思观什么秦淮烟火，也没有兴致观什么"莺莺燕燕"。他的这段人生，都无保留地献给了心学事业：修习自己的心体工夫，帮助弟子们融入天地气机、炼得面对世界与自我的强大心性。

南京酷暑如蒸。授课之余，王阳明仍是个潇洒的游侠：人间炎暑无处逃遁时，他就归向山中去。山中懒睡，扫石焚香任意眠，醒来时有客谈玄。山中好，山中清净还无尘扰，山中莫道无供给，明月清风不用钱。岩瀑随风杂钟磬，水花如雨落袈裟。在山中，王阳明与林芳说情话，听石泉响叮当，让灵魂升华。

闲来，王阳明也会饶有兴致地给人的画上题诗，在扇面上写些文字，或是继续着自己对弟子和朋友的迎来送往。

在南京的岁月，王阳明还意外地见到了一个人——湛若水。只是，命运弄人，此次会面没有欣喜，多的却是哀伤，因为湛若水是扶着母亲的棺木南下的。母亲走了，孝子湛若水满脸沧桑，身为好友的王阳明也唯有尽己所能，以长长的丧队相迎。

好友母亲的离世，再一次让王阳明撞到了生死之门。他想起已逝去多年的母亲，想起逝去的祖父，想起已到龙钟暮年的祖母，他甚至想到了自己：长年身体不好，现在又常是亮起红灯，人虽壮年，头上却是屡屡新增华发。如果人生还有大把的时间，或许自己也会安心地过着讲学与游侠的日子。只是，在他心中，还有另一个"百年未有涓埃报"的结。虽然这"报效"很不够具体，但王阳明总是记得自己站在居庸关长城上许过的誓言：他要经略四方。如果有机会，他定要将自己平生所学、所悟，结合到国家建设的大事中去。

可是，眼看着自己这样一个"病夫"一天天虚弱下去，他不知道，自己还有多少时间可以等待。

日月其逝，如彼沧浪。先是六七月暑雨，又是秋风吹散锦溪云，后一年春寻载酒，王阳明在南京漫长地等待着。

第八章

临危受长缨，大儒初用兵

王阳明

贼匪之患猛于虎

正德十一年（1516年）九月，王阳明仍在南京卖力地讲学。也就是在那时，他接到了来自大明最高政府机构的又一份任命状，上面清晰写着他"升都察院左佥都御史"。

较之前几年被安排的闲职不同，王阳明的新职务不仅很有内容，还十分具体，且危险粗暴——"巡抚南赣、汀、漳等处"。说白了，就是去江西、福建等东南地区剿匪。

剿匪？为什么要剿匪？为什么轮到没有沙场实战经验的王阳明去挑大梁？这其中种种蹊跷不得不让人质疑：刘瑾集团不是已经被"销户"了么？难道天下还没有太平么？再者，既是剿东南地区的匪，地方官何在？为什么要兴师动众从北京特派官员前往？虽然大明王朝一直以来都是以文制武，军区司令级别的官职全部由文官担任。但怎么就突然轮到了王阳明了呢？

这，其实是大明王朝的另一个痛。

当年大明以民变开局，颠覆了成吉思汗"弯弓射大雕"打下的江山，颠覆了大元一二三等民的统治架构。朱元璋经历了开国的艰辛打拼，更能领悟"水能载舟，亦能覆舟"；朱棣为了掩饰自己野心装疯卖傻、血溅河山，上位过程艰辛也让他更注重实践"民为贵，君为轻"。但在他们之后，那些唾手就得了天下的君王，却没有这么强的忧患意识，他们的"轻民"思想多数是从娘胎里就带来的。再加上长期幽居深宫，帝王们离民间疾苦越来越远。他们能了解到的民情，多是经下属们一级级美化过的地方问题上疏。所以，有些皇帝真的就觉得"百姓喝不上粥,为什么不吃肉呢"。

偏偏老朱家这支皇室子弟,不关心春种秋收、百姓疾苦不说,性格、爱好又都一个个走极端。帝王不靠谱,这让少有的能臣很难扳回大局。也别说能臣了,就是皇帝朱祐樘累了一辈子,换来的也只是极为短暂的"弘治中兴"。

到了正德年间,纵观全国上下,除被常年粉饰的京城之外,有生活还勉强过得去的地方,却也多有生活得艰辛的地方。很多百姓生活得不好,甚至到了抛家舍业地去当土匪流氓的地步。论其原因:前几代留下的宿疾、新的天灾人祸、时任皇帝不作为、京官地方官不管不问、或是管了不起作用……

再加上,在"史上最爱玩皇帝"朱厚照身边,一直不乏奸佞人物。这些人不用出京城,只要在豹房里打着皇帝的旗号发几个令,诸多花样的敛财、作恶就会层层贯彻到社会最底端……

原本,老百姓多是抱着"事不关己,高高挂起"心理过日子的,皇帝又花了多少钱盖新宅,又和谁玩什么新花样的破事,他们真的可以不介意。但这些行为的直接后果是让他们老婆孩子饿肚子。这回不能再"不关己"了吧?他们又没能耐劝皇帝改邪归正,只好自己"改正归邪",投入非法大军:没"能耐"的小偷小摸、小打小闹;稍有点"志向"或是"能耐"的就去占山为王、落草为寇了;动静再大点的,干脆就搞起起义来了。这其中,还掺杂着投机的刁民,想趁乱捞点油水快速致富,情况很是复杂。

总之,就是老百姓受委屈活不起了,国家政策又没跟上,直接导致国家机器运转失灵。皇权威严丧失、百姓对国家的信任和信心空前低下。这又促使民间乱象丛生:贼匪问题加剧,问题式人物数量也较以前翻倍式的增长,且此起彼伏。其地方也是涵盖了广东、福建、江西、四川、河北、山东、河南、湖北等地。全国上下,有名和无名的"土霸王"、"山大王"竟是数不清。

凭良心说,事情闹得这么大,地方政府和朝廷也是管过的。可是,管又分成了"管得了"和"管不了"两种情况。

所谓朝廷能"管得了"的,也多是一些根本不成气候的小贼们,要么就是一些暂时奔着好处接受招安、转身就又恢复作乱的"老油条"。这样隔靴搔痒的"管",和没管真是没什么区别。

第八章　临危受长缨，大儒初用兵

天子朱厚照仍是不着急也无所谓的性子，照旧自己玩得高兴。不过，重臣杨廷和还是心急如焚的。

在一番番政治洗牌之后，几朝臣子杨廷和走向了他官位的巅峰——首辅。身居文官集团的最高位，数次规谏"失德"的朱厚照无效，杨廷和也只好仗着皇帝对他的信赖，全权揽起国事，忠于职守。主政这些年间，他也发动过像样的改革，但也只能做到"头痛医头、脚痛医脚"的程度。

因此，届时在朝廷的字典里，全国百分之九十以上的匪寇还是"管不了"的。其实朝廷也心如明镜：对于这些贼、匪，劝是劝不住的，拦亦是拦不住的，硬管也不行，唯有打！

可怕的是，打也打不下。

一直以来，在地方各处，剿匪打仗的任务都是由地方官带着当地官兵执行的。不过，这"剿匪"过程和结局也真是让人不敢恭维。要么，负责指挥的官员占着茅坑不拉屎，敷衍了事，或是指挥失利；要么，官兵军队整个软哈哈，战斗力缺乏，贼没灭呢，自己先吓跑了。有时，战事严重了，他们还会外调指挥官和士兵。虽作战过程有所不同，结果却是一样——剿匪无力。

但别看这些官与兵们剿匪不成，收租子、收杂税、征兵费倒是挺有两下子的。几次剿匪下来，老百姓又被剥了几层皮。

眼看着国家正规军像跳梁小丑一样又没用又可恨，越来越多的匪区的良家百姓胆子也跟着大了起来：我也上山、下海吧……

那时是：西南东北，峰峦如聚，波涛如怒，山河表里剿匪路。望天下，意踌躇。伤心黎民生计处，不如宫阙几分土。剿，百姓苦，不剿，百姓苦。

匪情日益严重，朝廷中人也不傻：且不说什么安黎民、慰苍生，就是这些流氓土匪真闹大了，继百姓不聊生之后，接着要遭殃的就是皇帝和大臣。

剿匪，为什么是王阳明

　　百姓切身利益受剥夺，尚会想法子，更别说视利益为生命的大官们了。危难之时，朝廷把东南剿匪这个烫手的山芋扔给了王阳明。

　　出这个鬼点子的人是兵部尚书王琼，他与王阳明没有什么裙带关系，也无冤无仇，王琼的这次举荐纯粹是因为伯乐对千里马的发现与赏识，也是出于王琼缜密又大胆的军事思考。

　　作为全国军队的新任总负责人，王琼明白，自己生活在一个看似和平的"坐江山"时代，真正的将才较打江山那会儿少太多了。而且，武将也的确越来越不吃香，整天打打杀杀，最后爬上来还是要受文官压制。在这样的大背景下，越来越少有家长愿意将孩子培养成"莽夫"。待这种状况循环到了他们所处的时期，国家真正能拿得出手的武将就更少了。在已发现的少之又少的优秀武将资源中，一部分去戍边了，一部分在其他地区平乱，一个萝卜一个坑，真是谁都动弹不得。

　　况且，主导剿匪是大事，早就不同于冷兵器时代的野蛮冲锋了，若只需勇就有用的话，也不会让山贼匪寇们嚣张到如此地步。剿匪大计，普通武官是很难担起的，像明朝一直以来的处理方法，找一个有谋略的文官做总统筹才是必要的。

　　可再看这满朝的文官：首先，资深的政治老谋子是不可能去前线的，比如杨廷和，杨是国柱，怎么能到前线去打山贼呢？简直是暴殄天物。杨廷和这样的人物不能去，王琼自己也是不能去的，除了太过大材小用之外，还因为王琼是杨廷和的政治死对头。一个玩兵善谋的人，怎么会傻到自己跑到前线去捕蝉，等着身后让老窝的黄雀给啄了呢！

　　太有实力的人动弹不得，而其他文官又实在难入王琼的眼：看他们一个个，动动嘴皮子骂皇帝、骂同僚还行，能写奏折歌功颂德、把黑的说成白的也有，都是些"纸上谈兵"的空想家。再有些忠烈的、有思想的，其才能也仅限于学术传播和文艺复兴等方面……一时，王琼竟真找不出合适的人来。直到王阳明的名字再次出现在他的脑海里。

王琼想给王阳明一个机会，这不是突然萌生的念头，而是他一直就有的想法。作为兵戎相关专业的大玩家、猎头，王琼很早就听闻王华状元有个痴迷于兵战的儿子，十五岁就单刀匹马考察居庸关，还喜欢在自家用瓜子、果核排兵布阵，这都让王琼很感兴趣。为官之后的王阳明更是让王琼惊叹连连：王越墓修得漂亮，山东主考官做得成功，敢叫板当势刘瑾，挨打不死，奇迹般地逃过了锦衣卫的追杀，在龙场悟了道，之后又敢于向传统权威的朱熹理学挑战，成为心学一派的掌门人……

"爱兵戎、不怕死、有血性，必然是个能成大事的！没有死、有悟性、敢质疑，必然是个有大智慧的！"怎么想，王琼都觉得王阳明是一个有着无限能量与潜力的人才！

当然，能想到启用"新人"王阳明，王琼也并非全是为公。于王琼自身状况来看，他前一年才坐到这个高位上，虽和皇帝关系要好，但能拉拢到一些有才能的人仍是很迫切的事。王阳明是不是前任皇帝有意不重用、留下给儿子保江山的人才王琼不确定，他确定的是，王阳明是一个潜力股，再不下手抢，被拉到别人山头就是自己的损失。所以，趁着王阳明"不得志"的时机，他要借着这次"以公之名"，将橄榄枝伸向王阳明。而从后来王阳明数次将王琼写在捷音疏前头也可以看出，王琼这一招是高明的。

王琼这样想着，又开始做同僚的思想工作：王阳明这小子有才啊，给他一个杠杆，没准他就是当朝于谦啊！没有沙场实战经验又如何？当年诸葛亮出茅庐前也没有经验，照样运筹帷幄，决胜千里！王阳明虽然不是最理想的人选，却是当下最适合的人选。

王琼点将，与他关系要好的皇帝朱厚照自是给面子的。至于杨廷和，虽有忌讳，却也只好以大局为重。是啊，面对着一个军事烂摊子，当务之急，总要有人试一试！

至于王阳明能不能挑得起，是真金还是破铜烂铁，一验便知！

壮志将酬之时，百姓水深火热之日

面对着朝廷高层迟来的赏识，若说王阳明没一点兴奋，那是蒙人的。若说他只有一点兴奋，那也是瞎掰。

但正如同每一个用生命期盼过的人，在梦想真的降临之时一样，王阳明的心情也是复杂的。

想自己从小自命不凡，十一岁便立志做圣人。本打算将全部豪情青春都献给国家，却不想多年时光白白浪费在了考科举之上。一朝入仕，原以为从此报国有门、圣志得酬，却不料不受重视不说，还因为耿直忠谏，被奸党发配到边远的龙场去了。再次归来，虽也屡次升官，仍多是挂些无关痛痒的闲职。搞得现在人到中年，人在官场，吃着皇粮，心中连宇宙都有了，却仍是终日抱憾而活。

这一腔壮志，打从出娘胎起，一憋就是几十年，无门，亦无力。龙场归来，王阳明也只好将它转化为传播心学的力量：即使救不了世，也要救世人心。

就在他以为自己将以一位"圣师"的身份终老时，他潜在盼着的机会，还是来了。

能站在国家性质的最高平台上一展胸中抱负，不负平生所学，自是快哉！

况且，自己从小就尚武，喜欢兵法，崇拜诸葛亮建功立业，崇拜王越保家卫国，崇拜马援马革裹尸，连做梦都想着有朝一日能够带着吴钩"收取关山五十州"。而这次东南剿匪，不正是这样的时机么？一旦自己把握好了，干得漂亮，便也算是一种"经略四方"了吧！

梦想，从不是一朝一夕；等待，更是前后跨越了足足四十五年。

但当这顶象征着"武功"的大官帽真地砸下来时，王阳明却是喜忧参半，有兴奋，更有气愤。任命刚下来那些天，王阳明白天讲学，晚上都在生业火。

过去几十年，自己都在为做圣贤而读书、努力，甚至数次濒临死亡时，这都是自己求生的最大动力。有些人不明就里，以为他王阳明求的只是一个学术之名，顶多是像朱子那样的大名，所以觉得他平时就敢在京城开班讲学。王阳明心里却是清楚得很，自己其实是想将毕生所求、所悟之学都应用到国事、民

第八章 临危受长缨，大儒初用兵

事上去，为国为民谋福。这，才是他做学问、成圣贤的意义所在。

但想不到自己壮志真的将酬之时，却是百姓最水深火热之日。换言之，如果没有百姓的伤亡，难道就没有我王阳明的出头之日了么？难道，生平之日，我王阳明就不能做一个治世宰相么？可反过来，自己又确实对沙场有着深切的迷恋……这一切，到底是自己的志向太过残忍，是朝廷错会，还是天意弄人？

一个疑问永远没有答案，新的疑问又接踵而至。

早听说全国部分地区匪情严重，剿匪问题棘手。在王阳明还在庐陵（今江西吉安）做知县时，他所管辖地界还只是告状严重，但周边地区却也是匪徒猖狂。只是那时，这完全不归他管。

现在朝廷突然让他去剿匪，还是负责整个东南地区。其中难度，王阳明倒是不怕，虽然他没曾真枪实弹地带兵打过仗，但他丝毫不怀疑自己的作战能力、统筹能力。他很自信，别说是民间匪寇，就是训练有素的千军万马自己也能够抵挡。只是，他憋着的气还需要时间顺一顺：朝廷只是在没人愿意去剿匪，又无人可用之际，才想起我王阳明，这不是很伤人也很伤心么！

而就算不和国家、朝廷怄这股子气，此时的王阳明也还有学术上的担忧放不下：自己悟道不久，圣学还要仔细研究、推敲；弟子们多处于入门期，正需要自己循循善诱；世人因为心学与传统理学冲突，多是怀疑诽谤，这些都需要自己花时间与精力去磨合。学术之外，他更有不少个人问题需要解决……

一面，好像自己的身心都还没有准备好要去东南前线剿匪；另一面，机会又是那样千载难逢。过了这个村，实在不知道还有没有这个店了！

——到底要不要去赴任？

在问了自己千万遍之后，王阳明压抑住心中的澎湃，他提起笔，默默地写了一封《辞新任乞以旧职致仕疏》，一封未赴任就请辞的公文。

在请辞信中，王阳明诚恳地讲述了自己不方便赴任的几个原因：从大义的角度讲，自己是一介书生，没有过带兵打仗的经验，"才本庸劣，性复迂疏"，恐怕不能担任巡抚这样掌握重要军权的官职，请朝廷另找贤能之人以免耽误战事；从孝悌的角度讲，自己的老祖母岑氏年纪已经近百，日子是数着过的，祖母把自己照顾长大，而之前朝廷又一直不让自己回家看祖母，他很怕会子欲养而亲不待，再次恳请回家侍奉祖母膝下床前；从自身来讲，王阳明身体一向十分虚弱，又经历过千里大逃亡和龙场几年摧残，现在人到中年身体是越发不如从前了，更是没体力进山区里去剿匪……他怎么想，都觉得担当不了这样的大任。

于朝堂而言，王阳明的如是反应，倒也不让人意外。毕竟，哪个被封官、被任命的人，好意思喜形于色，都应该谦虚地走些"不敢、不敢"的形式才是。况且，去剿匪本就不是一个好差事。但是，仍有大员反响强烈："王阳明你这是给脸不要脸，装大头蒜，得瑟。"当然，也有人觉得这种情况"虽然可以理解，但是贼情太严重了，王阳明你还是上吧"。

在没有人能、也没人愿意顶大梁的背景下，尽管文官出身的王阳明还只是一根功效待定的毫毛，但握住的人却怎么也不愿意放开。

再返回来，其实在王阳明心里，他已经早做出了决定——愿意去，且万死不辞。首先，大志在胸，胸中揣着国民，个人安危又何曾是王阳明所顾虑的，为国捐躯都是他时刻准备着的；再者，家中有祖母待孝敬没错，可就在东南地区，不知道有多少人的老父老母受匪情困扰、生存堪忧，王阳明去解救他们，也算是"老吾老以及人之老"，他相信，自己忠孝难全之情，舍小孝顾大忠，祖母是可以理解、并成全的。

更让王阳明坚定信念的，还要数他的一位离世故人。原来，也是在任命状下来这一年，退休回家的大学士李东阳去世，结束了忍辱负重终成仁的一生。这给王阳明触动很深：一个人为国为民受点委屈算什么？李东阳虽有缺点，政治手段也阴奇，却终是有良知、凭良知做事之人，这让王阳明很钦佩。李东阳尚且如此，更何况做梦都想着要做圣人的自己，更该是以"强者自渡，圣者渡人"自省自励。

只是，知道自己想干什么，知道自己想要什么，怎么到达却还是个问题！

王阳明很清楚，若自己就这样上赶着奉命赴任了，显得太沉不住气不说，更是难以服众，毕竟朝廷的态度都还是模棱两可的。为此，王阳明仍是反复上疏请辞，也不管有些高官喜不喜欢、有没有闲话，他只推说自身情况复杂，不能胜任……几圈太极打下来，累得推荐人王琼一身臭汗。

不过，他要的承诺与态度总算是有了，朝廷方面明确表示：王守仁不许休致。这就等于是说：王阳明，放手去干吧，说不行就不行，行也不行；说你行，你就行，不行也行。

吃了定心丸，王阳明也不再推辞，他也不敢再推辞，再推下去，恐怕煮熟的鸭子也会飞了。况且，匪情拖得越久，对国家和百姓利益伤害就越大。

药罐子和书籍之外，也没再带什么过多的行李，王阳明就这样正式开始了自己的军旅生涯。至于孬还是不孬，勇敢还是不勇敢，风险说了算，功绩说了算！

万安剿匪，牛刀小试

老实说，大明东南一带的匪情真是不容乐观。

正德十二年（1517年）正月，王阳明的官船入境江西，随着周围的商船一起沿赣江南下。行到南安府的万安县时，他们就遭遇了一伙当地劫匪。

相对于随行人的愕然，王阳明则更多的是好笑：自打正德皇帝接任以来，开始是太监在皇城里公然打文官们的屁股，现同样是在国境之内，国民胆敢光天化日地打劫官船了，还真是一朝有一朝的风气，上梁不正下梁歪啊！

好笑也是苦笑。笑之余，王阳明还是认真地观察了眼前的打劫阵容：初步目测这支打劫团伙能有百余人，除了皮肤一致黝黑之外，团队成员的高矮、胖瘦真是各不相同。只见他们赤裸着上身，手中操着含农具在内的各式"武器"、一个个张牙舞爪的样子。从他们嘴里，还不时地蹦出口音浓重、频率不一的打劫口号："此江是我开，此路是我开，要想过此路，留下买命财。"

"是我见识短浅，还是这帮人太不专业了？"王阳明总是觉得，这些人不是真的在打劫，倒像是一群临时聚齐的草台班子，在唱打劫的戏码。他们唱完了戏，就会自行散去了……

不过，王阳明神情淡定，还强忍着笑意，却不代表别人也有这样的心理素质。

见沿途出了这么一大票劫匪，周遭商船上的人都慌了神，他们载的可都是实货啊，这要是货有个闪失，多少店、多少人都不用活了……惊慌之余，他们都眼巴巴地望着官员身份的王阳明，希望他能"就地显灵"。

一时，王阳明又有些忍俊不禁："要是当官儿就管用，我也不用来这江西等地剿匪，当地官员早就拿下他们了；要是当官儿就管用，我也不会列入这被打劫的对象之一了。"

但谁叫咱是有作为的官儿呢！当官不为民做主，不如回家卖红薯。既然这里的劫匪这么急性子，这么迫不及待地欢迎自己，自己也只好接招了，先给他们一个下马威瞧瞧。

不得不说，王阳明考虑得周全、细腻，却也是有些多虑。至少有一点他是想多了：这群人劫他，并不因为他是朝廷派来的王阳明，只因为他混在商船之间，成了人家一个网里兜上来的鱼而已。

王阳明还是一副深沉模样，他这边船上的人却已是要剑拔弩张了。见此，他也赶紧叫来各个船上的负责人，告诉大家自己的分析结果：这些人面相并不是真的凶恶，不过是装凶恶而已，而且他们手上也没什么像样的武器，应该不是什么恶民，也不是惯犯，应该只是为了生计不得已才聚众犯罪的。

预料到了劫匪们是临时起意，不是大恶之徒，王阳明却仍没打算让自己这面的船只坐以待毙。他的应战方式也干脆直接："乃联商舟，结为阵势，扬旗鸣鼓，如趋战状"。

官船与周围商船联在一起，船上大旗招展。就在船上人鸣锣鼓呐喊着假装要和劫匪们决一死战之时，沿岸的贼们却纷纷丢下武器，一个个下饺子般地跪下，高喊：饥荒流民，乞求赈济。

这状况来得突然，王阳明也没空和周围人解释自己不过是造势、进行心理攻势罢了。他命人把船停泊在岸边，然后一脸严肃地对着下跪的匪贼们喊话："本官是新来的巡抚王守仁，我知道你们都是良家百姓，是身不由己才做了草寇的，但是，本官既然来了，就一定会给你们一个安排，你们先回去，等待安抚，切不可再出来祸害社会。"

船队的气势，王阳明的气势，彻底地瓦解了这帮劫匪们的气势，他们先是愣住了，然后相互私语了一阵，聚首者带头，大伙把打劫的武器一扔，散开了。

本是老实巴交过日子的百姓，绝望中才起来作乱，没有文化，也没有什么思考，连打劫都没有技术，只能把命掖在腰上赌上几次：抢一点是一点，却仍饥一顿饱一顿。现在突然半路杀出个官老爷王阳明承诺安置难民，王阳明的话，他们愿意相信一次。冲着这整齐有素的排场，冲着他所散发出的一腔正气。

至此，牛刀小试。剿匪，王阳明来了。东南三省，他带着官印而来，也是载志而来。

剿匪还得靠"知行合一"

万安一举，并没有打响王阳明在江西民匪之中的名声。尽管巡抚一职非同小可，但听说王阳明是来剿匪，当地人却并不买账。貌似他们早已习惯了朝廷走马灯式的换官员来剿匪，更习惯了那些官员们剿不了匪就抬屁股走人的"习俗"。

王阳明可没空计较这些，他已经全身心的投入到了剿匪大计中。

剿匪势在必行，必要又紧急。但王阳明好像又没有大家想象得那么着急，至少他不是一上来就喊着要动兵、要开炮。王阳明很明白，地方多年的山贼宿疾，一下子去除是不可能的，正所谓"病来如山倒，病去如抽丝"。但这并不代表他可以耐着性子在这里慢慢"抽丝"。相反，他必须要"快刀斩乱麻"。但是，该怎么斩？拿把大刀，大刀阔斧么？是！也不是！如果不分好坏一刀切下去，那伤到百姓这根"筋骨"怎么办？

在一切开始之前，王阳明先对所负责地区的匪情做了一次大摸底：当地山贼多少，主要力量有多少，主要盘踞在哪里，散落在哪里；当地百姓有多少人可以发展为剿匪力量，这些人能出多少人力，当地又可以出多少财力；山贼盘据的地方地形如何，该如何守，如何攻……等这些数据都报上来之后，王阳明又细算了一笔细账，在知己知彼后，一切心里有数后，他才开始了更深层次的思考与部署。

带兵打仗不是蛮干，每发一个号令都人命关天；带兵打仗更不是放羊牧马，终不是哄哄赶赶就能灭敌的。这里是真枪实弹、真正的交手双方，再不是儿时的战事游戏，也不是自己在龙场山洞里装死。这里，死人就是死人，没有死过去再活过来的道理。作为统兵的最高将领，他必须要有一颗时刻谨慎旋转的大脑，要比龙蛇还要懂盘活。

王阳明当然活，他从小读的就是《风后八阵兵法图》《孙子兵法》《六韬》《司马法》和《孟德新书》，这些书没有一本教人蛮干的。历史与当代军事战役都带给王阳明很多战术启迪，加上他天生爱联想，爱想方设法地实践，"上兵伐谋"已经深入到了他的骨髓里。更重要的是，在王阳明的军事思想中，还有别人不曾有过的一条，那就是心战：此心不动即为术，这当然是他在心学中所悟出的。

听起来有点邪乎，事实也很邪乎！

拆掉了思维里的墙，王阳明连续的几个战术实践，让剿匪大业初见成效。

战术之中，有一招，王阳明最爱用，也最会用，那便是千古奇谋"保甲法"。说起来，这真是一个让敌我双方都心有余悸的作战方法。或者说，它代表着还未开战，出手方就已经赢在了布局。

不得不说，这也是一次"知行合一"的践行。

据之前的调查结果显示，南方地区的匪，多是山贼。"山贼"之所以为山贼，多是以山水为据点，仗着地理条件优越可攻可守。而且这些人多数是入山则为寇，出山则为民，一般人都是对他们"傻傻分不清楚"。再加上对官府及朝廷的失望，或是因为裙带关系，老百姓的情感更倾向于畏惧山贼，不管是被威胁，还是有好处，他们也更愿意给山贼通风报信，这无疑又提升了剿匪的难度系数。针对连官府的老吏都和山贼暗中勾结的现象，王阳明能想到的最优策略就是"保甲法"。

早在几百年前，大宋朝丞相王安石便创制了"保甲法"，并企图通过它来"富国强兵"，虽然最后王丞相的改革还是失败了，但这不代表这一战术本身漏洞多大，相反，它的功效却是相当神奇。江西山中，王阳明将古人这一战术进行优化升级，并将它变成了更为强大的"十家牌法"。

王阳明要用"十家牌法"来切断民与山贼的关系，将山贼孤立。具体方法如下：在每户人家门前悬挂一块木牌，上面清楚地登记着本户的姓名、人口数目、家庭成员、籍贯等基本情况，还要写清有没有暂住人口等情况。再以每十家为一个单位，也设一块木牌，上面标清这十家的户主和家庭其他成员情况。且这十户人家中，每天要轮流由其中一户人执牌挨户地察纠情况，一旦发现可疑人员或是情况，都要立即向官府报告，有藏匿者、有瞒报者，十家同罪处理。

这一招果然够狠，它利用了人性的优点，也利用了人性的弱点。查实造册报官备用，又实行连坐，有力地杜绝了包庇闲杂人等的现象，断开了居民百姓对山贼的粮食供给和信息传递。苍蝇不钻无缝的蛋，这下缝没了，苍蝇也相对老实多了。

不请神，自己造神

至于王阳明常用的另一个战术狠招，则是"培养自己直接调遣的精锐民兵"。

以江西、福建为例，这里的山贼常年作乱，老百姓苦不堪言。但当地的剿匪官兵却又总是缺乏战斗力，懒洋洋上了战场，见势不妙溜得比谁都快。正牌剿匪军还总想着依靠外援，靠广西少数民族军队组成的"狼兵"前来支援。而这些狼兵虽然勇猛非常、也善战，但是调动的日程却太过迟久。加上狼兵本身目标也过于明显，往往是狼兵还在赶来的途中，这边的山贼已经闻风做好了埋伏工作，在山里等着"瓮中捉鳖"；或是干脆逃到别的山头先暂时避风头去了。更惨的是，等狼兵队伍真的到达时，狼兵本身奸淫、烧杀抢掠，对百姓的伤害远远高于当地土著匪徒。

针对这一情况，王阳明决定——不请神，自己造神。他在本土民间资源中选拔优秀人士，集中强训，培养自己的精锐部队，直接听从自己领导。他还借鉴了山贼的一个模式优势，让自己的民兵队伍"出则为兵，入则为民"。其目的只有一个，那就是把这支民兵训练成为剿匪"神器"。就算是不足以在战场上彻底清剿敌人，能为官方长长士气也是好的。

在大明东南山区，一身儒气的王阳明有条不紊地安排着军事工作：全面了解敌我情况、改革军队编制、提升军兵综合素质、清点队伍的衣甲、器械、辎重，注重每个细节点的工作质量。

别人以为山穷水尽的剿匪路，王阳明硬是踏出了新方向：通过"十家牌法"的执行，时不时就会泄密的军事行动很快就升级为真正机密的行动了；随着民兵队伍战斗力的增强，越剿匪越多的时弊也有了很大改善。这也再次证明了那句俗语——只要思想不滑坡，方法就总比问题多！

对于王阳明所担当的剿匪大业而言：军队有了，武器有了，训练有了，战术有了，指挥有了，上下同欲感有了，胜利还会远么？

象湖山：此心不动，随机而动

知道的人知道王阳明是来打仗剿匪的，不知道的人还真会误以为他这是来宣讲心学的呢！

在龙场悟了道的王阳明，一边念叨着"知是行的主意，行是知的功夫"，一边命令部队真枪实弹地进行剿匪了。他知道，没有实战，再充分的准备与部署也都是零，再完美的想法也都是空，再精妙的战术也不过是纸上谈兵。

正德十二年（1517年），王阳明真正开始施展拳脚的一年。其年，他在大明军事史上留下了浓重一笔。

年初，南方的天气还有一种刺骨的寒冷，王阳明已到了江西，他同时对江西、福建、广东三省进行统筹规划，戒严不说，还雷厉风行地实行了一系列的相关军事策略。就在很多人还没有反应过来之时，他已经默默地将实地的军事战斗转化为了心战：实行"十家牌法"，以民心守住民众，让他们安分，同时造成对山中匪贼们的心理压力；创建民兵，以民众守卫民心，精兵在手随时差遣，也在一定程度上让匪贼们知道畏惧和收敛。

当一切准备就绪，有些结果就是水到渠成之事。

到了二月，王阳明已经"三下五除二"地打掉了盘踞在福建漳南地区的土匪军队。他所率领的官方军队，还在长富村获得大胜，把漳南残余力量逼到了象湖山阵守。这本是十分有利于官方的战局，但兵家战事的确是太无常了，准备再多的王阳明遇上了这种种无常，也只能承受。

在追剿之时，王阳明的正规军在莲花石与匪贼对峙。之后虽有广东兵前来支援，官兵想着要合围，不想被困的匪贼被逼急了，强势突袭，逃走了。

胜败本是兵家常事，但是这一个小失利，又让官方军队中很多人的小心脏承受不住了。

最先打退堂鼓的是广东省的军队，他们又动了请"狼兵"的念头，甚至鼓吹秋后再战。而福建方面的军队倒是在先前的战斗中战出士气来了，他们主张一鼓作气，追击敌寇。作为主帅，王阳明严厉地批评了广东军队的畏惧思想，也批评了福建军队的急功冒进思想。

既然都是错的！那对的是什么？

此心不动即为术！虽然人算不如天算，但好在天算尽在心算之中。

就在双方都提高警惕，准备应对随时而来的对决之时，王阳明却突然传令：罢兵，不打了！要春种了，士兵们要回家种地去了，不跟你土匪在这耗着了！光种地还不行，夏天士兵们还得浇灌，伺候庄稼，到了秋天还得秋收呢。等秋收完了，有粮食了，有钱了，再充作军费，再来会会这帮土匪，反正剿匪是一项长期的工程。

不只如此，王阳明还亲自率领精锐部队，就近屯进上杭县。整日里嚷着犒赏军队，安排退师工作。

听到这个消息，象湖山匪贼据点就炸开了，有人说："怎么可能，这位王巡抚该不是又动什么花花肠子吧？他前期准备了那么久，怎么可能一个失败就罢兵种地了？骗小娃娃的吧！"也有人说："怎么就不可能？官兵也是人，更何况王阳明的精兵本就来自民间，当然也要种地。不但他们要种地，咱们也得种点甘蔗、蔬菜水果什么的，现在风声这么紧，也不能光靠抢，也要适当的自给自足啊。"

怀着喜悦又猜疑的心情，山大王们派出了很多探子下山考察，结果这些人都乐颠颠地跑回来禀报："大王，是真的，王巡抚真的罢兵了，民兵们都各回各家，各找各妈去了，山下一片和谐！我今天还看见我媳妇的二大爷的小叔子的邻居的妹夫扛着锄头牵着牛往他家地里去了呢，他之前就是给王巡抚当弓箭手的，我看得准准的，错不了！"

又是在象湖山。

听说官军罢了兵，贼众们乐得连摆了几天的酒宴庆祝，安排巡山的人数和次数也减少了很多。如王阳明所料，他们愿意相信：新的巡抚和以前的一样孬，农耕只是一个借口，等耗到秋天，他就会像前任一样拍屁股走人。

不过，相对于山中盛宴的热闹景象，王阳明营中的犒劳饭和散伙饭就没那么好吃了。

主座之上，王阳明活像个禁欲者：很多美食都不能吃，也不饮酒，多数时间就是捋着美髯在那咳嗽。同坐一桌和临近桌的主要将领们，也都闷闷地自顾喝酒。室外还能听见士兵们饮酒划拳的声音，室内的空气却像窒息了一样。

半天，终于有人忍不住了，自饮了几杯酒之后，有意向着身边人挖苦道："就这样收手了，真憋屈。还以为王大人和以前的领导不一样，都盼着我们这次真的有希望将山贼一网打尽。可怎么能刚碰到一点挫折就退缩呢？太不男人了！明摆着让老百姓和山贼瞧不起。"

一语才落，临桌已有人接过茬来："你懂什么！打仗是赌气争输赢的事么？我军怎么就不能罢兵，山贼嚣张那些年，多少狼兵都搞不定，怎么可能我们几个民兵就拿下了，还是先种地养兵蓄锐的好。"这下，开始说话的人脖子都粗了："你又懂什么！让山贼持久待下去，不知还会闹出什么乱子，那还要我们这些剿匪官员有什么用！你这是典型的缩头乌龟。"被训之人自是不服气："你这是人身攻击，有种出来单挑，你个有勇无谋的饭桶。"双方这一吵，骂战也就掀开了、酒杯也陆续被扔了。再加上有人劝架，席上已是乱成了一团。

第八章 临危受长缨，大儒初用兵

眼看着事态严重，还不知这些气头上的将领们会做出什么事来，王阳明本想着用一声干咳结束争论。不想，他一咳起来就又是没完没了的湿咳。

不过，巡抚大人这一顿喘不上气的长咳，下面还是安静了不少。王阳明又恢复了好一会儿，才开口道："罢兵。我就那么一说，你们竟还真信啊！怎么能让贼这么嚣张下去呢！怎么能让煮熟的鸭子，就这么飞了呢！休养生息总是要的，但绝对不是在这个节骨眼儿上。本官早已传密令下去，所有军队人员都不能走远，也不能够真的放下武器，要在平日勤加操练，随时待命。"

见众人目瞪口呆，王阳明继续讲道："之所以绕过了你们这些将领，并不是因为不信任。而是想看看你们对这战事到底持什么样的态度，也想看看你们这些中流砥柱间又有着怎样的'战友默契'。现在，我看到了。你们简直就是一盘散沙！作为将领，你们有人消极应战，有人目光狭隘，彼此又不肯契合，这个问题从我一到就存在，一直持续到现在。你们可曾想过那些将生命交与你们的士兵们？你们可曾对得起他们的信任与交付？"

就在大家都以为这位王巡抚会因此发飙时，他的态度却又缓和了下来，缓和中还透着强硬："以前怎么样，那都过去了。以后，全军必须统一思想。"

伴着一声声咳嗽，剿匪军的中高层终于能够统一战线：不遗余力的剿匪，坚决杜绝消极畏战心理。至于具体剿匪方法，请参照巡抚大人的安排。

与此同时，一份补发的密令也传了下去：若有将罢兵一事外泄者，重罚。

泄密？谁还敢泄密！从民间还在执行的"十家牌法"，就可以见识到王阳明的厉害：小木牌挂在门前，每天都有人像大眼贼一样盯着谁像坏人，谁像黑户，只要你是贼，就算你是妹夫的亲丈人，或是我儿子的亲大伯，我也不敢传一点消息给你，那可是要连坐的！

就这样，秘密训练、预备不定期的出征，成了山下明军中公开的秘密。

然而，宁静总是暂时的，该来的终归是要来的。毕竟，军与匪相安共处，终不符合历史规律。山雨，终是会来的。

一个再平常不过的日子，王阳明借着护送官员的名义，集合兵将对象湖山的贼众来了个突然的三路夹击。这一击，让蓄锐已久的明军官兵和民兵都过足了瘾，也让他们找到了前所未有的成就感。同样，这也意味着，这一击，对于情绪松散、戒备心低下的山贼来说几乎是致命的。

那一战，象湖山杀得甚是惨烈：山上人想保命猛劲地扔滚石，攻山人想立功都杀红了眼，一场血战硬是打了几个时辰，最后，以官方胜利告终。

而后，又是一阵余匪清剿。至此，滋扰漳南数十年的匪寇问题算是平息了。

几月之内，王阳明像老鹰一样，敏锐、迅速又睿智地把窝在山里的贼众都捉了出来。那些平日里了不起的山大王们，也顷刻成了蔫了的山鸡，扑腾几下之后只能乖乖地认输。而那些跟在山大王后狐假虎威的小喽啰们，也都该治罪的治罪，该改造的改造。

一个地区剿匪告捷，山贼这边的葫芦和瓢按下去了，王阳明却还另有担忧：百足之虫，死而未僵。匪贼的现象再极端也只是表象，它所映射的恰是当地民风不好，良知泯灭的实质。而这一点，是凭武力所不能解决的。

所以，在平定了一地的山中动乱之后，王阳明又开始着重进行居民安抚工作。他要求当地百姓，不管之前是贼是民，以后都要讲良心、做良民，可以合法赠予、买卖（老婆、儿子除外），却不能以伤害与杀害的途径掠夺他人财产。他更号召大家互帮互助，相亲相爱。这一点，他分析得很对：其实古时的百姓也真的没有多复杂，所谓的刁民，多是跟着社会风气走的，如果社会风气好，他们也会纯朴很多。

同时，王阳明三令五申，要求提升军队风纪：只要在军队里一刻，就要有个当兵的样，不能吊儿郎当，拿起武器就要像个战士，要统一思想，不能开小差，更不能像狼兵一样危害百姓。当然，他也指出，官府会尽量地提高军费，让将士们没有后顾之忧。另外，王阳明还对军纪做了强势补充：该奖的奖，该罚的罚，绝不会因为谁的三亲六眷是什么重要人物就特殊对待。

应该说，这是几剂关于人心、人性的猛药。这个药方，也只有心学大师王阳明才开得出。而它对当地多年的各种顽疾，也确实起了很大的作用。

一地班师，稳妥善后，就犹如春雨滋润了久旱的土地，为人间带来重生的气息：

即看一雨洗兵戈，便觉光风转石萝。顺水飞樯来买舶，绝江喧浪舞渔蓑……山田旱久兼逢雨，野老欢腾且纵歌。莫谓可塘终据险，地形原不胜人和。

但尽管局部地区形势如此大好，剿匪大业却尚未成功，王阳明也还需努力。此刻，在他面前，还有一个最大最硬的山头要过。山上，住着他此次剿匪中最为强大的对手——池仲容。

被"三振出局"的山大王

遥遥地向着京师方向跪谢，王阳明领了朝廷的二十万两赏银，官职也略升了一级。还没时间细想这赏赐是否与平匪功劳成正比，他就要准备大战匪首池仲容了。

不过，在那之前，他还得先拿下在横水、桶冈、左溪地区的各路匪寇。按王阳明的分析，"以湖广言之，则桶冈为贼之咽喉，而横水、左溪为之腹心。以江西言之，则横水、左溪为之腹心，而桶冈为之羽翼。"

只是，要卡住敌人的咽喉，刺其腹心，却并不是易事。这几处的贼首蓝天凤、谢志珊等人也不同于寻常小贼，都是能打、能拼、能排兵布阵的狠角色。与他们斗，王阳明本人和其军队都没少吃苦头。

但不管过程多艰辛，结果总是赢了。王阳明一直记得谢志珊被五花大绑推进来时说的话，他说自己能够团结这么一帮生死之士也不容易，因为平生爱世间好汉，便"多方钩致之，或纵其酒，或助其急，待其相德，与之吐实，无不应矣"。

王阳明很诧异：虽然谢是匪，自己是儒，但交友之心竟是如此相同。可同时，他又不诧异：这可能是因为人人心中都有良知的缘故吧！

一阵叹息之后，王阳明知道：前头还有更大的角色在等着，现在煽情还为时过早。

果然,在广东龙川县的浰头山,虎皮椅上那个满脸络腮胡子的男人如坐针毡,他就是响当当的山大王池仲容。

作为整个东南地区山大王当中的"战斗机",池仲容的根据地占据了"一夫当关,万夫莫开"的有利地形,他手下更有着一支较为强健的队伍。只是池仲容已经明显感觉到,他的这些优势已经变得不那么明显了,他的主动权正在渐渐变为被动。这一切突如其来的变化都是因为那个剿匪巡抚王阳明。

王阳明以迅雷不及掩耳之势扫平了临近江西、福建两省的很多贼窝,还使了一些"狠招"切断山上和百姓的联络途径。更狡猾的是,这位王巡抚软硬兼施,光凭着招安书就搞定了很多山大王,这其中就包括池仲容的死对头——另一位老牌山大王卢珂。

面对着王阳明一封封如雪片般飞来的招安书,池仲容嘴上让师爷找出"不为五斗米折腰"这样的文词,但他心里却是七上八下。

在认清形势,不敢小看王阳明的同时。池仲容也搜肠刮肚,在他的智商范围内搜索出一条妙计:诈降。

所谓诈降,就是假装投诚。还不是池仲容自己投诚,是派别人先投诚。为了更好地掌控官方的军事情报与政策,池仲容安排自己的心腹部下黄金巢和亲弟弟迟仲安先去投诚。想法自是美好的,但事实却是越来越不受他的控制。池仲容怎么也没想到,他在等来山下很多内部消息的同时,部下和弟弟送来的劝降书也是一封接着一封。他们夸王阳明厚道,还劝大哥早日"放下屠刀,成为良民"。

山上,池仲容眉毛胡子拧成了一团。而此时,在山下,在王阳明的公堂上,惊心一幕也正在上演。

已经投诚的卢珂突然闯上堂来,扯着嗓子向王阳明报告:"王大人啊,我派人详细打探过了,那池大胡子嘴上虽说是要来投诚,山里却仍架着枪炮、滚石,他的手下也从来没停止过军事演习,他之前和您说的'考虑'、'需要时间'明显是缓兵之计啊,那小子没安好心,请大人一定要尽早派人做掉他。"

卢珂这样大闹,可急坏了在堂上陪坐的池仲安,池仲安早已经吓出了一身冷汗:"大哥的伎俩到底是被揭穿了,早就劝他不听,这下王大人要是发令,还不端了山头?"池仲安一面擦汗一面用眼睛紧紧盯着王阳明。

王阳明也生气了,却不是对池家人,而是对卢珂。他一拍桌案,吼道:"池先生若有逆反之心,又怎么会安排亲弟弟来投诚?他只是需要时间打理一下山上的人和事,本官绝对相信他的诚意!倒是你卢珂,早就听说你与池先生不和,如今你在堂上胡言乱语,莫不是为了挑拨离间、公报私仇?你又安得什么心!"

说到这,王阳明顿了一下,似是瞟了一眼旁座的池仲安,又似乎是没瞟。他接着喝道:"来人,先把这个卢珂打一顿,再押到大牢听候发落。"

很快,堂上便可以听见卢珂被打得嗷嗷叫的声音,不是叫疼,而是叫骂池仲容,说王阳明怎么被蒙蔽。且不说堂上别人怎么想,一旁的迟仲安却已经是像板子打了自己和大哥一样难受。池仲安一回到自己住处,就派人快马加鞭给池仲容送信,汇报了当天的场景,还顺便强调了王阳明要休兵的情况。末了,他仍不忘规劝大哥:"收拾收拾投诚吧,别再折腾了。"

一收到老弟的信,池仲容心里就咯噔一下。他知道,一定又是要给自己打消极针了。从这个老弟下山之后,池仲容心里就憋了一肚子疑虑和火气:王阳明到底给弟弟灌了什么迷魂汤,让这小子的胆量变得这么小,还老胳膊肘住外拐?

但是,读着弟弟此番来信,池仲容的内心还是被搅得很乱:作为一个混得风光体面的山大王,自己最初上山是迫于生存压力,可是多年过去,他和弟兄们已经习惯了这种不劳而获的生活。若像水泊梁山里的宋江一样,被朝廷招安,就意味着要寄人篱下,看人眼色行事,搞不好还会丢了弟兄们的性命呢!

再者,眼下这个王阳明底细到底如何?或许他是清白的好官,可谁又保证下次来的张巡抚、李巡抚不是像以前一样的屁官呢?这样的年代,皇帝都是一个比一个不靠谱,老百姓还有什么希望可以真心寄托的呢!池仲容还想到,自己的手下和弟弟总归是些小角色,朝廷自然会乐意招安。可是,自己不一样。多年来,自己手上已经沾满了血腥,身上也有好多大案。如果自己归顺了,会有善终么?

望着外面的月亮,池仲容感慨万分,人生混了这么久,想想还是童年比较好混,虽然也吃不饱穿不暖却不用提心吊胆地过日子。

夜深了，养在山里的牲口们也都睡下了，偶尔有几声犬吠，在山谷里回荡，年关将近，山里越发凉飕飕的。

也是这个晚上，被捆得严严实实的卢珂在大牢里哭到眼泡发肿，不是因为委屈，而是因为感动。原来，就在刚刚，王阳明来看他了，虽然是趁着夜色，虽然是偷偷摸摸，却是亲切诚恳。王大人搭着卢珂的肩膀，对他说辛苦，并告诉他白天的一切不过是一场苦肉计，演戏给在场的人看，给山中的人看！

之后，王阳明还贴着卢珂的耳朵，对他详详细细地讲述了机密的擒贼计划。当时，卢珂这个大老爷们儿就哽咽了。是啊，自己与那池大胡子本就是"你若安好，我便晴天霹雳"的关系，现在可以借着官方之手，打掉这样一个"情敌式"的人物，还能立功，自己受点委屈又算得了什么！卢珂也当即打包票："一百个一千个乐意当黄盖，而且绝不穿帮。"

对于池仲容，其实王阳明原本也是盼着他归降的，但是现实又让他不得不作两手准备。

夜，这回真的是静悄悄了，又静又黑，甚至让人看不清舞台的幕到底是拉开的，还是闭合的。

之后的几天，王阳明不但派人专程带厚礼上山慰问池仲容，还安排池仲安回去接哥哥下山过团圆年。

山上日子，池仲安整日粘着大哥，不为叙旧，只为劝降。当大哥的也不傻，自然知道弟弟是为自家好，但他仍是被絮叨得很烦。又考虑了几个晚上，池仲容从满口黄牙里吐出了一个决定——我投诚。

这池仲容也奇怪，之前说考虑投诚，收拾家当，前后不知道"整理"了多少时间还没整理完。这会突然宣布要投诚，反倒是也没料理什么家中事宜，只挑了几十个精壮大汉，就随弟弟下山投诚去了。

看来，绿林中人，果然是不能按普通江湖的眼光来考虑。

与其他投诚的山大王直接拜会王阳明不同，池仲容一行先去了街市、教场、监狱。直到看到当地百姓都在准备过年、教场冷清无军队操练，卢珂也像困兽一样被囚在狱中，他这才安心前去拜会王阳明。

对着这位好不容易才请下山的池大王，王阳明给与他的款待还要比别人更为隆重些:热情挽留他过年,吃好喝好地安置他,给他讲道理,还耐心地教他礼节、走步方式,竟是把他当成亲儿子般教化了。可是,接触的越久,王阳明也就越发现这个池仲容不对劲:杀机太重,惺惺作态也掩饰不了他的心机,还没有一点悔改之心,完全是"不可教之才"!

而池仲容本人,则是自我感觉良好,甚至有点得意忘形了。他本是打算下山会会这个让他赔了弟弟、又赔了下属的王大人,现在他亲眼见了,觉得也不过如此:王阳明就是个又咳嗽、又矫情的文人罢了,还被自己的演技给蒙蔽了……

既然你池仲容如此不可理喻,也就休怪本官执行"B方案了"。

正德十三年(1518年)新年伊始,王阳明又像往常一样盛情邀请池仲容参加聚餐,只有池大王和其保镖参加的宴席。而此时的池仲容也早已放松了警惕,还想着吃饱喝足了早日溜回山上当霸王呢,他根本意识不到自己赴的是"鸿门宴"。就当池仲容像螃蟹一样横行着出现在祥符宫宴会上时,大门却突然被关闭,埋伏多时的众多精悍民兵也迅速出击,一片刀光剑影之中,池仲容和他的一帮手下成为了"永远消失的电波"。

可怜池仲容,自以为是个不错的演员,想做戏给王阳明看,却在王阳明自导自演的戏中没有一点反抗能力地被杀了。真是应了那句话:真真假假,假做真时真亦假。或许,人生本就是一场真假难辨的戏吧。

同时,在山里,熟悉山势地形的卢珂也正带着其他官兵对浰头山进行围攻。血战之后,他们彻底清剿了山中藏匿的余匪。至此,整个东南山区贼寇中最大最强势的一块硬骨头被啃下。

正德十三年六月,王阳明完成了自己的东南剿匪任务。哼着余姚小曲,享受着来之不易的和平之景,他连夜给朝廷上疏,汇报自己的工作细节,同时着手安排当地的战后事宜。

此时的王阳明是兴奋的:多年壮志得酬,还在国家功劳簿上记上了不浅的一笔。只是,窗外月圆满,他却隐隐觉得哪里不够圆满……

民难做，好官也难做

匪区作战，官兵有责；匪区建设，圣人有责。

在东南山区前后呆了一年半。别人见到的是世风日下、满目疮痍的社会现象；心学大师王阳明却见到了人心不古、良知泯灭、道德崩盘、制度崩溃的本质。不管是在与山中贼对峙其间，还是班师之后，王阳明都在竭力让朝廷与这里的人知道：匪区重建、良知重建，人人有责。

相对于收拾几个山间小贼来说，良知重建这个任务才是核心，且更为艰巨。

任重道远，没得说，唯有担当。

首先，王阳明想做的就是说服朝廷，他要向这个大制度的发源体发出呼吁：不管是"新民"还是"亲民"，民终究还是一国之本。这项工作，王阳明也几乎是边战边做，早在之前所上《闽广捷音疏》中，他就如实汇报过："前后共计生擒大贼首一十四名，擒斩贼犯一千二百五十八名颗，俘获贼属九百二十二名口，夺获水黄牛马一百三十九头匹，赃仗衣布等物共二千一百五十七件匹，葛蕉纱九十六斤一两，赃银三十二两四钱八分，铜钱一百四十二文，各开报到道收审。"

一则捷音消息，碍于身份，王阳明没好意思在后面备注："天子啊，看看你的子民吧，过的什么样的日子，连占山为王打家劫舍都活得这么寒酸！这些人舍了命地当贼，还带着家小，可是他们全部财产，竟还不如天子与某些官员几天的开销"。除了汇报战地喜讯之外，他这也是在提醒朝廷：体悟民情，改善民生，才能不逼更多良民走上"贼船"。

不管是依当时的常理，还是非常理，王阳明收到的结果都是一致的：接受报喜，屏蔽其他讯息。

王阳明为当地百姓和贼鸣不平，说他们过的日子苦，他间接指责朝廷制度太不关心民生。而他自己则也正处于大制度的炙烤之中：前方带兵打仗，朝廷却不痛快拨款，每次都要王琼在后方跑东跑西的拉军费……

民难做，好官也难做。但是再难做，也得做好官，也要对得起良知。

为了从整体上解决问题，王阳明还上疏，请求朝廷批准在福建增设平和县，在江西增设崇义等县。对于这样的增设县制，皇帝自是像没看着一样。而朝廷高管们也不愿意一下子买账，毕竟批准就意味着拨款。花给自己的钱多少可以不在乎，花在"别人"身上的钱，小钱也是大钱啊！而且，王阳明还反复上疏磨叽："这是为了保证战后地区的长治久安，避免山贼势力死灰复燃。"

老实说，对于王阳明剿匪成功，还干得这么漂亮，大国柱杨廷和心中是有芥蒂的，他胸中也有梗：让王琼这样跟着王阳明名利双收到底好不好？不过，在掰了掰手指之后，杨廷和也不得不默认：花点小钱，拨点人手，专门负责那些偏远地带的犄角旮旯，这也挺好。这笔预防款总比日后平乱大军的军资要便宜得多。既如此，是增县、还是调度相应官吏，就依了王阳明的请示吧。反正他在外打仗，卖点面子与他，也更方便日后相处。国家机器这样，要用的人太多了。

或许，这就是权臣和奸党的区别吧：同样有嫉恨，杨廷和能以大局为重忍一忍，而刘瑾却不顾一切地将对手往死里整。

区别，决定了境界，也决定了人生高度。

增县的提议被采纳了，王阳明还想向朝廷做更多的动员。但他总是心里有数，自己作为一个剿匪的成功者，打胜仗的面子也就能要到这里了。很多事，都只能慢慢来。

山中贼要破，心中贼也要破

朝廷工作还要慢慢来，百姓这里的工作却不能再慢了：教化民心，特别是战区的民风，刻不容缓，因为他们已经跑得太偏太远了。期间，王阳明在给学生杨仕德的信中表达了自己最大的担忧："破山中贼易，破心中贼难。"百姓心中有贪念、有妄念、有私欲，才使得天理良知一直被蒙蔽，才会有种种恶行，才会有贼、有匪、有乱子。只是,"心中贼"如此根深蒂固,它甚至是武器军队所无法到达的,又怎能说灭就灭了呢!

别人或许无能为力,但王阳明不一样。他是圣师,是悟了圣道的人。研究人心、人性,引导人们找回被蒙蔽的良知,是他最拿手的。即使他做不到最理想,却仍要拼尽全力。这是他的性格,更是他的使命。

结合龙场悟的"道",再加上之前在庐陵县的成功案例,王阳明决定在整个东南地区也打出"广发告谕"这张王牌。较之前大而全地呼吁庐陵百姓要做好人、持善心、少打官司不同,王阳明在广东、福建、江西战区贴的告谕数量要更多,内容也涉及方方面面,且更为具体。

望着街市和村头巷尾贴的告谕,从百姓到地方官吏都倒吸了一口凉气:王大人可真够直接、真够狠的!婚丧嫁娶,一律节俭,禁止攀比浪费;大病小病,及时就医,禁止迷信误人;停止一些大型非法民间活动,以确保社会安定……种种律令一出,各怀心事的叫好声、叫骂声混在一起。

不过,这一招还是奏效了。除了有些人真心乐意地执行之外,还因为它的监管力度十分强大:又是"十家牌法",像防"间谍"一样地抓贪污腐败,抓铺张浪费。如此天网恢恢,谁又敢往枪口上撞!

一些坐地户目瞪口呆地看着家乡的这一大转变,他们始终搞不明白:之前每个来这里的官员也不是都平庸,可为什么别人绞尽脑汁都无济于事,王阳明却是轻轻松松就来了个大洗牌。当然,还有一些人不敢相信发生在自己身上的变化:为什么我以前可以"狼心狗肺"、没心没肺,现在倒像是变得善良了许多,中邪了吧……这个问题,纠结的人一直很纠结,跟随王阳明的学生们倒是都心领神会,与老师相比,别的官员输的不是想法,而是执行,天底下能找出几个像老师这样知行合一的人呢!

对此结论,王阳明则笑得有些神秘:对,但不全对。别忘了,我打的是心战!

"杜绝浪费、制定乡约、保证民生,以强制律令的方式教化人心,以言传身教的方式点化人心",尽管这个概念真的很大很含糊,实施起来也困难不断,但王阳明还是做成了这件极为不可思议的事。他成功了,虽然社会大背景注定这种成功存在的地域性和局限性。但只要见到了希望，王阳明便会义无反顾地走下去。

为了让匪事和战事的阴影早日过去，也为了当地百姓早日呼吸到真正美好的空气，王阳明还做了一件好事——在曾经的匪区大兴教育。以前有学校的恢复学校，没有学校的创办学校。不是王阳明又犯了爱讲课的"职业病"才建学校，而是他觉得有必要通过学校教育来进一步净化当地的民风，通过循循善诱，让人学会尊师重道，知道礼义廉耻。从官员学子抓起，从平常百姓抓起，也从娃娃抓起。为了取得理想效果，王阳明还专门聘请了德高望重的老师——他本人，也结合自己多年的讲学经验，就教育问题提出了很多专业具体的建议。

但细掰起来，这些还都是小意思。东南岁月，王阳明还干过更疯狂的事——一面打仗，一面讲学。没有专门的书院，巡抚衙门、临时营帐都是书院。学子们从四面八方赶来，追随老师。有时候，大家还在进行老师布置的课堂讨论，一抬头，老师不见了！前线指挥去了！审贼首去了！但即便是时间安排得如此紧迫，王阳明还是会讲学，只要他的学生有热情听，他便乐此不疲。于他而言，学生心中的贼，也是要破的贼。

东南山中剿匪的日日夜夜，不管是工作，还是记忆，都给王阳明留下太多难忘：那些被迫落草为寇者的面庞，那些无知百姓的冷漠，那些官吏为了私利而撒过的谎言，那些为剿匪而付出青春的战士……王阳明深知，自己抓得住山中匪徒，却赢不了这被世态扭转得太过炎凉的大局。

只是，一颗圣心的他又怎忍心看着当地百姓就这么沦陷下去？还在这里一日，他便要抓紧全部时辰，努力地减免那些从犯的罪行，努力地营造一份和谐美好，努力地希望通过教育可以浇灌得人性花开。

离开那折磨人心神的大山区，王阳明仍是不能释怀。四十七岁的他，无愧却仍有遗憾：自己破了山中贼，可以欣赏着"寇平渐喜流移复，春暖兼欣农务开"的美感画面。可是，那片土地上的百姓，他们心中的贼终究还是没能破，要何时才能破呢？心中贼一日不破，就像一只充满了诅咒的蛊，总容易将人推向邪恶与堕落的深渊。

望着眼前绿树山光，再从百姓庄稼边行过，王阳明多想就这么抛却了尘事，多想能"他日巾车还旧隐,应怀兹土复乡间"。然而,于国于民,他抛得下么?他,抛不下。能做的,唯有尽已所能力争让圣学之光普照;能做的,唯有继续踏上一条未卜的前程。

一五一八年,王门"颜回"丧

正德十三年(1518年),剿匪胜利,王阳明在成圣的人生画卷上又添了一笔丹青。这一年,他还在百忙之中刻了古本的《大学》、刻了《朱子晚年定论》。战功斐然,学术进步,可以说这一年的王阳明终于得了志。

但是,也就是在这一年,他也殇得铭心刻骨。

一封信笺自远方亲友处传来,但展信却实在让人"难佳"。因为,它带来的不是问候,不是切磋,而是一个惊天噩耗——徐爱死了,这个男子永远留在了自己三十一岁的年纪!

几行短短的文字,王阳明反反复复看了几遍,都不愿意相信这是真的。待请人确认了信上内容之后,他两眼一黑,直接晕了过去。

到再次醒来时,徐爱那短暂的一生也在王阳明的记忆中苏醒过来。或者,他又何曾肯忘记过!

徐爱,字曰仁,号横山,浙江省余姚马堰人。在成为王阳明弟子前,他先成了王阳明的妹夫。当年,王家有女待字闺中,前来提亲的人踏破了门槛,这些人或是看中王家的状元门楣,或是想娶个知书达理的妻子。徐爱属于哪一种我们不得而知,但是他所面临的竞争对手队伍却是不能小觑:高、矮、胖、瘦、有钱的、有权的、有才的公子比比皆是,这其中还包括他的亲叔叔。

于老王家来说,选个女婿也是马虎不得的事。经过多方考察、比较、研究,最后独具慧眼的王华状元拍板:"就徐曰仁了。"于是,徐爱凭借自己过硬的综合条件抱得了美人归,还在当地招了不少的艳羡。只不过,王家人万千考虑,他们看中了徐爱儒气的长相，看中了他忠厚老实的人品，却是预料不到这个乘龙快婿竟会那样短命。

在成亲之初，徐爱与那位"非主流"大舅哥儿王阳明接触并不多，毕竟他把人家的妹妹娶回了自家过日子。而那时的王阳明还在各地出差，并不稳定。二人的交往也多限于亲人间的书信交流。

但即便交流不多，那时徐爱也是对王阳明有偏爱倾向的。毕竟，那些年余姚长大的孩子，可能没听说过江南才子唐伯虎，却是听老人们讲过不少本地明星王阳明的成长故事。

有人说，中规中矩的孩子，都打心眼里对那些"出格"的孩子有特殊感情。可能，这真是一条定律。可能，徐爱就是中招者之一吧。还处于备战科举的少年徐爱，他一定会佩服高中状元的王华，但他更会对那个曾考几次考不上，还潇洒无谓的王阳明另眼相看。

亲缘关系、地缘关系本就非同寻常，但二人真正坚固的感情却是建立在他们的师友关系中。

正德元年（1506年）开始，王阳明被皇帝和刘瑾坑得不轻，打得屁股开花不说，还一纸诏书给支到贵州龙场当驿丞去了，一路遭到追杀。那时的徐爱，和家中亲友一样，总是会得到很多延迟的小道消息："听说在狱中几天没醒，八成打死了"，"听说在钱塘江自杀了，鞋帽都被捡了去"……

在其他人都在为王阳明的噩耗而痛惜之时，徐爱却坚信大舅哥一定还活着。在徐爱看来，王阳明聪明、勇敢、正直，这样的人是不会轻易死掉的。而且，徐爱觉得，王阳明这一生，总是要做出些大事的。大事未成，身又怎么会先死？徐爱果然是懂王阳明的。不久之后，王阳明九死一生绕道南京看父亲，又回浙江养病。这一次，徐爱再也不愿意放过机会，他敬王阳明，敬其才、敬其节，更敬其整个人。

一个于徐爱来说不同寻常的日子，他毅然"纳赘北面"向还是"贬谪客"身份的王阳明磕头拜师。

之前王阳明在北京讲学，虽也有人听课，但郑重拜师徐爱还是第一个。

这，也该是徐爱人生中最重要的一拜吧！一拜成为王阳明的开山弟子，还是在师父最落魄的时候。这一拜，春风得意遇知音；这一拜，患难相随誓不分开！

之后，徐爱带着老师赠与的《示徐曰仁应试》文章，与两位同时拜师的朱节、蔡宗兖一同进京赶考。可惜，那一年徐爱落榜了。

落榜是一件即使哭不出来，也笑不出来的事。心情沉痛之时，徐爱收到了王阳明从龙场寄过来的信。原来：老师悟道了！信中，王阳明还真诚地表示，希望徐爱能够放下个人的小生活，来跟自己研习心学。

面对这样的召唤，徐爱似乎忘记了落榜之痛，他二话不说当即收拾行李，不顾自己身体的瘦弱长途跋涉到龙场，与老师一起讨论"知行合一"去了。贵州朝夕相处，徐爱不但在心学上有了长进，文化课也是突飞猛进。接下来的京城会试，徐爱更是榜上有名。不过在有了功名之后，徐爱仍将主要精力致力于心学的传播。

王阳明爱惜徐爱，就如同孔子爱惜颜回。在孔子的三千弟子之中，孔子最中意的门生就是颜回。而在王阳明的众多门生中，他最中意的人是徐爱。纵观徐爱与颜回的人生，竟有诸多相似之处，让他们的圣人老师"不得不爱"！

说起来，徐爱与颜回，还真都不是两位圣人门下最聪明的弟子，但是他们却是最认真的弟子。他们勤学、好问、努力，都是"好好学习，天天向上"的典范；两个人的性格都很温恭，他们恭敬学问，也恭敬他人，是内圣型"仁人"；他们都有着极高的悟性，能够学以致用，被圣人寄予了"传承衣钵"的厚望。而不管是颜回还是徐爱，他们都是师门中最坚定的支持者，虽然有学术辩论，但一旦他们认准了老师的观点，便深信不疑，他们对老师的为人也都五体投地，用颜回的话说就是"仰之弥高，钻之弥坚，瞻之在前，忽焉在后"，不只如此，他们还是当时世上最懂老师的人……为师者，得弟子如此，又复何求呢？

可惜，这样的弟子，竟是圣人们也挽留不住。

鲁哀公十四年（公元前481年），颜回丧，享年四十岁，孔子哭之恸："噫！天丧予！天丧予！"正德十三年（公元1518年），徐爱丧，享年三十一岁。王阳明哭之恸："天丧我！天丧我！"在王阳明心中，他早已经把徐爱当成是自己的"颜回"了。

王阳明身体一向不好，徐爱的身体却更不好。徐爱还曾给王阳明讲述自己的梦："弟子在山里遇到一个和尚，和尚说我'与颜回同德，亦与颜回同寿'，恐怕我是个命不能长久的人。"不久后，徐爱就真地离开了，同颜回一样英年早逝了。

　　那年，王阳明正在江西山中剿匪，徐爱还和其他同学一起，在清净之处买了块地，等着老师得胜归来，一起过边躬耕边论学的日子。那时，徐爱最大的愿望就是刻一本像《论语》一样的《传习录》，记录下老师的授课内容，分享给世人。

　　后来，王阳明回来了，在他人生取得辉煌成绩的时刻。只是，徐爱却是等不了与他分享荣光了。徐爱，先走了，只留下对老师的无限敬仰与刻《传习录》的遗愿。

　　得知徐爱去世，王阳明哭的几天不能进食，虽然他早已在龙场悟透了自己的生死，连自己的生死都不在乎，他却那么在乎徐爱的生死，像是孔子失去了颜回，更像是俞伯牙失去了钟子期。在王阳明看来，徐爱死了，天下还有谁听得懂自己说话？还有谁能向自己来问道？还有谁能同自己一起探讨圣学？

　　知己不再，英雄落寞！

　　徐爱走了，像颜回早逝一样。他们让世人见证了另一种伟大，配角的伟大：为主角而生，为主角而活，然后死去。纵使一生都活在圣人主角的光环下，活在对恩师的崇拜中，但他们对中国儒学的传播却是功不可没。他们的人生意义，是划时代的。他们的言论出现在《论语》和《传习录》上，成为世人学习的宝典级指导。他们为人和做学问的态度，与圣人的丰碑立在一起，值得后人敬仰。

　　这样心甘情愿的配角人生，谁又能说不是伟大得让人疼惜的人生呢？

　　或许他们只是先行去了，为圣人与圣学在另一个世界的发展开拓了圣路，那里，有他们的后青春！

　　零落成泥碾作尘，只有香如故，如爱徒徐爱，如圣徒颜回。多年之后，也如王阳明本人。

第九章

旌旗遮日战鼓响，鄱阳大战擒反王

王阳明

宁王世家，造反世家

关于宁王世家的故事，王阳明从小便听闻。这已是大明王朝的一则公开秘闻了。

事情要从大明第一代宁王往事说起，根源要追溯到朱元璋的那些宝贝儿子们。

提到明太祖朱元璋的儿子们，人们首先想起、也最为津津乐道的便是朱老四朱棣，那位英明神武却又残暴无比的明成祖朱棣。至于其他皇子们，人们能记得名字和事迹的还真是不多。的确，朱棣就像是一颗超级明星永恒地闪耀在大明王朝的上空。朱棣太过耀眼，也太过强势，以至他顺理成章地挡住了其他兄弟的光彩，比如他那位优秀的十七弟宁王朱权。

这朱权，本人是个不可多得的将才，还是个文武全才，他十五岁就被封为宁王，手里还有一支当时全国最骁勇神奇的战队——来自蒙古的朵颜三卫骑兵。朱元璋看准他的军事才能，也喜爱他的性格。

自小，朱权就有一股子浓重的文艺气息，也可以说是"文艺病"。老实说，朱元璋内心并不待见酸腐又多事的文人，但是这个文质彬彬儿子还是成了他的"宝贝疙瘩"。从朱权身上，朱元璋看到了文人谦逊和优柔寡断的一面。谦逊可以理解，但一般精神正常的父亲按理不会喜欢儿子优柔寡断，偏偏朱元璋就喜欢：优柔寡断就不会心狠手辣，就没有大野心，就不会对他皇太孙朱允炆未来做皇帝造成威胁。

又优秀，又能降得住。这样的朱权不但被允许手握强兵，他本人更是被父亲当做未来"摄政王"来培养的。相比之下，那个刚毅威武、雷厉风行的老四就太不让人放心了。

朱元璋在世期间，皇权握得太紧，儿子们也都像小耗子看着老猫一样不敢做出大动静。等朱老爷子一归西，朱棣这只大尾巴狼开始还装疯当了一阵小白兔，到了第二年，即建文元年（1399年），他便也不再惯着他的皇帝侄子朱允炆，直接起兵造反。在这个敏感时期，朱允炆自是不希望拥兵自重的十七叔朱权倒向四叔朱棣，小皇帝更希望十七叔能在关键时刻拉自己一把。

在众大臣的建议下，宁王朱权被一纸诏书调到了当时的帝都南京。

可惜这个小皇帝还是太小，太天真，他忘了连那个"精明鬼"级别的爷爷生前都被叔叔们唬得直愣。自己这个入门级别还不够的后辈，又如何能驾驭得了那些叔辈们？朱允炆只知道，四叔是个狠角色，却不知道，十七叔也不是个善类。或许朱权本身曾经真的单纯善良过，但在长期手握重兵的过程中，他也滋生了一种叫"野心"的东西。

所谓野心，或许就是"营养过剩"的权利土壤哺育出的罂粟吧。

没有了父皇老子的威慑，朱权也犹豫过到底要不要给皇帝侄子的面子，毕竟"叔侄情"、"君臣情"就像两座大山一样，压在他未泯的良心上。

宁王朱权还在犹豫不决，那个想拉拢他的小皇帝朱允炆却已先下手干了一件将他往外推的事：为捍卫皇权，朱允炆从即位起便开始削藩王权力了。

于君王来说，防微杜渐削了藩王的兵权也是正常。但是从藩王的角度，却不是这样理解的：小皇帝，你抢了我的，你欠我的！特别是于宁王朱权：朱允炆你太不讲究了，你皇爷爷在世都没有削我的朵颜三卫，你一上台就来打我主意。连点基本尊重都没有。

你无情，也休怪我无义！

所以，对于朱允炆伸来的橄榄枝，求助信，朱权也像是没看见一样。但朱权也没什么别的出格行动，只是持观望态度。对这一点，朱元璋算的还是很准的，朱权优柔寡断，应该是不会主动造反。不过朱老爷子没算到的是，在他四儿子的精心安排下，朱权会被动造反。

就在仁慈的朱允炆没想好如何处置这位不乖的十七叔时，朱权"造反"了。

第九章　旌旗遮日战鼓响，鄱阳大战擒反王

当时，燕王朱棣在发兵南京的过程中，借着"兄弟叙旧"的由头见了朱权。老实说，这个面朱权本是不想见的，毕竟他心中有顾虑：我还是朝臣，燕王是反王，我们会面，对我影响太不好了，小皇帝再好性也会怀疑我的。我没必要惹得一身骚。可是，又耐不住燕王一个劲地来信提起旧事："老十七，你还记不记得，你十五岁时封宁王，父皇安排我们一起戍边，白天，我们一起打敌人，晚上，我们一起跑到烽火台上看月亮，那时，你总是缠着我给你讲凤阳花鼓的传说……"

燕王果然是看着这个弟弟从小长大的人。他的信一到，朱权优柔的毛病就又犯了：毕竟是四哥啊，虽然他如今在玩火，但毕竟是帮助照料过我的人，毕竟我们是一个老爹。要不就见一面吧，也免得他再来信影响我清誉。我心里坦荡，见一面之后，兄弟各奔东西。会面期间，只要防着四哥劝降就是了！

知道要见朱棣，朱权精神高度紧张，整个会面过程中，他连有疑义的词都不敢用一个。但出乎朱权所料，四哥这次倒是反常的礼貌，为自己着想。这让朱权有些不好意思起来：四哥本是不想阴我的，倒是我以小人之心看了他……一直到要走，朱棣也没说什么非礼的话。只是在临走前，朱棣突然一把鼻涕一把泪地提了一个要求："老十七啊，再见面时，我们就是敌人了，就这一次，请弟妹、侄儿们一起出城相送吧。父皇不在了，我们还是一家人……"

还算挺合理的一个要求，朱权实在想不出有什么理由可以拒绝。

但就是这出城一送，朱权还流着不舍的眼泪，就已经拖家带口地成了朱棣的人质。就在朱权眼前发黑之时，他被一把抓住了双手："老十七啊，一起干吧。江山有我的一半，就有你的一半。"可怜朱权，眼看着自己和家眷沦为人票，干也得干，不干也得干，就这样入了反王户籍，乖乖交出了兵权。

有了朱权手上的精兵，朱棣如虎添翼，加快了称帝的脚步。朱权无奈，也只好苦等着四哥称帝之时能兑现与自己平分天下的诺言。

然而，皇袍一加身，朱棣化身为永乐大帝，脸立马就变了，不再是老十七长老十七短了。有人"告权巫蛊诽谤事"，朱棣还专门派人"密探无验"，又"念着兄弟情面"才让这件事罢了休。至于朱权再提什么当年之约，朱棣干脆都不予理睬。对于朱权在南昌建造的道观和陵墓，朱棣倒是乐得赐了个"南极长生宫"，

他巴不得十七弟永远就成了方外之人。

失去了政治舞台，多才多艺的朱权成了道教学者、戏曲理论家、剧作家，还制出"明代第一琴"，但是他憋屈啊，有口气一直咽不下。自己堂堂一个王爷，正儿八经的龙子，也曾英姿飒爽，就让朱棣这小子给利用了，跟他背了篡位的骂名不说，还被卸磨杀驴，什么实际好处都没得到。优柔的朱权越想越憋屈，最后在抑郁中死去了。

从朱权起，这"宁王"一支血脉就和大明天子们结下了梁子。

朱权的后代们，有不听朝廷话的，蓄谋造反的，这些不满情绪与阴谋终于在朱宸濠时期到达了顶峰，一触即发。在新的时期，这支造反世家将与大明天子、大明王朝有一个真正的了断。

朱宸濠可不是野猪皮

早在成化十五年（1479年），王阳明还在余姚老家与和尚做对子，在江西南昌，宁王朱权的第四代孙朱宸濠出生了。那时，他还只是个大胖小子。

弘治十年（1497年），朱宸濠以宁王第四代继承人的身份嗣位，府邸仍是江西布政司官署。

朱宸濠本人虽为庶出，却是继承了正统的王位，也继承了这支家族正统的仇恨——恨朱棣，恨大明的每一个天子。一直以来，朱宸濠都以为，这不是他可以选择的命运。不只是他，作为这支朱氏家族的孩子应该都忘不了，他们从出生的那天起，便被赋予了复仇的使命。说是复仇，也是雪耻，一洗被当朝天子前辈们利用过又抛弃了的耻辱。

多年过去，他们似乎还能真切地触摸到首位宁王朱权当年的不瞑目：凭什么你一个没良心的朱棣可以赢得那么彻底！凭什么你能当皇帝、挥斥江山，受数万子民的敬仰？你的子孙都是含着雕龙刻凤的金汤勺出生，你这一支可以越活越风光。凭什么我一代贤王、奇王跟你背了造反之名，却落得"兔死狗烹"的下场，到最后要待在这江西群山之中？我这一支只能世袭"山大王"一样的宁王身份，还要向你的后人磕头谢恩！

凭什么？！

但不管有多不瞑目，多不甘心，朱权终是去了，一代代宁王也做了古。最痛苦的永远是在位的宁王。因为也只有在位的人，才最能体会这世代传下来的伤和耻，因为他们正在疼痛：看着皇位上的人更迭，尽管那皇帝可能是资质差劲到不行，却永远也轮不到英明的自己。而自己，本来也有机会与那座上之人同位，现在却不得不下拜于他！

复仇、雪耻，然后复兴……

这样看似无法救赎的死循环，其实不一定非要"把朱棣后代从皇位上赶下来，然后取而代之"才能解决，毕竟"成王败寇"是历史规律，只要当事人有一颗平常心便可以解环。但是，朱宸濠还是心甘情愿地陷了下去，甚至陷到不可救药。

撇开前人恩怨不说，这其中还有一个重要原因，就是在位的朱宸濠本人也不是省油的灯。换句话说，他是个阴谋家、野心家，贪心成性。早在朱见深还在世时，朱宸濠还太小，虽然皇帝昏庸，却没他一个小孩子家什么事；到了朱祐樘在位，政治清明，皇帝做人、做事还处处当楷模，就注定了造反会成为一件激"民愤"的事，再加上当时朝臣威严，年轻的朱宸濠虽然有反心，却断无反胆。

就在朱宸濠差不多快要认命之时，转机出现了——朱厚照登基了。一个荒淫、爱玩又绯闻满天飞的极品小皇帝。从朱厚照即位时起，朱宸濠就开始坚定了信念："皇帝小儿不爱坐紫禁城，我坐；你不爱打理江山，我来。我来继承朱家天下！"

不过，这位从小就读圣贤书的宁王爷似乎忘了：封建社会，皇帝如此荒唐，自己身为皇叔臣子，最先也最该做的是规劝皇帝走向正途，救百姓苍生。又或许，朱宸濠没忘记，而是他压根儿就没有想这个茬儿。与其说他是被先人的仇恨蒙蔽了，不如说他是被自己的狼子野心蒙蔽了，满脑子想的只有如何取而代之。

为此，他甚至不惜牺牲江西百姓的利益和生命。没有任何良心负担，有的只是对皇位的觊觎，宁王开始策划谋反了。

说起谋反这件事，在相对和平的年代，竞争倒不算激烈，只是对谋反人的综合治理素质要求极高。不得不说，朱宸濠是将谋反作为毕生大事业来做的。

一方面，朱宸濠努力地巴结朝中强势人物，努力让自己在朝中有人：像刘瑾、钱宁都没少收他的好处。当然，在拿了钱之后，他们也没少为他办大事。在刘瑾的照应下，宁王连家族被剥多年的护卫编制都争了回来。刘瑾倒了，朱宸濠不但没有受牵连，反倒越来越牛气，因为皇帝的新宠钱宁，更几乎被收买成了他的人，日日在皇帝面前说"宁王好"。

只收买红人，朱宸濠还嫌不够。他更是费尽心思讨好朱厚照本人。隔一段时间，朱宸濠便会差人给皇帝送去奇珍异宝。这些宝贝，都是他的手下从全国各地精心搜罗来的。砸重金，只为博得君王一笑。这样的远方叔叔，也是着实让北方的朱厚照感动连连。

朱宸濠知道朱厚照喜爱花灯，常常在宫中张灯为乐，他就精心地选了上百只各式样的花灯送到了北京。正德九年（1514 年）正月，朱厚照在宫中赏花灯，不想，花灯失火，烧了乾清宫。而让人咂舌的还不止于此，朱厚照本人不但没恼，还像"烽火戏诸侯"一样开心。

老朱家的血脉荒唐至此，也真是让人汗颜。

谈到老朱家的血脉，朱宸濠还想了一条"绝世好计"：钻龙脉的空子。朱厚照虽长期荒淫无度，却硬是没个一儿半女。朱宸濠花钱请求皇帝的亲信们说服皇帝，收自己的一个小儿子做儿子，这样自己就有可能成为未来皇帝的亲爹。这个想法虽好，却终没能实现，因为它伤到了朱厚照敏感的男人自尊，被皇帝本人严词拒绝了。朱厚照认为：我一定能生。

另一方面，朱宸濠自己也以江西南昌为据点，长期招兵买马、制造兵器、操练军队。为了使自己迅速壮大，他还勾结了不少山贼和江湖中的歪门邪道之士，或者说，他们才是宁王造反大军的主力。

这里，先有一个疑问：宁王要养兵、要练兵、要造武器，样样都需要大量军费，再加上他还定期给皇帝献宝，这么大一笔钱从哪里来？显然，他一个

第九章　旌旗遮日战鼓响，鄱阳大战擒反王

外地王爷的俸禄是杯水车薪的。他当然也不会自己种地、做生意赚外快来筹钱。他的筹资方式就是——要当地的富户和百姓乐捐。不爱捐？没关系，本王手下多的是些强盗出身的兵，"强行乐捐"就是了。

王爷的主业是造反，副业就是敛财、抢钱。这无疑给当地百姓带来了极大的经济压力和精神困扰。这也意味着，之前王阳明在江西所剿之匪，剿的也只是没有被宁王收拢、罩着的匪贼。至于当地的其他犯罪团伙则都穿起了官衣，编制在了宁王旗下。而江西真正的黑老大、山大王、作恶最多之人，也正是享受着朝廷世袭封印、流着皇室血脉的宁王本人！

不过，闹腾成这样，宁王还不知足。他觉得，光壮大自己还不够，还要排斥异己才行！

宁王朱宸濠把"造反事业"做这么大，从正德元年（1506年）开始做，中间就没有停止过，还不知道遮蔽一下。这在当地也算是"司马昭之心，路人皆知"的事。有错事，就一定会有披露，不管披露者是出于什么心理。

所以，这些年北京朝廷也陆续收到过一些江西官员的上疏，举报"宁王有反心，宁王在准备造反"。但奈何朱宸濠在皇帝身边和大臣中间一直有重要人物撑腰，那些"斗胆"的官员也往往是举报不成。如果不接受宁王拉拢的话，他们还会被朱宸濠倒打一耙。这其中最悲惨的，还要数正直的官员周仪，一家六十口都遭到了朱宸濠报复性质的灭门。

皇帝带头，北京朝廷方面都长期不拿朱宸濠筹备造反当回事。这也让这位王爷更加有恃无恐起来。

为了赶走妨碍自己的巡抚孙燧，朱宸濠还出过一个阴招。

那会儿，宁王朱宸濠正紧锣密鼓筹备着自己的大事，本来，造反就是一件操心的事儿。可偏偏那个叫孙燧的小子总是给他添乱，三天两头地向朝廷揭发他。虽然朱宸濠在朝中的人脉挡下了那些举报信，但朱宸濠不爽啊，怎么看都觉得这个孙燧像一块狗皮膏药。

为此，整个宁王集团对孙燧都没少费心：拉拢也拉拢过，暗杀也搞过，可这姓孙的就是皮糙肉厚人顽固，油盐不进，软硬不吃，脑袋还装得挺稳当。一天，宁王朱宸濠干脆派人送了枣、梨、姜、芥四样果品到孙燧府上。

请孙燧吃东西？莫非下毒想毒死他？可不要这样以小人之心度一代宁王哦！人家出的可是脑筋急转弯，往大了说，叫头脑风暴：孙燧你猜猜什么意思？

再说孙燧，接过宁王的果品，也没客气，直接就上手吃了，吃不了，还分给当时在场的人吃，然后一抹嘴，自己找人喝酒扯淡去了！

连着几日，宁王都在府上苦等消息：孙燧什么反应？有没有收拾东西滚蛋啊？

没有，第一天没有，第二天没有，接下来数日都没有。孙燧看透了果品中"早日离开江西疆界"的警告，但他就是不走……

朱宸濠恨得牙根痒痒，要不是觉得这只"小虾米"暂时还影响不了自己，这位王爷真想亲自冲过去杀了姓孙的，然后把他脑袋当球踢。只是眼下，王爷还有自己的大业要忙。

多年来，朱宸濠在江西南昌高筑墙、广积粮，为的就是要流氓。但是，机会来了，他能抓得住么？

宁王举刀砍向大明的脊梁

朱厚照和天下糊涂人给了朱宸濠一个机会，但是王阳明没有。

正德十四年（1519年）六月，在京城中兵部尚书王琼的再次关照下，王阳明奉命去福州勘处福建叛军。因为任务突然，他只带了妻子诸氏、养子王正宪，谋士雷济、萧禹，还有几个侍从就出发了。

才行到江西丰城，王阳明就被丰城县令顾佖拦住了去路。王阳明不明原因，还以为是地方官接待，却见顾佖眼含着热泪拉着他的手臂说："王大人啊，宁王在南昌城内公然造反了，江西的多个地区和官员都已被他控制，现在形势很危险，您可别去找死了啊！您这么厉害，能不能想想办法救救江西，救救大明！"

其实，宁王动静闹得那么大，王阳明刚到江西剿匪时就有了耳闻，但那时

第九章　旌旗遮日战鼓响，鄱阳大战擒反王

他初来乍到，没有证据，也没时间搜集证据，当务之急就是扎到山中去剿匪了。一年多的山中岁月，他忙着抓贼、重建灾区，实在是没有功夫理会外面的世界。当他从山中的事务中抽离出来，才发现原来江西竟是变天了，南昌城满城尽带黄金甲。

可是，王阳明还有些不明白：既然宁王那么多年都忍了，却为什么这么急着就公然反了呢？难道是时机成熟了？

其实，宁王未必觉得时机成熟，他只是觉得"不得不反"了。

原来，朱宸濠谋反的日子一直是没天理地进行着，于地方高调，于全国却还算是低调。倒是一个当事人无心点燃了它最终爆发的导火索，这个人是当朝皇帝朱厚照。朱厚照没什么政治心眼，但是总有那么一拨人整天围着他"宁王贤德，宁王好"的，他也有点不乐意了："好啊你们，都说宁王好，那我倒是要问问，百官好可以往上升，这王爷好要往哪升啊，要我让贤吗？既然你们都喜欢宁王，那你们都和宁王玩去吧，你们全家都和宁王玩去吧。"皇帝虽然发了飙，但他偏又是个重感情的人，念及亲情、念及朱宸濠多年来对自己的"孝敬"，他下令让驸马都尉崔元带人去江西宣旨：收其护卫，令其归还所夺官民田，顺便再批评教育一下朱宸濠。

按皇帝朱厚照的本意，这不过是想给远方皇叔一个下马威。可是朱宸濠做贼心虚啊！他认为这么不负责任的皇帝都重视了，一定是自己的大计被识破了，既然早晚都要全国知道，不如借此放手一搏吧！成了，可以像成祖朱棣一样名垂千古，子子孙孙都当皇上；败了，也算是因清"昏君"而载入史册。打着如意算盘，做着春秋大梦，朱宸濠扯旗公开造反了。

正德十四年（1519年）六月中旬，朱宸濠以自己生日为由将当地的大小官员都"请"到宁王府邸。礼物收完，院门一关，朱宸濠开始了誓师演讲："当今皇帝昏庸无道，不理朝政，而且有可靠消息称：这小子并不是先帝亲生的。现如今我奉太后密旨入朝监国，有不听号令者，杀无赦。"

无论说得多么天花乱坠，听的人毕竟不都是傻子。而且，能混个一官半职的人，有谁会傻！整个府院内，喘气的人都知道，这不过是宁王造反的借口罢了。

欲造反，何患无辞！只是身家性命都在人家手上，没多少人敢公开揭露罢了。

最先跳起来表态反应也最强烈的人是孙燧，那个一直与宁王互看不顺眼的烈汉。孙燧嗓门很大地要密旨，还指着鼻子说宁王这是造反，大逆不道。骂到义愤填膺处，孙燧潸然泪下，"想我孙燧多次上疏言明此事，却仍然没能阻止这个结果的到来，是我没用啊。今日我愿为国捐躯，也不与你这厮同流合污。"

对于孙燧的过激反应，朱宸濠倒是在预料之中。不过，他老人家仍是感觉很没面子，很生气："看来不杀几只鱼虾，是显不出我一代反王的公信力了！既然你有种做烈士，就给本王的大旗祭血吧。"宁王这样想的，也是这样做的，他冷冷地说了一个"杀"字，等在两旁的众杀手瞬间就让孙燧人头落了地。

热腾腾的鲜血浸染了宁王府地面的青砖，一颗不肯闭眼的头颅如皮球般滚了又滚，而后停住。在场再有多言者要么被杀头，要么被关入狱，当然，更多的官员选择了他们所擅长的沉默。

开弓哪有回头箭，造反又不是过家家！都到了这个份上，唯有加紧干！接下来，朱宸濠集团便软硬兼施地收了江西多地政府的官权和军权，还开始就近进行逐个攻城，不但如此，他们还在当地废除了"正德"年号。

一把阴森的大刀正刺向大明的脊梁背，历史即将何去何从没人知晓。

为了良知，该出手时要出手

关键时刻，王阳明空降了。

王阳明降得突然、偶然，却又是必然。

其实，虽然江西离北京朝廷很远，但是宁王的金纸总是不能包住大火的，更何况不知收敛的宁王都把大火烧到乾清宫去了。兵部尚书王琼是个眼睛里装得下兵事的人，撇开他个人的人性弱点，撇开他想立功、想站稳的政治预谋，

第九章　旌旗遮日战鼓响，鄱阳大战擒反王

王琼也和杨廷和一样，打算干点实事。他知道宁王这位藩王不老实，可他又不敢怎样，唯有安排王阳明在剿匪之后"顺路"经过宁王地段。这，也是这位兵部尚书高瞻远瞩的军事投保：王阳明既然有本事剿匪，就有本事蹚一蹚宁王的浑水。

不过，宁王变天之快，还是超出了北京王琼的预料。

上级没来得及打预防针，本人也不了解状况，王阳明只带着妻小几人，几乎是"只身"就来到了虎穴。

望着着急的顾县令，王阳明面前，仍是有几个选择：偷偷绕路离开，或是管一管这桩"闲事"。

然而，在宁王的地盘下，一个反对者想偷溜也是不容易的。宁王和当年的刘瑾的心态是一样的："要么是我的朋友，要么是我的敌人。顺我者生，逆我者亡！"

一直以来，宁王给江西当地官员的选择也不多：要么，跟着宁王混，助宁王完成造反大事，不但现在吃香的喝辣的，还能博一个开国元勋的锦绣前程，当然更大的可能还是身败名裂；要么，沉默、不吱声，任宁王胡作非为，只求自保，只求多苟活一段时间；要么，本着舍生取义的精神，和宁王对着干，告宁王，骂宁王全家，虽然会沦为阶下囚或是刀下鬼，却也称得上豪杰。比如周仪，比如孙燧。

与其说这些是"选择"，不如说是"抉择"，因为每一条都是不归路。

事实上，这个选择王阳明早已经做出了，还很决绝。这还要追溯到王阳明在山中剿匪的日子。

那会儿，王阳明还在忙着分析贼情、准备剿匪方案。他的营中便来了两位不速之客：刘养正、李士实——两个宁王朱宸濠的超级幕僚。客人来了，还是藩王的亲信，当下属的总没有拒绝之理，所以，王阳明依礼接待了他们。

整个谈话内容基本都是刘、李二人在讲，讲国家形势，讲宁王优势，讲个人发展前景，那时他们还没有向王阳明挑明是要造反，只是表示"跟宁王混，不会亏待你的"。按理，宁王集团中最受重用的两位军师亲自恭请，可见宁王是给足了王阳明面子，也是热烈欢迎他的投怀送抱。不过，对于这番苦心，王

阳明却并不领情。

王阳明严词拒绝了两位王爷命官的挖墙脚行为，还信誓旦旦地表示：我们都是为朝廷效力，怎么能说是为哪位王爷效力呢？随即，他又补充道：自己对不仁不义、不忠不孝的行为不感兴趣，也奉劝各位好自为之。之后，王阳明又以公务繁忙为由，差人关门送客。

可怜刘养正和李士实，有能力教唆宁王造反，却在王阳明那里连杯热茶都没喝好，就灰头土脸地回去复命了，他们自然没少渲染王阳明的嚣张。

在山中，王阳明是这样表态的；在山外，他也不后悔自己的决定。

在山中，他选择不受诱于宁王淫威；出了山，他毅然选择要和宁王集团死磕。

身为朝廷官员，拿着国家俸禄，王阳明没有朱宸濠那么多花花肠子，他想的就是为国解忧，为民造福，不能置江西百姓于不顾！同时，作为一个多年的"朝圣"者，圣人的志向和心中的良知都不允许他袖手旁观。虽然，在王阳明的学术主张中也教育大家要顺其自然、量力而行，可是为了心中良知、为了大义，该出的头还是要出！

自己没有一兵一卒，要对付宁王的十万大军，像是以卵击石，赢的概率也几乎为负。可是王阳明丝毫不畏惧：这复杂的形势虽然艰难，却不过是表象罢了，自己心里的理才最重要！若能攻克眼前的难关，在实事中去磨砺、去见证理，这不正是知行合一的体现么！

一切战争不过是心战的继续。

活人总不能被尿憋死，当下之急，王阳明决定先去吉安县（庐陵），到那里会合自己正直英勇的老部下伍文定，在那里，他还有自己之前打下的群众基础，这都有利于举义兵抗衡宁王力量。

不过，在为江西百姓和大明江山找到出路之前，王阳明先要给自己找一条活着到达吉安县的出路。

第九章　旌旗遮日战鼓响，鄱阳大战擒反王

那年赣江止水人

宁王抓狂了，在他听到眼线回来报告"王阳明没有来南昌城方向"时，他彻底明白了：这个会打仗的浙江男人是真的不会为自己所用了。半晌，他的眼皮、心脏都狂跳不止。

想之前，宁王爱惜王阳明是个人才，派亲信带了财物前往山中拉拢，不想拿热脸贴了冷屁股。但碍于王阳明是奉命剿匪，上面还有个王琼在撑腰，王琼又是皇帝的红人，朱宸濠实在不好下手。

眼看着王阳明剿匪事业做得风生水起，朱宸濠也只好一嘴酸水地坐在南昌城冷笑："好吧，就让这姓王的，替我收拾了那些一直没有为我卖命的山贼也好。"那时的朱宸濠，仍幻想着，总有一天王阳明会臣服于自己的英明、诱惑。

谁还没有点欲望呢？有欲望就会有漏洞，有漏洞就会有懈可击，就终有可瓦解的一天！只是，瓦解王阳明的这一天朱宸濠终是没等到，他等到的是确认王阳明"不是自己人"的一天。

"我得不到的东西，谁也别想得到，宁可毁掉他。"这就是变态者的思维，也是野心家的逻辑，这也是宁王朱宸濠此时此刻的心情。

剿匪的风头过去了，王阳明于北京朝廷、于自己都没有可利用价值了，干脆一不做二不休，除了他以绝后患。公然扯了反旗的朱宸濠已经没有什么可怕的了：凡是挡我登基做皇帝者，杀！

于是——宁王要做掉王阳明了。暗杀、明杀都无所谓，杀死才是硬道理。

这就意味着，就在王阳明决定要为抗衡宁王造反而从赣江水路赶往吉安时，他自己实际已落入了宁王集团为他布下的天罗地网。

赣江，江西省最大河流，长江下游最重要支流之一，王阳明去吉安的必经水域。江上，小船载着王阳明随行几人艰难地逆风前行。身后，就是朱宸濠的上千追兵，情况十分危急。

"几年前身后跟了两个锦衣卫，如今身后跟了上千杀手，看来，自己的身价真是翻着倍长啊！"不过，王阳明总是没有心思自嘲的。

船头上，谋士雷济等人密切地注视着四周的情况。

船舱内，坐着那个久未出场的女子诸氏。诸氏此次是带了养子王正宪随丈夫一起去福建赴任的。不想，风光的大员夫人架势没一点，却与丈夫成了落难夫妻。王阳明不说话，她也不说话。

几次欲开口，又闭上，然后诸氏实在忍不住，对闭眼静坐的王阳明说："大人，你们快走吧，不要管我们母子这对累赘了。"

王阳明的眼皮微动了一下，他在听，却没有说话。

诸氏知道丈夫在听，又继续说道："现在情况这么困难，您丢下我们母子也不用有负担。女人家的命自古来就不值钱，能侍奉您这些年我已经很满足了，如果能为丈夫和国家奉献那是我的荣耀。咱这孩子，能跟着我们一日也是缘分，今日若是他的劫难，那也是宿命。夫君您也不是偷生，而是有更重要的事去做，宁王叛乱，朝廷还要靠您出力啊。"

这一回，王阳明缓缓睁开眼睛，他吃惊地看着自己的妻子，这才想起自己已经多年没有好好看过妻子了。眼前的她，已经不是那个当年因为自己逃婚而哭得梨花带雨的小姑娘了，倒是个饱经沧桑的半老徐娘。此时，诸氏正紧紧搂着焦虑又恐惧的养子王正宪，她自己的身体也在控制不住地战栗着。远处的刀光太明晃晃了，它对妇孺和孩子有一种强大的震慑力。但是诸氏对他说这番话时的眼神却是坚定的、真诚的。

多年来，王阳明只当妻子是个再普通不过的女人，却不曾想她这样有气节。

有那么一刻，王阳明多少有点英雄气短的怅然：自己口口声声说要做圣人，攸关时刻，却连自己的妻子孩子都保护不了……命运竟是如此弄人。想着，他忍住了眼泪，起身握住妻子和儿子的手，轻轻地说了句："现在还不至于。"

这一幕，恰巧给闯进船舱内的船家看见了。船家的眉毛都快要拧到了一起，朝着王阳明吼道："你是最大的官吧，我不渡你们了，钱也退给你们。你看岸上那么多人，马上就要上大船了，他们可都是带着真家伙来杀你们的。这会也别怪我贪生怕死，要死你们全家死一处！我还上有老下有小呢，不和你们掺和！我不渡你们了。"

船家这一闹，外面的雷济等人也赶紧进来，向船家又是塞银子又是讲道理

第九章　旌旗遮日战鼓响，鄱阳大战擒反王

的。可是看得出，船家很害怕，他的手胳膊腿都抖着，银子也不看，甚至下了"死都不再开船"的决心。

就在这混乱的僵持时，王阳明也清醒了许多。趁人不备，他一手挡住儿子正宪的眼睛，一手拔出佩剑，挥剑就朝聒噪的船家砍去。还没等人反应过来，船家的两只耳朵已经陆续地成为了吊坠。王阳明给船家一个选择："都是一个绳上的蚂蚱，是死在我王某人的剑下，还是死在追兵的乱刃下？"

突如其来的两剑，船上的人都惊呆了。

船家更是一下子就懵了，他怎么也想不到眼前这位看起来文质彬彬、弱不禁风的官老爷，竟是这样的狠角色！他本能地退后了几步，生怕接下来剑再不长眼，真恨自己出门没看黄历啊！可是又能怎么样呢？好汉不吃眼前亏，扯了块衣服上的布迅速包扎了耳朵，还是开船吧，开快点不被追上还可能保住条命呢！

只是，船虽然开了，却拗不过这逆着的风向，对此，再资深的船家也无能为力。万幸的是，前面的船开不快，追着的船也开不快。

艰难行船之时，只见王阳明突然钻出来，他站在船头，焚香对天祈祷："若是天要亡我、亡我大明，我也无法。若还有回旋，若还体恤苍生，就请赐北风吧。"说来也怪，他这样叨咕了几句，居然风向一转，成了顺风。

船总算有了速度，却因为船小人多，行驶的并不快，倒是因为顺风，还加快了后边追赶船只的进度。

小船上的男人们还在四处"扫描"，突然，谋士雷济发现前方不远处出现了一条小渔船，他示意船家把船开到隐蔽处，并招来了渔船。雷济看着王阳明：生机就只有这一线，到了必须做决定的时刻了。

王阳明还在沉默着，一旁的侍从已经脱下了自己的衣服，他对王阳明说："大人，刚才我们和雷先生都商量过了，如果能再有一只船，我就和您换装，然后乘船引开追兵，您乘另一只船去吉安。"

见王阳明有些责备地看着雷济，侍从却跪了下来："大人，这是我心甘情愿的，如果我的命能为您争取到拯救咱们大明王朝的时间，小人万死不辞啊！"

这时，诸氏也拉着王正宪跪了下来，她哭着对王阳明说："渔船那么小，带上我们母子会影响行驶，咱们夫妇就在这里诀别吧。宪儿，快给爹爹叩头……也和雷先生、萧先生说再见。"

泪，顺着王阳明的脸颊如泉涌般流了下来："就这样吧。我等也唯有早日还正义于天下，才能对得起你们。"

默默地脱下了自己的官服，换上了侍从的衣服，作别夫人和儿子的小船，王阳明仅带了身边智囊团人员，乘渔船借着蜉蝣、水草、芦苇、藕花、小岛这些保护屏障向吉安方向赶去。

不出意外的话，等待小船人的命运，该是全船覆没。

很快，杀手们就追上了诸夫人所在船只，他们失望地发现那个穿着官服的并不是王阳明本人。以杀手的职业习惯，若像往常一样手起刀落，一船人的血就会浸染了附近水域。但是，一个杀手突然对提刀准备下手的那个杀手说："你杀这女人孩子有什么用，还不赶快去追王阳明，现在顺风，耽误一下他就能跑好远。"或许是手上不想再沾太多无辜鲜血，或许是动了恻隐之心，或许是良知显露，又或许是真的追王阳明要紧。但就这一句话，小船上的人就奇迹般地生还了。

赣江水平静地流淌着，江上的人心却是波涛汹涌，有要置人于死地的，有要为夫殉国的，也有要救国的……在这些人心与人心的对峙中，最终还是良知赢了。

"四十八万大军"的大忽悠

虽然，论智商、情商与文化素养，宁王朱宸濠都看不到王阳明的车尾灯。但他还是轻轻松松就逼得王阳明在赣江丢下了老婆孩子，甚至连官服都脱下了。看来，一个路过的光杆司令，想要在人家的地盘上强出头，要消灭人家的十万

第九章　旌旗遮日战鼓响，鄱阳大战擒反王

大军，还真是天方夜谭。

可是，别人或许不行，却不代表王阳明不行。虽然那么多重要的东西都不在了，但至少他还有一颗心。他的心，可以将整个宇宙都容得下，他早已把自己的心当成是整个宇宙，又何怕宁王区区十万大军！他需要的，不过是方法和时间而已。

就在逃往吉安的水路上，王阳明乘小渔船"金蝉脱壳"躲开了宁王的追击。置身小渔船上，他和身边几人都明白，他们的性命早已经不是自己的生命了，他们要承担的太多，他们也必须尽快承担起来。

很快，一度用来赶路的行程地图，就成了几人分析朱宸濠造反的战略图。一条条山水之线，竟是将宁王集团的造反优势跃然纸上：首先，若宁王直取北京，出其不意，从豹房里拉出朱厚照"挟天子以令诸侯"，就可以拥有实质性的霸王权力；第二，若宁王直取南京，北方军队远水不能解近火，就可以做个"南皇帝"，与北边共分天下。

真是宁王朱宸濠两条理想的称帝大道啊！每一条道，几人想想都觉得浑身打寒噤，一身冷汗。

但是，这只是王阳明单方面的分析，当事人宁王朱宸濠似乎不这么想，他老人家有自己的打算，宁王要"另辟蹊径"——死守南昌，他要在南昌城内等待、观望，再做行动。虽然死守南昌无异于是给明朝朝廷正规军聚集和喘息的机会，是宁王在自己挖坑等人活埋，但千金难买他乐意啊！何况王阳明一味地捣糨糊让他乐意，他不乐意也得乐意！

即便王阳明人在逃亡中，却还是能牢牢套住朱宸濠。

原本，朱宸濠也是有意直接袭击南京的，只是中间，他被一则沸沸扬扬的军事传闻给吓得不敢再动弹了："朝廷正在调动四十八万大军增援江西呢。"朱宸濠当然不知道，这只是王阳明、雷济等人编造的谣言而已，是他们刻意使出的拖延之计，是用来虚张声势的。实际上此时不管是北京朝廷还是南京朝廷，都还在自我感觉良好呢。

但就如多疑的司马懿不敢进诸葛亮的空城一样，朱宸濠也真的被吓唬住了，龟缩在南昌大本营观望动静。

搞死宁王不偿命

趁着这个时机，王阳明等人日夜行船，终是到达了吉安，一个他还可以说了算的小地界。

旧的父母官归来，老上司归来，但是欢迎的宴席是没时间摆了，干正事要紧。首先，王阳明上疏朝廷，详述朱宸濠造反了，并叙述自己的平叛计划及具体实施方法，请求朝廷给与支援、配合。同时，他与伍文定等人商定了很多周密、奇特的作战计划，"搞死宁王不偿命"的计划。

宁王你不是叛变么，你又是一个人品不好、手头不干净的人，那就将你的罪行写成告示、传单，四处贴，四处发。将你的形象升级为"大魔头"，让四面八方的人都鄙视你、讨厌你，然后大家响应号召，参军打倒你。只有打倒你，才能保卫自己，保卫家人，保卫国家。

应该说，从王阳明还在逃亡的小渔舟起，宁王朱宸濠听闻"朝廷要派四十八万大兵"就没再睡一个安稳觉。连续几天，宁王的精神都高度紧张、敏感，几近崩溃状态。

朱宸濠不怕王阳明招兵买马，也不怕他起义兵。毕竟，自己有十万大军在手，又粮草十足，军火充足，又何惧他一个临时的小队伍。让朱宸濠受不了的，是王阳明的烟幕弹。

自从王阳明到达吉安后，每天，朱宸濠收到手下的探子与高手们劫下的"明信"、"密信"就不计其数：有兵部的、邻近省份官员的、江西官员的、宁王下属的、也有王阳明本人的。这些信件有的说"朝廷早有准备，现已派几十万大军前去讨伐宁王"，有的说"王大人，我们的兵已经到了，即日就将支援你决战宁王"，也有的说"王大人，我们会在某某天同你们里应外合，为擒反贼立功"……信件似雪花，来来往往，关系复杂。字体真假难辨，所述内容也是真假难辨。没有更好的办法，朱宸濠只好继续缩在南昌城里，天天派人去核实信息。

然而，还有更加考验宁王承受能力的信件。一天，手下又搜到密信了，这一回是刘养正、李士实和朝中人士私通的信件。

那是一封生猛感十足的密信：官方大员表扬了刘、李二人的内应行为，许诺会兑现他们官职，并提到"刘先生，你不是喜欢朱宸濠的土地么，事成之后你可以在上面建全国最大的道观；李先生，你不是喜欢朱宸濠的女人么，事成之后可挑其中美色者给你做小老婆。"

在信未读完时，朱宸濠的脸就绿了。他一封信看下来，刘养正、李士实二人像是跪了一个世纪那么长。多年接触、谋事，他们太熟悉这位王爷的性子了：不只有老宁王的优柔寡断，更多疑，致命的多疑。不等朱宸濠发飙，二人已是连连叩头澄清：这明显是一封离间信，求主上不要当真。

朱宸濠不一定会当真，但他一定也不会不当真。望着下面流泪表真心的两个人，一个是自己的"国师"，一个是自己的"太师"，朱宸濠也在做着强烈的思想斗争："他们倒是没可能背叛我，刘养正早些年的时候就说我有帝王气，我能走到今天还多亏这二位的帮助。可是人心隔肚皮啊，他们能为了富贵跟我造反，谁能保证他们不会为了富贵而出卖我呢！我还是先观察一阵子吧。"

强压着火气，朱宸濠从"龙椅"上起来，扶起了两位心腹，还皮笑肉不笑地安慰了他们几句。但尽管嘴上说着不介意，朱宸濠心里还是有了自己的小九九，那就是：先按兵不动在南昌城，再观察一小段时间再说。

一拖，再拖，一观察，再观察，朱宸濠真是个谨小慎微的人。只是，他的三思，换来的不是熟虑，而是造反大军的战机贻误。王阳明没法求他长期停在南昌，却可以让他这样"一小段时间"地困在南昌，困在自己的焦虑牢笼之中。

很多时候，最了解你的人往往不是你的朋友，而是你的敌人。王阳明虽还不足以了解朱宸濠的具体性格，但是他了解人的心理，也包括宁王的心理，这才让他能够打蛇七寸：不怕你不信，就怕你不疑。

运用之妙，全在乎王阳明的一心。

在一段时间都吃不好、睡不好，就要精神崩溃之际，朱宸濠终于调查清楚王阳明是在玩虚的，小病猫装老虎！羞愧、嫉妒、仇恨……百味一时涌上心头，宁王恨不得一刀宰了王阳明。

只是，朱宸濠似乎忘了，自己所浪费的昨天、今天，正是别人努力追赶的分分秒秒。此时的王阳明虽然仍不足以与宁王抗衡，却也已经团结了一股民间范儿十足的军事力量，他不再是一只朱宸濠可以轻易踩死的蚂蚁，而是在这个迷魂计期间快速成长为一只"马蜂"——宁可与敌人同归于尽也要给对方有力回击。

可怜宁王，处心积虑地准备了多年，遇到弱者也强过，但遇到王阳明的强之后竟是这样弱了，就这样被打回了庸才本色；可怜宁王，想学朱棣成帝王业，却不学朱棣用脑子，本就是名不正言不顺又没有群众根基的造反，在挑明后还没心没肺、没时没晌地跟人耗着，就这样错过了最佳战机。

现实就是：很多事错过了就是错过了，人生没有那么多后悔药，没有远见的人注定会自寻短见！

朱宸濠打安庆，王阳明打南昌

谁都清楚，光靠写密信麻痹敌人只能忽悠得了极为短暂的一时，想要平定宁王叛乱，与其军队正面交战、以暴制暴是必经之路。

虽然王阳明靠忽悠攻击人心，争取到了一点作战时间，但他仍面临着知行难合一的严峻考验：该有大军，该有良兵，该有各种支援，却都没有。

到吉安之后，他就四处求兵求将求军费，人不能亲往，他就写信，写信给朝廷求财务、权力支援，写信给广东福建省负责人，求军事力量支援。他甚至"不顾九族祸"连连假传旨意四处调兵。可是，时间在点滴地流逝，朝廷没回馈、邻省军队也没有回馈，好像宁王叛乱不是什么国难，而是与他们一点关系也没有的事儿一样。

最难的，还是没有兵。

没有兵，难道要自己当着宁王军队进行心学演讲，讲讲人性、良知理论让对方撤掉十万大军么？简直是无稽之谈！尽管焦灼的现实很难让人静下心来，

第九章　旌旗遮日战鼓响，鄱阳大战擒反王

王阳明却不得不要求自己静下心来，修炼本体工夫，让此心不动，随机而动，让知与行合一！

苦思良久，王阳明也终于开窍：没有支援，再自己建军队呗。反正在山中剿匪时，也是自己训练民兵的。

不过，相对于曾经的山中精锐民兵，眼前的队伍还更是让人不忍直视：一些在江西的退休干部、养病官员、被革职的官员，还有王阳明在江西剿匪时的老部下组成了领导班子；至于士兵的构成，则是当地百姓和伍文定的军队集合而成，质量也是良莠不齐，还多是些老幼病残。

一方是王阳明临时组成的平叛班子，一方是朱宸濠的十万大军，胜负似乎仍然没有悬念。但他已经没有退路了，死磕也得磕。

在用迷魂阵牵制了朱宸濠半个月之久后，王阳明也收到了一个可怕的消息：朱宸濠决定发兵南京进行登基大典，再到北京收拾朱厚照小儿。不过在那之前，朱宸濠要先打江西的一块军事肥肉——安庆。

消息传来，吉安的人皆感到很惶恐、很不安。但王阳明没有动，他在等。

七月十五日，王阳明到达临江府的樟树镇，与临江、袁州、赣州、瑞州、抚州及浙江来的一小部分援军会合，军力这才略有增强。就在大家磨刀霍霍，准备去安庆和宁王硬干一场时。以王阳明为首的军事高层却在丰城商议发了一个让人惊奇的号令——全力攻打南昌。

"南昌，那是朱宸濠的老巢啊！他的辎重和多年家底都在那，宁王又怎么可能不派精兵留守？这样的城，就算我们一帮乌合之众乘虚而入，也没有必胜的把握吧！"面对着众人的这些质疑，王阳明也只是微微一笑。这些天来，他放了太多的烟雾弹，真真假假，不但把宁王集团蒙得不轻，竟连自己人也常被搞得摸不着头脑。

王阳明要攻打南昌了，这一次是真的。为什么要先攻南昌？他是这样打算的：自己的军队虽然质量不济，到底是正义之师，底气要足些；加上整合之后，融入了不少先前随从王阳明在南赣剿匪的势力，这些人干劲儿正足，合作起来也比较默契和愉快。且到决定攻城时，王阳明手下已经有了一批拿得出手的将领，伍文定、邢珣、徐琏、戴德孺、胡尧元、童琦等人，让他们分攻南昌七门，

才尽其用，合理安排，后果也不会比预想差太远。

不敢妄言自己的将领都是牛人，但王阳明敢推断南昌的守将很弱势：留守南昌的主将是宜春王朱拱樤，虽然他是宁王未来的"皇储接班人"，却年纪尚轻，想此时的宁王本人也不过四十岁出头，他的儿子能有多大？不是说年少就成不了大事，而是这位小王子实在是缺乏实战经验，而他的守城辅将又是一些没有主心骨的宦官。这样一群人，碰到蛮力强攻或许还有优势，碰到智慧强攻就不占优势了。

但至于这些推断和这个决策到底是对是错，还要试试才知道。

攻打南昌：兵战心战一齐上

战事证明，有些人之前的担心是不无道理的，南昌城的确不好攻。守城的老大虽有些"幼齿"，却也是初生牛犊范儿，见到王阳明等人攻城，就像牛见了红布一样兴奋得不能自已。而守城的士兵也都是一些负隅顽抗之士，不论出于什么原因，他们既然是跟着宁王反了，就背上了叛国的罪名，也早料到会有这一天，他们能做的只有拼命争取一条活路。心态影响行为：见有人攻城，守城人都红了眼，不停地往下扔滚木、石块，同时火铳、火炮、毒箭也都如雨点般落向攻城人。

这一回，轮到城外人犯难了。

眼看着自己的同伴死伤无数，攻城军队也有了畏敌思想："妈呀，死这么多人，下一个会不会是我啊？"

恐惧，从来都是一种很可怕的东西。

不过，那些没有学过心学的人或许不知道，克服恐惧，也是王阳明心学的必修课之一。

危急时刻，王阳明亲自督军，他一改温和面目，命令大家：一鼓附城，二鼓登城，三鼓还拿不下就诛杀伍长，四鼓不克就斩将。

这正是当年于谦的战术啊。如今王阳明也用它，不是硬套，而是在对人心、人性了解的基础上活用。

要命的鼓声响起，攻城者很快就意识到了问题的严重性、利弊性：再不往上冲，长官战友都会被连累，最主要的是，自己还得死。后退，就是马上死路一条，而冲锋才可能为自己争取到活路，还可能会有奖励。硬着头皮上吧！

"横"的果然是怕不要命的，面对着更为强势的攻城，守城人的精神难免会开小差，守城的力度就削弱了不少，攻城人便乘势而上。

硬战在所难免，但以"我军血流成河"为代价的方式总不是王阳明所推崇的。与攻城同时进行的，还有王阳明的另一方案，或者说，那才是他的第一方案：仍是攻心。

原来，在攻城之前，南昌早就混进了不少王阳明安排的间谍，这些间谍专门负责宣传工作，他们的宣传方式是口口相传和广告张贴：朝廷要来攻南昌了，南昌百姓逃命去吧。不止如此，他们还在告示上写着：南昌士兵请早早的知趣投降吧。

这些宣传对于百姓来说当然是有用的，本来就都不愿意跟着宁王当反民。而对于城中士兵来说，它也是有力度的，毕竟，留守的士兵心中也有障碍：若是能造反成功，头功也是那些跟着老大朱宸濠出去打江山的人；要是老大此次放弃救南昌，直接去南京和北京当皇帝了，南昌的"领头羊"又那么嫩，那这里的守军岂不都要顶着叛贼的大帽子死去了。有时候走神起来想想：到底是这样拼命好，还是放下武器，立地投降更好些呢？

在攻心与攻城的双重高压下，南昌城还是被攻下了。王阳明军队开进城，一面收缴宁王的财产，登记造册，犒赏三军；一面安抚百姓，处理逆党，重整军队。就在这支胜利之师中的其他人以为要去安庆打宁王时，王阳明却下达了一个严肃的命令：全城戒备，加强操练，分兵四路，等宁王回来！

至此，王阳明实现了他本次攻南昌城的主要目的：首尾牵制朱宸濠。

王阳明知道，以自己目前的军队实力，要真与宁王大军交战，仍是会"杀敌五千，自损一万"。所以，他要打下南昌城，在攻打之时，这可以涣散宁王攻安庆之心；在打下之后，也可以在这里等宁王军队鞍马劳顿地奔波回来，然后，自己的大军就可以以逸待劳。

朱宸濠果然又没有让他失望。

知道王阳明围攻南昌时，宁王就不淡定了，南昌有他的宝贝儿子，有他多年来的积蓄，那是他的大本营……安庆因为有守将张文锦抵抗，久攻不下，南昌老巢又飞报让王阳明给端了，朱宸濠心中充满了挫败感："几个小城尚且难攻，南京又怎么打？"

李士实和刘养正出来力劝朱宸濠："陛下，统率三军的人要先稳，军心才会稳。"他们接着还提了一个可行建议：不回去救南昌，连安庆都不要再攻了，赶紧去南京称帝！他们的论据也很有力：首先，造反是拖不起的事业，不必要的战斗要尽早结束，能避开的就避开；第二，王阳明他爱管闲事就让他管，不用理他就是了，称了帝，生米煮成熟饭，还怕他一个正规朝廷都不管的小角色么？对于这几点，朱棣当年饶开济南的铁铉直逼南京，就是个活生生的成功案例。

可惜，朱宸濠恨朱棣啊，又怎么愿意走朱棣的老路呢！而且，自从与王阳明打交道那天起，朱宸濠就打心眼里看不上他的两个军师的能力，他总觉得他们是臭皮匠，是狗头军师：请不来王阳明不说，还被玩得团团转，害得自己如此破落。

但往往嫌别人是庸才的人，自己也未必多精明，朱宸濠就是一个，他就这样轻易丢掉了自己称帝的最后一根救命稻草。如王阳明所愿地，朱宸濠先是派一支部队作先锋杀回南昌方向，自己又亲率余下大军随后，非要和王阳明决出个胜负不可。

宁王大人他似乎忘了，一个经不起失败的人，也注定享受不了成功；一个舍不下小鱼的人，更无法钓到大鱼。更可笑的是，一个连正常人该具备的基本素质都欠缺的人，干什么不好，偏偏要去做阴谋家？还有一个理，宁王似乎也没搞懂：战争不是打群架，兵不是越多越好，关键是看谁在调度，关键是看怎么领导。

第九章　旌旗遮日战鼓响，鄱阳大战擒反王

王阳明出击，朱宸濠中计

宁王率大军回救南昌了，南昌的好多王阳明部下还是犯起了嘀咕：对付宁王的南昌守军都很吃力，现在宁王的主力部队杀回来了，我们真能守住么？

这一回，新任南昌主将主动接话了："为什么要守？我没说要守城啊！"他说："我们出门去吧，去迎接这位心比天高、命比纸薄的王爷！"

的确，王阳明本人也意识到，自己虽然进了别人的家，可是宁王在这个"家"待了十年，对于家内的形势、周围的形势都比自己了解得多。要是真的拼起命来，或是玩起阴谋来，自己完全不占上风！还是出去到大家都不熟悉的地方打比较安全。

就这样，王阳明和朱宸濠的正面对垒终于来了。王阳明出击了，朱宸濠的造反生命进入倒计时。

老实说，听到王阳明不再装孙子了，宁王既意外又高兴，他的军队也都很高兴，好像战斗就要结束了一样。在他们看来：面对面地来一场男人间的较量，比被王阳明牵来耍去要痛快得多。而且他们也有自信，数万大军，消灭王阳明的乌合之众，小菜一碟！

有高傲，又有儿子被俘老巢被捣的愤怒与自卑，宁王朱宸濠就这样心情复杂地率领手下全部军队驻扎在了鄱阳湖西边的黄家渡。此时的他，不得不面对另一大困境：自己已沦落到了连一个可以驻军的陆地大本营都没有的地步了，后悔没打北京和南京是来不及了，他所希望的，也唯有"速战速决"，送走王阳明这位大神。

宁王想着：既然我们双方都是赶路而来，不如我先休息一下队伍，摆好阵势，等敌军疲惫来攻击，好将他们一下子收拾掉。

七月二十二日，宁王等来了风尘仆仆的王阳明和其军队。他也打探到了王阳明的军令：次日发动进攻。为此，朱宸濠还满怀深情地苦等了一天。

可是，七月二十三日，一整天，都不见对方有攻击动静。朱宸濠在军帐中轻蔑地笑道："这个王阳明又来这套，光吆喝吓人，以为我傻么，会一再上当。"

盼咐下去，守营小队晚上等候着敌人来偷袭。"

夜，终是来了。

趁着夜色，一支小船队正靠近着黄家渡军营，没错，那正是王阳明军中伍文定所带领的先锋小队。不过，对于这支敌军小部队的出现，宁王方面表示毫无压力，因为宁王早就"神算"出来了。但是，面对夜色中突然冒出的宁王守营队，伍文定像是吓坏了，干脆放弃了偷袭，组织部队扭头就跑。

"跑？哪里那么容易！弟兄们，给我上！杀敌立大功！"眼看着"羊羔"晃到眼皮底下来了，早已等候在此的宁王部下小队岂肯罢休，他们一路穷追。一方要跑，一方要追，双方都拿出了赛龙舟和百米冲刺的精神。就这样，"跑道"一直延续到离宁王军营很远的地方，伍文定的偷袭军队像是跑累了，终于放慢了速度。对于宁王军队来说，那还等什么，恶狼扑羊啊！然而，也就在这时，追来的宁王军队却发现了一个奇怪又可怕的现象：不知道从什么时候起，自己的后方、左方，右方竟多出了好多王阳明的军队，就在他们发愣之时，前方伍文定的小队也转过头来。

这是要干什么？当然是围攻了！难道摸黑打麻将啊！

可怜这支宁王小队，有两千人就这样因为腹背受敌地阵亡了，还有不计其数的伤者。

听到这个惨痛的消息，宁王朱宸濠本人很受伤。情绪平复了老半天，他才命令军队撤到鄱阳湖东边的八字脑。

鄱阳湖，最后一战

这一仗过后，损兵折将的朱宸濠做了个冲动的决定：调出自己在九江和南康二城的所有军事力量，集中火力大战王阳明。王阳明倒也没有辜负他，立即乘虚收复了这两座城池，气得朱宸濠一夜未眠。

第九章　旌旗遮日战鼓响，鄱阳大战擒反王

二十四日，双方主力军队一场恶战。

这一战，朱宸濠的军队表现得异常勇猛，连那些受了伤的人还一个劲地往上冲，原因也不难理解，因为就在昨晚，他们才接受了老大朱宸濠重金赏赐。这些人本就是一些土匪流氓，将士多是宁王高金"聘请"回来的，士兵也是用钱"砸"来的。朱宸濠将他们编制成军队，给他们穿上军装，好吃好喝地养着他们，为的就是这一天发挥用武之地。而且奸猾的朱宸濠还从没想过去掉这些人身上的"痞子气"，朱宸濠清楚，只要部下还"痞"、还"贼"，只要他们还是金钱至上，财大气粗的自己就永远有挟制军队的筹码。

不得不说，对于人性的这个弱点，宁王朱宸濠拿捏得很到位！虽然他自己也深陷入其中，难以自拔，更无法自救。

战场上，宁王方面不住地喊号："弟兄们，大胆地往上冲啊，当先者给千金，受伤者给百两。"这样的诱惑与鼓舞当然值得玩命，玩命就可以这么值钱，为什么不玩？

流氓无赖玩命了，将对钱的追逐转化为了强悍的战斗力，对于宁王来说，自是欢喜的。但是对于王阳明方面，可就惨了。宁王军队发疯似的骁勇，再加上风向还偏袒着宁王，使得王阳明的军队的弓箭和火器进攻都遇到了重阻，一时，王阳明方面损失惨重。

宁王玩这招，王阳明确实也很困惑：自己不像朱宸濠那么阔绰，宁王是多年的造反专业户、土财主，而自己只是个过路的穷官员。眼下，他哪有钱使鬼推磨？连手下招募这些兵，都是开了"空头支票"连哄带骗集结来的。王阳明知道，听着对方大喇叭一样地宣传金钱，自己手下这些人没有为钱倒戈算是很对得起国家和良心了，还要怎么苛求他们与一群不要命的人拼命呢？

可是，这就是战争啊，残酷的战争！如果今天不忍心看自己的将士流血，以后流血的将是全天下的百姓和整个帝国啊。想到这里，王阳明已经有了应对之策，他没有钱，但他懂人心，他知道：士兵爱财，却更惜命。

王阳明当即下令：加大铳炮的攻击力度，擅自后退者，斩。于是，一鼓、二鼓、三鼓、四鼓再一次响起，伍文定就像钢铁雕塑一样矗立在指挥前线，头发胡子都烧着了，还全然不知地指挥着战斗，斩杀着后退者……士兵们几天前

攻克南昌城的激情再次被拾起，都不顾一切地往前冲。两军交融战在一起，朱宸濠也失去了风向的优势，战争再一次进入了白热化。

正混战着，两军中却突然起了一阵异样的骚乱。原来，就在王阳明的战船上，不知何时开始扯起了一面白色大帆布，白布上面几个黑字大而明显："宁王已擒，我军勿滥杀无辜。"不止这样，帆布下还不停地有人喊："朱宸濠被抓了，王大人让留些活口……"

这个世界上，除了感冒之外，传的最快的可能就是说出去的话了。喊声从王阳明的战船一直蔓延到了两军的主战场。一时，宁王军队都人心慌乱，不断地观望主帅的战船方向。

待另一面的宁王本人反应过来，马上就跳起来辩驳："老子还没死呢！不要上当，振作起来。"可是士兵的心俨然已是乱了，指挥官们也控制不住。无奈，宁王只好收兵撤退。

不得不承认，宁王是个很有头脑的经济学家，王阳明也是个优秀的军事心理学家。但是这一战，双方都损失惨重。

再退，朱宸濠的军队已是退到樵舍，还乱成一团。但这一回，宁王大人倒是平静了许多。他拿出所有的金银财宝，分给众将士，打算孤注一掷：不成功，便成尸。不过，在散尽家财之后，他还自以为是地补了一个军事决定：将剩余所有船只固定到一起，联合成一个攻守自如的方阵，准备来日再背水一战。

朱宸濠要赢在力量上：就是要以大、以强欺负人了，你王阳明怎么着？

王阳明也没想怎么着！在打探到这个确切消息时，王阳明等人几乎是欢呼雀跃。朱宸濠的手下绑了一宿的船，王阳明的手下也备了一宿的"料"。

七月二十六日早上，鄱阳湖波光粼粼。朱宸濠伸了个懒腰，精神饱满地指挥船队前进，这是当年太祖朱元璋与陈友谅浴血奋战，建立大明伟业的水域。今天，朱宸濠也想自己能在此走向人生的最高峰，他希望这是最后一战。

结果也如他所愿，是"最后一战"。

宁王率一支庞大的舰队而来，他们的战船联在一起，大有以庞大"战车"碾碎王阳明"螳臂"之势。不料，等待他的，却不是王阳明方面的胆怯、慌乱，而是一份厚礼——火，火折、火箭、火炮等各种火具。

第九章　旌旗遮日战鼓响，鄱阳大战擒反王

只见，王阳明的军队分成了若干个小船队，从四面八方而来，船上都备足了火具。士兵手上，更全是放火的家伙事儿。

随着一声声"火攻"号令下达，朱宸濠的数只战船上瞬间火花四溅，趁着风势，火苗蹿得老高，变成火光冲天。

那些连夜加固在一起的战船，还真是"固若金汤"，此时竟怎么也分不开。大"战车"变成大火舟、大锅炉，到处都是人体烤肉的味道。处在火势与浓烟之中，谁都不能救人，也难以自救，唯有听天由命：被火烧的被火烧，落水的落水，要么就是被敌军斩杀。

水火两重天，宁王军队的情形那叫一个惨烈！

但细论起这个结果，也真怪不得王阳明。战事无常不说，也只能怪宁王本人太没教训、脑子短路，才会让自己的大军落得如此下场：当年，在长江赤壁，诸葛亮、周瑜就联手放了一把大火，烧了曹操连在一起的船只和大军，因此奠定三国鼎立的基础。那可是三国时期最著名的一场战役，就算是没读过这段书的人也听过这段戏，而有文化的朱宸濠却是生生重蹈了这覆辙。

看来，天作孽尚可活，自作孽不可活啊！

此时，朱元璋若在天有灵，不知作何感想？自己在鄱阳湖留下了"战神"的传奇，自己的子孙却在这里留下了"馊、绌、屎"的败绩。朱棣若在天有灵，又不知作何感想？他是政治家、阴谋家，其次才是军事家。而这个野心勃勃的后辈，却只能算是个半吊子的军队组织者与发号施令者、操刀手。第一代宁王朱权若在天有灵，不知又作何感想？如果知道子孙有这样的下场，他会不会心甘情愿地做一个藩王？

眼看着敌军在自己的船队上"杀人放火"，朱宸濠可没空再去想祖宗，大势已去了！还是想想自己的活路要紧！

情急之下，朱宸濠脱去他那一身惹眼的华服，换上普通士兵的衣服，招来芦苇处的一只小渔船，打算溜之大吉。船夫倒也很会意，二话没说，接了朱宸濠递过的银子就开船了，还迅速地把他载到了王阳明的大船上。

此时的朱宸濠早已是没了王家贵胄的模样：衣冠不整、狼狈不堪。想要的更多繁华却成了过往。

一代宁王，也曾是个风流倜傥的少年，精通诗词歌赋，有着娇妻美妾，生活似神仙，却因为复仇而走上了不归路，但揭开其复仇幌子的背后，其实就是权利熏心、私欲熏心。朝思暮想那本不属于自己的山河，到头来还是要拱手相还。从未得到过的东西，如今又算不算失去了？此时此刻，他想自动革职为民，想要一个做好人的机会，可是，王阳明也帮不了他，等待他的将是国法的制裁。

至此，胜负终见了分晓。

和死亡最接近的时候，王阳明与宁王叛军的距离只有很小的几公分；山重水复之后，他将一代反王朱宸濠的王袍脱下。凭借勇敢、睿智与从容，王阳明在心学的指引下，在圣人使命的感召下，保住了大明基业不被窥伺和篡夺——他缔造了一个奇迹。

鄱阳战捷，王阳明还热血沸腾地作诗一首：

甲马秋惊鼓角风，旌旗晓拂阵云红。
勤王敢在汾淮后，恋阙真随江汉东。
群丑漫劳同吠犬，九重端合是飞龙。
涓埃未遂酬沧海，病懒先须伴赤松。

只是，大明和王阳明的世界真的就这样柳暗花明了么？

美人插曲：女怕嫁错郎

弘治二年（1489年）腊时冬雨，新婚后的王阳明携妻子拜访一代大儒娄谅先生。在娄家，王阳明初遇师妹娄素珍。佳人一回顾，花木得气美人中；佳人二回顾，半是书香半蕊香。这一次无关你我的邂逅，不知道有没有情愫暗生，或许只是轻轻地问一句："哦，你也在这里么？"

想来，面对这样一个美丽又端庄的书香女子，王阳明是欣赏的，就如对世间一切美好的事物一样。而娄师妹应该对王阳明也是欣赏的，无关风月，只关于这个年轻人与爷爷娄谅讨论时的才气。只是，从此匆匆一别，王阳明才真正开始他的人生颠簸路，娄素珍则嫁给宁王，成为娄妃，从此阳明更是路人。

三十年后，再见。不但娄谅老先生早已经作古，就是娄妃与王阳明，也是佳人才子阴阳两边。

说再见，不再见，生命是场消遣。

原本，在几千年封建社会里，能嫁入王侯将相人家，也算是女人上好的归宿。只是同时她们也要承担"一入侯门深似海"的风险。但作为宁王朱宸濠的大老婆，至少在开始的若干年中，娄妃的婚姻从情感的角度上来讲应该还是幸福的。老公对这位贤德的妃子疼爱有加，夫妻也算是举案齐眉。再者，朱宸濠在年轻时也算是一个比较懂得浪漫的王爷，还常会抽出时间来组织各位妻小出行游玩，对于这些，从娄妃的《春游》诗中我们就能感受到当事人的幸福与当时的温馨画面：

春晴并辔出芳郊，带得诗来马上敲。
著意寻春春不见，东风吹上海棠梢。

那时的朱宸濠，还俨然是一个风情万种的好王爷、好夫君，娄妃的生活也满是充溢了情趣与期待。然而，夫妻幸福指数还是随着宁王的野心膨胀与造反计划实施一路下跌了。

对于造反一事，宁王是坦诚的，没有瞒着娄妃，当然，他也没有瞒着满城人，他甚至没有瞒着朝廷，只是那皇帝忙着玩乐不拿正眼看他折腾就是了。

可是，皇帝不长心不代表娄妃不长心。

对于丈夫这个想法，娄妃从最开始就不同意，理由简直是太多了。

第一，君就是君，臣就是臣，君不好，作臣子的进谏便罢，造反则伤天害理，违反伦理道德；第二，造反的成功率极低，失败率太高，古来造反的人多了，都没有好下场，唯有明成祖老人家那条真龙例外；第三，造反的过程太痛苦了，天天吃饭睡觉都要提心吊胆，担心被发现、担心被举报，自己不好过不说，还要害得当地百姓生活困苦；第四，造反的后果会有多严重？一旦失败，身败名裂。主谋要被抓，全家全族都跟着"杀无赦"，要连累的其他人也是数不胜数……无论怎么想，娄妃都觉得王爷这下玩的有点大。

这一日，娄妃屏退左右，从大义角度温柔地给丈夫讲了一大堆的道理，都是她天天憋在心中劝丈夫不要造反的话。半响，神情复杂的朱宸濠才给出了这样的回复："爱妃呀，我造反还不是为了老婆孩子可以过上幸福生活！难道我们要一辈子困在这小城？难道我们的子孙要一辈子困在这小城？我要是当了皇帝，你就是皇后了，母仪天下，我们的孩子就是皇储！"娄妃听着，也"不知趣"地打断了丈夫的美梦："万一造反失败怎么办？老婆孩子是被杀还是被卖去当歌妓、当奴隶？"听到这，宁王也是绷不住了，"说什么晦气话？同样是真龙后代，我不配当皇帝，那糊涂皇帝就配么？"说完，就摔门而去了。

宁王生气了，娄妃很郁闷，倒不是因为她的男人对她发脾气了，而是因为她的男人真的走上了一条不归路。男人和女人最大的区别是：女人的成熟期是十八岁，男人则是八十岁，而即便是同一个年龄段，幼稚的男人也总是不愿意相信女人的思考和直觉，在那个年代，尤甚。

宁王气消后，娄妃又找时间和丈夫做了一场争论，双方各执一词，娄妃说一家人平安地在一起就是幸福，钱不需多，权也不需大；宁王说娄妃妇人之仁……最后，双方又是不欢而散。宁王仍是拂袖而去，娄妃则气得在床上躺了好些天。

或许，这本就是一场没有结果的谈判：小兔子在规劝狮子不要去吃老虎，当然会被驳回来！没做狮子的腹中餐，没领到一份休书就算不错了。若不是宁王对妻子感情深厚，恐怕都不能容忍她一次次地说晦气话！但容忍归容忍，二者终是说不拢的：一个疯狂地幻想着至高的权力，一个则极力阻拦，道不同，谋什么？

但是，在规劝丈夫的路上，娄妃并没有就此止步。特别是，正德五年（1510年）安化王朱寘鐇造反，分分钟让人给灭了，这更让娄妃悬心。她真怕丈夫就是下一个朱寘鐇。为此，娄妃的动员努力也是能做多大就做多大。

第九章　旌旗遮日战鼓响，鄱阳大战擒反王

她以大老婆的身份给朱宸濠的诸位小老婆们开家庭会议。会上，她动之以情，晓之以理地讲道义、讲问题的严重性，她要求她们以直言风、枕头风、各种风劝丈夫迷途知返。当然，这个工作是有点难度的。并不是所有女人都有娄妃的觉悟，她们也想享更多的荣华富贵，她们也想被人呼为娘娘，也想着一人得道、家里的鸡犬都跟着升天。不过，娄妃用了很妙的一招，她告诉她们："妹妹们的设想固然好，可一旦王爷变为皇上，不知道会瞬间冒出多少漂亮妹妹，也不知道我们这些开始年老色衰的女人们，会有多少要被冷落、被排挤打入冷宫……"这一招果然管用。但对这些女人们管用，不代表就对一条路要跑到黑的宁王管用。

宁王把所有老婆们的话，都当成了妇人见识。而在他的承诺与美好规划下，那些老婆们也一个个迅速倒戈了。

这样一来，娄妃的规劝力量就更显单薄了。但是，娄妃仍不妥协。女人们靠不住，她就去劝男人。她曾多次以国家大义的名义劝诫宁王身边的文官武将。至于劝说结果，也是早就注定了的。

娄妃毕竟只是一个小女人，不是搞政治的玩家，她不知道，这些人愿意跟着宁王造反，甚至怂恿宁王造反，是因为在他们心中，有平不了的欲壑。为了日后封官加爵，为了以后做更大的官，拿更多的好处，他们都不再是普通人了，而是觉得前方有肉的疯狂虎狼，这一切，又怎么是一个女人空讲"道义"就能拉得回的！

在这座南昌城里，拿性命与前程豪赌的男男女女太多了。

日子一天一天地过，一年一年地过，对丈夫近于绝望的娄妃还是没有放过任何一个让丈夫悬崖勒马的机会，她还题了那首流传至今的《采樵图》：

　　　　妇唤夫兮夫转听，采樵须是担头轻。
　　　　昨宵雨过苍苔滑，莫向苍苔险处行。

她以采樵中的危险切切地警告丈夫："老公啊，你老实点吧，造反很危险，真的很危险！"可是，朱宸濠的回答就是："你一个妇人家，又怎么知道本王

的凌云壮志呢！我要的是天下，天下！"

好吧。既然夫不肯以君为纲，为妻的至少还要以夫为纲！还要不离不弃！既然拦不住，也只好随他去罢。天要下雨，夫要造反，就随他去罢。像很多女人一样，娄妃也唯有平日里多做些善事，权当是为罪大恶极的丈夫积点德。

可以说，从朱宸濠开始筹划造反起，娄妃就没再睡过一个安稳觉。待宁王正式扯旗反了，娄妃更是精神极度衰弱。对于那个自愿烙上反贼烙印的丈夫，她揪心、闹心，而更多还是担心。细心照料着丈夫的饮食起居，她自己却是日益消瘦。

等到王阳明也来了，天下人都在骂"宁王造反了"，娄妃也认了。

鄱阳湖战火烧起，朱宸濠终于还是败了。虽然，如果没有半路杀出的王阳明，只凭那个荒唐皇帝朱厚照，谁输谁赢还真未尝可知。但是，没有如果，宁王酝酿了多年的造反计划还是被王阳明"秒杀"了。

鄱阳湖原本是平静而带着微风的，七月二十六日那天，它却被混乱、嘶喊声所淹没。湖水翻腾，一如娄妃那颗多年无法平静的心。

随着王阳明军队的支支"火箭"射来，朱宸濠船上从士兵到家眷都纷纷落水。在水与火的交融中，那些心怀鬼胎的谋士与武将死了，那些原本无辜的宁王家小死了，还有一个人选择了在这纷乱中庄严地结束自己的生命，她就是娄妃。

此刻，她有万语千言，却没法和丈夫说，丈夫还在忙着活命，还忙着做最后的挣扎，娄妃留下了她的西江绝笔：

画虎屠龙叹旧图，血书才了凤眼枯。
迄今十丈鄱湖水，流尽当年泪点无。

寄君这一曲，再不问曲终人聚散，再不问你过去未来。之后，娄妃用纸绳将自己全身缠得紧紧的，从容镇定地投身鄱阳湖，连一个"别妃"的机会都没给宁王。

第九章　旌旗遮日战鼓响，鄱阳大战擒反王

几十年为人妇，有过爱，有过埋怨，甚至到死仍是半为怨郎半思郎。犹记素年锦时，纸笺上走笔全是幸福誓言，说好的一辈子，差一分一秒都不是一辈子。可是，你要做俘虏了还是要被杀了？哪怕对于天下人而言，你就只是"熊样"，我都还是会牢记初见时你的潇洒模样！但是，我，不想成为战俘的妻子而被践踏，我，还是当年那个娄素珍。

鄱阳湖火花起时，忘川水若多一张船票，那个一心造反做皇帝的夫君会不会一起走，这都不重要了，愿来生再遇见吧！

大势小势都随水火而去了，朱宸濠被绑向王阳明，心情复杂的他难掩悲伤。他请求王阳明念在与娄妃师兄妹的情面上，找到娄妃的尸首，给予安葬。此时的朱宸濠鼻涕一把泪一把，他哭自己"大业"未成，更哭自己未听劝而遭灭亡，如今，娄妃已死，而自己又该向何处忏悔？

与项羽相比，朱宸濠的确算不上是英雄，但是，这份迟来的"别妃"心情却是与项羽当年"别姬"时一样的沉重。

娄妃的尸体被捞起，衣衫尽湿，面色从容却又如枯纸，发髻也被湖水冲散。弹落一身的灰尘，她如女神一样肃静平和，弱小的身躯却一身正气，宛如荷花出淤泥而不染。

肃然起敬的同时，王阳明也按当时的厚葬礼节给予其安葬。为表彰娄妃一生的大义、忠烈和贤德，王阳明还在南昌城边、赣江南岸修筑了一座娄妃墓。此后若干年，更有不少文人骚客在此题诗纪念。

那日，初嫁梳妆，娄素珍眼带笑意，自顾美丽；那年，宁王野心始膨胀，为日后败落埋下伏笔，夫君如此入错行，妻子又何尝不是嫁错郎；那日，光色被打捞起，半老美人卸妆，云开了结局。

那些以良知规劝丈夫的日日夜夜，一个女人拼尽了自己的全力。后世有人赞叹曰：

青丝莫挽奸雄气，红粉终留激烈身。

替想幽魂谁比洁，菱花镜里大江滨。

娄妃墓旁。王阳明抬头望着并不遥远的上饶方向：娄谅老先生啊，您若泉下有知，也该是释怀的吧，毕竟您还是将铮铮骨血传承给了孙女。

是的，如果娄妃这算是一种善终，那等待王阳明的结局又是什么呢？人生，每一天、每一步都在走向未知的结局。

第十章

国学大师VS"神猪"帝王

王阳明

荒唐开局：潜在对手是这样长成的

南昌，公堂。

宁王朱宸濠一身囚服地立在堂下。他是王爷，是正经的皇亲国戚，他不需要给王阳明这样的下官下跪，他甚至可以态度强硬地不交待什么，即便此刻他是罪人。

审判王爷，哪怕是个落魄的王爷，王阳明也还没有那个资格。他有本事逮住这样一位手握重兵的反王，却没有权力决定反王的命运，他能做的，只是先搜集罪证，做些简单问讯，记些笔录，然后等待朝廷的安排。他要等待朝廷通知：什么时候将宁王等一干逆贼送去南京相关部门。在大明的"陪都"南京，有专门审判反王的军事法庭。

也因此，面对其实"无权又无势"的王阳明，朱宸濠仍是骄横十足。当然，朱宸濠的高傲姿态，一半是他出身帝王家的高贵气质使然，另一半则被他用来掩饰自作孽、从高处摔落下的慌乱。

瞪着王阳明，朱宸濠在堂上哇哇大叫："要不是你，我早就坐上皇位了！你个有蛮力无水准的家伙，别以为我就真的会服你。真想不通，我不好，却怎么也比那小儿皇帝朱厚照强上百倍。给这样的人干活，你就那么开心么？天下交给这样的人祸害，你们就满意了么？"

几句话骂下来，王阳明已是感觉到背后冒了一股股凉气。南方盛夏时节，他会有这样的生理反应，并不是因为惧怕宁王的高威，也不是觉得宁王说得有理或没理。而是，他听到了劈头盖脸的三个字：朱厚照。

那真是一个让人崩溃的名字，虽然在世之人没有几个敢直呼这名字。但这名字和它的使用者，却足以让人不寒而栗。

想当年，十五岁的朱厚照一登基，就在"八虎"玩伴的陪同下将朝廷掀了个底朝天：眼看着刘健、谢迁这样的顾命大臣被赶走；眼看着戴铣、王阳明这样忠心耿耿的大小角色死的死，被放逐的被放逐，朱厚照就像看了一场烟火表演一样开心。这期间，他唯一放的响屁，就是在刘瑾等"八虎"命垂一线之际，"英明义气"地救了刘瑾等人一把……伤纲纪、伤风气、伤人，外加伤心，是这位皇帝上任后送给百官和百姓的第一份大礼。

而说起天下人将"朱厚照"当成传闻焦点，更是从他横空出世时便开始了。虽然更多人听闻的只是表象，而不是内幕。

当年，因为朱祐樘的正牌老婆张氏肚子总是不见动静，各怀心事的大臣们便都客串红娘上瘾，纷纷上疏要皇帝纳妃。周旋其中，朱祐樘也苦不堪言。终于，朱祐樘的世界在弘治四年（1491年）的一个秋日安静了下来，且喜庆了起来。

就在那天，没有任何征兆地，一个消息从天而降：张皇后生产了，生了一个分量十足的大胖小子！孩子的八字也是喜气十足：亥年戌月酉日申时。

听到这个消息，朱祐樘自是乐开了花。从此，他再不怕辜负老婆了，他再不怕对不起天下人和列祖列宗了，大明皇位终于有接班人了！当天，就有一道喜庆的圣旨传下去："普天同庆。"

皇后生了儿子，全民齐欢乐这是极热闹的。但是，风言风语也紧跟着来了，从朝堂到民间，都可以听到这样的私下议论："都没听过皇后怀孕的消息，怎么就突然冒出个儿子呢？""听说孩子长得既不像爸爸，也不像妈妈。""该不会是抱养的吧！""这种事不敢乱讲，会杀头的！"……

那段时间，连远在浙江老家温习功课准备考举人的王阳明，耳朵里飘来的都是这种八卦新闻。

朱祐樘可不管这些。他听不到，也不在意，或者说，他心里有数，他乐意。连续数日，朱祐樘都忙着给儿子起名字，立儿子为太子，走流程：既是"火"字辈的皇子，就叫"照"吧，像太阳一样普照四方，给万民带来光与热；既是储君，就该让他接受最好的教育，未来才能成为一个好皇帝。那时的朱祐樘，完全沉浸在初为人父的喜悦中,他满眼都是这个胖嘟嘟的小生命。特别是回想起自己小时被雪藏深宫六年,像个猿人一样地过活。朱祐樘决定,要给儿子缔造一个最温馨、最美好的未来。

有祝福,也有质疑,小朱厚照一天天成长,他开始会说话,会走路,他时而乖巧、时而淘气,除了身份尊贵之外,倒也还看不出与其他孩子有什么区别。当时,大臣马文升还向皇帝朱祐樘进言:太子的幼儿教育非常重要,应该让他从小就远离所有可能丧志的娱乐活动,应该让他在健康零污染的视听环境中成长,应该从小就培养他圣贤之道。

这个听起来十分美好的进言,朱祐樘采纳了。毕竟,马文升所描绘的是一个未来帝王最理想的成长环境。对儿子好的事,何乐而不为呢?

不过,在安排好了儿子的成长计划后,朱祐樘便又投身于紧张繁忙的朝务处理当中:起得比鸡早,睡得比狗晚,每天不能缺席地出现在朝堂之上,精心呵护着他和重臣们一手打造起的"弘治中兴"。

工作太忙,让这位皇帝父亲忽略了儿子的成长。不知道从哪天起,儿子变得厌倦读书,像个多动症患儿一样,还喜欢把骑马射箭当主课……这孩子是幼时被看得太严,长大叛逆?还是有别的原因?

朱祐樘百思不得其解:想来,儿子有天下最好的老师进行教育,还有宫女们精心伺候起居,若是闷了,还有一群忠心的大太监陪哄,到底他是哪里出了问题?在他看来,或许是孩子还小,长大些自会好起来!一本本地翻阅着大臣们的上疏建议,只要是为儿子好的努力,当爹的都愿意做。

太子的成长还是日益超乎了帝王和百官的想象,朱厚照渐渐又迷上了斗鸡、斗狗、斗蛐蛐,甚至还会上房揭瓦!可是,皇帝和百官仍是为国事忙得要死,也只能是嘱咐大太监们劝着点,再盯紧点,注意太子人身安全。

所以,从某种意义来讲,朱厚照就是"八虎"那八个太监主力带大的。

这,同时也暴露另一个不得不承认的事实:朱厚照会变"坏",他的父母责任也不小。

作为父母,当爹的整日忙于国事,当妈的又整日忙于处理后宫琐事。他们没能给孩子更多的陪伴,才让有目的者乘虚而入。另外,朱祐樘和张氏也犯了天下父母都会犯的错误：因为爱，所以盲目；因为爱，所以纵容。这对皇家夫妇平时自己带头省吃俭用，还全国上下奉行节俭，但他们却默认让儿子吃最好的、穿最好的、用最好的。他们只觉得小孩子不能委屈着，却没想到当小孩子长成大孩子时，他已经习惯了锦衣玉食的生活。这种奢华，连同他的奴才们都跟着习惯了。

不知不觉中，在朱厚照身边，一张贪婪的欲望之网，越织越大。

就在朱祐樘还没找到教育错在哪个环节时，这位皇帝就先撒手人寰了，累死了。留下一代人苦心经营十余年的大明江山，和一个已经发展到无法无天的少年接班人——朱厚照。

先皇去了，留下一根至高的权杖。这根权杖，倒并没有什么阁老、大员想抢，因为他们都是朱祐樘一手调教出来的忠臣。但人们万万也想不到的是，刘瑾一个宦官来抢了。这其中理由很复杂，却也简单：即便天下都是先皇的人，他刘瑾不是。他是"八虎"集团的首领，他要为自己代言。他要让新皇帝成为自己的人。事实上，新皇早已经逃不出他的手掌了。

且不说别人如何盘算，此时的朱厚照却是如获新生：慈父走了，带走了他的管教；母亲就是一个深宫美人，喜欢躲在后宫，回忆父亲。这一下，朱厚照要做所有之前想做不敢做、想做没法做的事：他要尽情泡妞，他要尽情玩耍，他要舞枪弄棒。他还要将大权交给刘瑾这样的心腹。因为只有这样，才没人能阻碍他自由地飞翔。

"谁说我朱厚照没心没肺就知道玩儿？其实我比谁都聪明。我的玩耍帝国，我做主！什么法度、礼制都见鬼去吧。自由、及时行乐才是王道！"

这就是朱厚照的另类成长史。他十五岁之前的人生，就已经很爱玩、很叛逆，但毕竟没对别人造成过什么直接影响和伤害。况且，那之前，他也就真的只是个人格、观念、心志都不健全的孩子，皇帝的孩子。

可惜的是，也仅是十五岁之前。但凡参与过朱厚照十五岁后天子人生的正常人，都会有一种深切的战栗感：一种对天子疯狂行为的恐慌，一种爱莫能助的战栗。

是啊，哪个好皇帝会像朱厚照一样？任用宦官驱逐忠臣、不勤政务、甘愿

第十章 国学大师VS"神猪"帝王

做个超级玩家!放着好好的宫殿不住,非要长年住什么豹房!还非要弄什么肉林酒池!这不是向昏君看齐么!

看着朱宸濠还在堂下越骂越起劲,王阳明心中也是一阵澎湃:有一点或许没错,像天子朱厚照这样荒唐人物,的确不适合号令天下。但是,像宁王朱宸濠这样一个满是私欲、为上位搞得民不聊生的人就适合么?更不适合!

真是好乱的一盘天下局!真是好乱的世道人心。

命人押下了情绪激动的朱宸濠,王阳明回房静坐。他在想一个没有答案的答案。

不得不说,此时的王阳明,或许是在龙场山洞中关了太久,或许是在外带兵太久,他不但对政治的敏感度不高,对天子的秉性了解也不够深刻。不过没关系,因为他马上就要亲自领教了!

第一回合:天上掉下个威武大将军

与叛军的战事总算了了。本以为柳暗花明的王阳明和其"平叛义军"刚从战场上流血凯旋,却不觉已被另一只巨手推向了万丈深渊。这只手,便是宁王朱宸濠口中骂骂咧咧的"小儿皇帝朱厚照"。

正德十四年(1519年)八月,"威武大将军镇国公总兵官朱寿"从天而降,就如同当年朱厚照莫名出生一样。虽然这之前也确有预兆,但这位朱将军来势汹汹,还是杀了王阳明和大明王朝一个措手不及。

朱寿将军?何方神圣?也是学朱宸濠造反的么?非也!朱寿乃当朝皇帝是也!可是,当朝皇帝不是朱厚照么?难道他退位了?驾崩了?非也!皇帝仍是朱厚照,他不但没有遭遇不测,而且玩得正高兴。

其实,朱厚照用"大将军"之名已经有一段时间了。早在正德十二三年(1517~1518年)光景,他就不再喜欢"陛下"、"皇上"这些称谓了,而是扯起了"威武大将军"旗号。

他以"大将军"自称,他的住所也都被称为"将军府",他还给自己发"大将军"的俸禄。常常,他游玩、"战斗"归来,也是以这个身份接受百官欢迎。当然,大家愿意配合他演戏、走过场,却不代表着他这个"大将军"的身份就得到官方认可了。仅是为了认证这个名号,朱厚照就把内阁大臣逼到哭天抹泪。当然,最后也往往是不了了之了。

一直以来,那些官员、特别是苦读书发迹的文官们都想不通:为什么天子放着好好的皇帝不当,非要拉低身份当将军!皇帝将自己封为将军,这让已故的太上皇情何以堪!难道他们都成了"老将军"?况且,皇帝常以"大将军"的身份发令,这又让百官、百姓以怎样的身份和心境去应对!这真是难为鬼,也难为人啊!

大臣疑虑,朱厚照本人也是满腹委屈:当将军有什么不好?振臂一呼,威震四方!还能保家卫国。况且,至于皇帝这份工作,自己不也还在兼职么,也没说就不干呀!为什么总有那么一大批官员喜欢用什么"礼教"来束缚自己,干涉自己!做个皇帝咋就这么难呢?

一直以来,官员们都没有深入了解过,其实,朱厚照的本质并没有那么坏。他只是不想当被困在笼子里的金龙,他想逃逸、想挣脱,他叛逆、他恋武,他只是一个跑得太远、又无人劝得回的孩子。当然,朱厚照也不知道,其实大臣们对他的要求也不高,没要求他必须勤政,只要他能好好待在皇宫里,扮演一个不太离谱的皇帝就行了。

或者,他们都是隐隐地知道,只是都不愿意面对,也没人想退步。双方关系就这样一直僵持着,天子玩自己的,百官哭自己的。互不干涉,也干涉不了。

然而,堂堂天子,将世间最高贵的天子头衔放一边,当将军不够,还要当镇国公,这已属荒谬。不想这荒谬后面却还跟着另一个更大的荒谬:也就是在正德十四年(1519年)八月,朱厚照率大兵南下,亲征宁王朱宸濠!

早在六月,王阳明就陆续上呈《飞报宁王谋反疏》和《再报宁王谋反疏》,尽管这中间存在一点时间差,宁王造反的消息还是很快送到了北京。一时,京城也是人心惶惶,以内阁为首的主要官员纷纷聚集,加班加点商议对策。

但是，朱厚照的反应却是出乎所有人预料：他比所有人都开心。

有藩王持重兵造反了，皇帝却开心。朱厚照，你缺心眼啊？

其实，对朱厚照来说，谁造反都无所谓，他等的只是一个机会，一个可以让他名正言顺带兵出远门玩耍的机会，这一天，朱厚照从登基就开始等，一直等了十几年。

原本，爱玩就是朱厚照的天性，但在所有玩意中，他也有最爱，就是最爱玩"武"：爱玩兵器、爱戎马生活，想当一个"武功"英雄，玩国家军队。不过朱厚照能将这些理想付诸于实践，还亏得他身边的几个红人：钱宁、张忠、许泰、江彬。

还在朱厚照即位初期，他便天天腻在一个由金钱、美女、肉林、酒池、新鲜玩意堆砌成的享乐窝——"豹房"。这是献媚者专门为他建造的行宫。整日沉浸其中，朱厚照不爱回宫也不愿上朝。

不过，论起豹房中最受朱厚照待见的，倒也并非是哪个绝色美人，而是一个叫钱宁的太监。说"钱宁侍寝"是有些露骨，但确实白白净净的钱宁常年都和皇帝吃睡玩在一起。有时候日上三竿，人们还不见皇帝，但只要看见钱宁起来了，就知道皇帝也要起来了。刘瑾倒台后，钱宁钻了空子成为皇帝身边最亲近的人，他是豹房的主管，也是为皇帝牵线的人。

为迎合皇帝好武、好战、痴迷前线战事的爱好，钱宁还曾刻意将一个边将引荐给了皇上。这或许是让钱宁后悔终身的决定吧。钱宁所引荐的那个人，叫江彬。据说，江彬十分勇猛，在一次战斗中，他曾身中三箭，其中一箭还直接射穿面部，江彬却只是用手将箭拔出，又继续参加战斗。

传言本就听得人激动，不想，江彬本人却更是让朱厚照耳目一新：身材魁梧，肌肉感十足，胡子拉碴，脸上还带着箭疤……是与小白脸钱宁完全不同类型的猛男！皇帝对其一见倾心，有仰慕英雄之心，还有春心！

之后，江彬更是连说带比划地给朱厚照讲述了奇妙的武侠世界、前线风云：那里有兵法，战术，军队，厮杀，有千钧一发的紧迫，也有凯旋归来的荣光。皇帝听得眼冒金光，日夜拉着江彬不放手。

再之后，朱厚照亲自与老虎比武切磋，差点丢了性命时，也是江彬打虎救驾。从此，朱厚照对江彬的器重便一发不可收拾，给他信任，给他大权，给他重兵……

至于皇帝身边的另两个红人张忠、许泰，也都是有"一技之长"的角色。太监张忠善于钻营，不但知道皇帝下一刻想要什么，就连皇帝下辈子想做的事都能算出来；而许泰，也做过边将，更牛气的是，他还是武状元出身，身手相当了得。

这四个人长期和朱厚照厮混在豹房里，他们是皇帝的侍从、将军、干儿子，也是皇帝的枕边人。虽然四个人之间关系微妙，但朱厚照这个共同的男人又将他们的利益紧紧联系在一起。四个人沆瀣一气，在生活上、思想上各种诱导朱厚照，其最终目的都是为了打着朱厚照的旗号为非作歹，实现一己私欲。

对于这四个"搅屎棍"，大臣们当然没少弹劾，结果也都是无能为力。鉴于这四个人还没造成当年"八虎"的恶劣影响，至少还没有"开刀"打官员，大臣们也只好暂且睁一只眼闭一只眼。

回过头再来看朱厚照的"武功"梦、兵戎情结，他也真的不是空想，而是动真格的，特别是在有了江彬、许泰这样的专业人士力挺之后。

正德十二年（1517年），朱厚照再也忍受不了元朝余孽、蒙古鞑靼部落小王子的屡屡进犯，他在未经大臣们同意的情况下，就亲自带兵迎战，结果耗时几个月，还真的赢了，取得了整个十六世纪大明与蒙古军作战中的唯一一次胜利。但是，在这场所谓的"应州之捷"中，明军的死伤代价却是蒙古军的数倍。所以，不管是大臣们还是史官，都不愿意也不好意思承认这场胜仗。

只有朱厚照从中战出了信心，战出了勇气，还战上了瘾。

朱厚照的这颗心，天下人不懂，四个"搅屎棍"却懂。所以在收到宁王造反的准确消息时，除了钱宁收人钱最多、实在嘴短，还在为宁王狡辩之外，其他三个都是在第一时间撺鼓皇帝亲征。他们的理由也很有说服力：这是陛下您大展宏图的机会啊，史书会给您记上重重的一功，您会风光百世的；宁王是个有钱的主儿，他都有钱造反，宁王府一定有着不少的稀世宝贝，去晚了可都让别人得了；最重要的是，您正好可以借着亲征的机会南巡啊！

他们果然是懂朱厚照的。南巡？还是以亲征的名义！那可是朱厚照多年来迫切渴望实现的另一个美梦。

朱厚照早就玩烦了北方,像北京、宣府、大同这些北方地区他都玩腻了,他想去南方,特别是传说中的那"江南好,风景旧曾谙。日出江花红胜火,春来江水绿如蓝,能不忆江南"的江南。可是,他的这个想法动了多少次,就被大臣们泼了多少次冷水。

大臣们没法不担心:皇帝在北方折腾也就罢了,江南可是大明的经济文化中心,若朱厚照带他身边的怂恿者往南走,还不得像当年的隋炀帝南巡啊。这不管是对沿途百姓,还是大明财力都是很大的冲击。再者,要是皇帝的龙舟在江南哪段水运搁浅了,有个三长两短,大明江山岂不是无主了!

不行,绝对不行!

所以,在正德十四年(1519 年)三、四月份,朱厚照想要南行时,北京朝廷就大闹过一场了。那次,朱厚照嚷着要南下,朝中但凡有点良心、骨气的文武百官都上了疏,他们从天文、地理、迷信、现实、军事等种种角度进行阻谏,他们甚至说南方不好玩,请求皇帝留在北方找乐子就是了。

说起来,那次群臣的反应着实是让朱厚照憋屈到家了:"拿我当小孩吓唬啊,你们怎么不说南方有黑熊、大马猴,会出来吃我啊?凭什么你们出差、度假去得,独我去不得?"他也一改往日对群臣嬉皮笑脸的态度,直接翻脸。皇帝翻脸了,江彬等人的处理方式就更加胆大了:罚一百多官员长跪午门,大规模地打劝谏官员的屁股,还闹出了十几条人命。

这是朱厚照在位期间的第二次大打官员屁股了,上一次还是在即位之初,为"八虎"之事。面对着此次的死伤结果,朱厚照最终还是让了步。毕竟,是他自己师出无名在先。毕竟,朱厚照还是一个"讲义气"之人,那么血腥的场面,也是他不愿意看到的。因此,往南走,更成了朱厚照心中的一个难圆之梦、难咽之梗。

现如今,宁王造反了,朱厚照总算是逮住了个理由可以往南走了。又能亲征,又能南巡,他心里,不知道有多感激王叔朱宸濠。

起初,百官仍是横拦着、竖挡着,宁可被打死也不放皇帝走的架势:"宁王叛乱,只要派个有军事才能的人去就可以了,再说王阳明也能在那顶一段时间，没必要皇帝亲自南行！得不偿失！"若像往次，朱厚照也只能气的干瞪眼，或是野蛮地打屁股。但是这次不一样，他有"杀手锏"。

很快，皇帝就出招让百官默默转变了态度：早在明宣德年间，汉王朱高煦造反，正是宣德皇帝朱瞻基御驾亲征，才让汉王闻风丧胆，立即缴械投降。

"对付反王，就要亲征才管用！你们是不想让我向祖宗看齐啊！还是想看着大明江山断送啊！"朱厚照丢下几句不软不硬的话，便穿起自己的"大将军服"，兴冲冲地去校场誓师去了。

又是那个校场，铺张奢靡得"雕弓豹鞲骑白马"，如今又是"西内树旗，皇介夜驰"。鸣炮烈火中，"镇国公、大将军"迈出了亲征加南巡的"贵足"。王阳明也因此正面迎来自己生命中最特殊、也是最难缠的大敌——天子朱厚照。

第二回合：英雄大咖也有寂寥时

南昌城。王阳明有一个问题始终没想通：自己七月就抓获了朱宸濠本尊连同和他一起叛乱的人，为什么皇帝八月份还在"亲征反王"？是自己的讯息没传达到位？可明明自己的《江西捷音疏》和《擒获宸濠捷音疏》，都是加急送过去的啊！而且自己还抄送了备份给北京朝廷。

为什么？

四十多年的人生路，王阳明出入佛、道、儒，上过山、下过水，什么怪事什么怪人没遇到过？他自己作战也常是靠"出奇"制胜。论了解人的心理，天下还有比心学大师更能懂人心的么？可是面对这位不走寻常路的皇帝，王阳明却茫然了！

遭遇如此天子，王阳明猜不到真相，也只能等着真相一点点被揭发。

连续数日，大明朝由北向南的官道上，快马跑瘦了一匹又一匹。北京、南昌沿途各地都在飞报着亲征大军的行程进度，以及亲征"大将军"皇帝本人的荒唐事。

听说当朝皇帝钟爱处女，为了让家中女孩子们免受祸害，扬州瞬间兴起了嫁女风。开始还是讲究些门当户对，当皇帝的脚步越来越近，做父母兄长的干脆上街抢男人，不分高矮美丑、不论贫富、甚至不介意是否有残疾，拉回去就与女儿成亲，一时搞得有家室的男人们都不敢出门。后来，又听说这位皇帝对有夫之妇、寡妇甚至孕妇都十分喜好，扬州的妇女们没法，只好收拾东西仓皇出逃。

作为一国之君，本该是爱民如子，却把百姓逼到如此地步。朝臣欲哭无泪，只能让劝归的奏折一封封无力地追着皇上跑。

与之相应的运河官道上，一大支船队正浩浩荡荡地向南面挺进：船上人品着珍馐美味，欣赏着精心安排的北调南腔，怀搂着不同地域风情的绝色美女、美男，审阅着新进献来的奇珍异宝……若不是船上的战旗飞扬，若不是随从都明盔亮甲，谁会相信这是要征讨反王？这明显是一次华丽的旅行，一幅生动的大明版"携蝗大嚼图"。

踏上南方地界，想着"骑马倚斜桥，满楼红袖招。翠屏金屈曲，醉入花丛宿"的美妙画面，朱厚照就乐不可支；享受着可以大张旗鼓抢功、抢钱、抢女人的快感，朱厚照的随军人等也是乐不可支。

运河水色悠悠宜人，像是飘飘荡荡的碧玉带，被它牵引的大江南北却是少有欢乐多有愁。

此时的王阳明，还在南昌忙着处理宁王叛乱的后期工作：安抚民心、鼓励生产、建设军队、请示曾被宁王胁迫官员的处置情况，打发迟来支援的福建、广州的士兵返回，一切都做得有条不紊。只是当朝皇帝"南巡"这件事，实在是让他的圣心难平复：是不是皇帝还没有收到已经平定宁王叛乱的奏折？是不是南巡大军不知道沿途的危险？

八月十七日，在稍事平复了心情之后，王阳明决定写《请止亲征疏》给皇帝。在上疏中，他再次发挥了自己善于写信的特长，诚恳地请求皇帝停止亲征，并从方方面面论证自己的理论。

首先，王阳明回顾了宁王起兵造反时的危急情况。当时，宁王篡夺了江西多个地区的兵权，南京朝廷在江西各地张榜：谁能组织起义军平定叛乱，日后可以拜为侯爵之位；敌人中若能有人迷途知返，帮助朝廷平叛，也可将功补过。王阳明也借此表明自己临危受命，是当时南京守备通过兵部向皇帝申请过的。

第二，在听到皇帝说"宁王罪大恶极要御驾亲征时"，王阳明又将宁王叛乱的前后经过捋了一遍，他认为这其中存在着时间差：自己在六月最初上书汇报宁王叛乱后，就已经开始调兵，委任军官，征讨宁王。到了七月二十六日，自己已经生擒了宁王和他的贼党，并上呈了捷音疏。所以可能皇上在下达亲征的命令时还没有收到自己的平叛捷音疏。

第三，王阳明几乎是以告诫口吻向皇帝和随行人员传达：经过自己的调查，他认为宁王平日能够作威作福，气焰嚣张，致使以前那些弹劾宁王造反的上疏都被阻拦，一定是宁王的细作已经安插到了京城，甚至皇帝身边。而宁王在刚开始叛乱时，也料定了皇帝会亲征，所以早就在沿途埋伏下奸党，打算效仿荆轲刺秦王。

同时，王阳明也不忘诚恳地在上疏中写道："臣一念忠愤，誓不与贼共生；而迂疏薄劣之才，实亦何能办此？是皆祖宗在天之灵，我皇上圣武之懋昭，本兵谋略之素定，官属协力，士卒用命所致。"

最后，王阳明还表示，宁王抓住了，按法规应该把宁王送到奉天门正法。他承诺，自己将会在九月十一日亲自带人将宁王朱宸濠和重要从犯押到奉天门，尽到一个臣子的本分，彰显陛下的圣明。

应当说，这是一份相当有水准的请止疏，王阳明提醒了皇帝"宁王已被擒"的事实，在表示自己已上疏多次汇报此事之外，他又重述了整个平叛的经过。不止如此，他运用了讲道理、拍马屁、吓唬等各种攻心战术，目的只有一个：皇帝您回吧！

按理，收到这样的上疏，皇帝也应该打道回京了。可惜，朱厚照却不知从哪里来的免疫力，要赖也要往南走。这位皇帝就是有这样的自动屏蔽功能：坏话听，好话不听。

更令王阳明想不到的是，他的上疏已经让皇帝及皇帝身边的小人们反感了：

回去？江南玩得正尽兴为什么要回去？战功还没抢到为什么要回去？

皇帝南巡的脚步还在继续，对沿途的杀伤力还在继续。

又是南昌城，王阳明闭门静坐，他开始更为认真地思考皇帝亲征这件事，并试图找到这奇怪的表象背后的玄机和解决问题的方法：这位皇帝荒唐爱玩、偏僻乖张，这是天下皆知的。仔细分析皇帝亲征沿途的所作所为，大军虽然打着"诛反王"的旗号亲征，路上却并不着急，只知玩耍，看来他们真的是借着诛反王的名义来玩的！游玩加上玩军队！

想到这里，王阳明已经出了一身冷汗！

要不怎么说，朱厚照这位极品皇帝堪称"史上最另类"。别人的心思靠合理推测，他的心思就需要人天马行空地发挥想象。当然，这也是因为王阳明在朱厚照登基早期就被贬谪龙场，后又忙着宣传自己的圣学，忙着剿匪平叛，以至于缺乏对皇帝的了解，这么晚才意识到皇帝亲征的目的就是南巡。

"但只要我早日把宁王朱宸濠送到皇帝手上，亲征军没有了继续前行的理由，应该就可以班师回京了吧！"王阳明打定主意，便不敢有片刻耽误，立即挑了些官员和士兵做随从，亲自押解朱宸濠去会朱厚照了。

"这个王阳明也真是不识趣啊！你把俘虏献上，我们还有什么亲征功劳可言了！况且，草草回京，我们还能捞到什么油水？真是败兴又败财的一号人物。"不知哪里的一阵窸窣耳语。

再之后，才行到江西上饶的王阳明就收到了一纸公文。公文是"钦差提督军务御马监"张忠发来的，张忠不但态度轻蔑地诋毁王阳明，批评他不好好留守南昌作战后安抚工作、擅自离守，还明令要求王阳明原路返回，等待皇帝亲征反王。

不只如此，张忠还派人追上不肯返回的王阳明，下了一道十分具体的命令给他："停止献俘，把宁王带回去，放回鄱阳湖，等皇帝亲自再抓一回。"

更可怕的是，这些都是经过皇帝同意的旨意。

这个荒唐的命令让王阳明愣了足足有一炷香的时间：这样也可以吗？简直是荒天下之大谬啊！从皇帝到皇帝的身边人，人的良知怎么能被私欲蒙蔽得如此厉害？人们的心中贼真是可怕。人做得久了，王阳明开始觉得还是贵州山区的野兽比较可爱。

心肝脾肺肾都跟着高烧！

反复读着公文上的字，仿佛那不是字，而是一只只蚂蚁，一个个黑子，王阳明踉跄地回到座位上坐好。他的世界，颠覆了！

回想人生中最初接触博弈。那时，王阳明还很小，在余姚老家，他和小朋友们整日痴迷于象棋，每一个棋子、每一步行棋的微妙都让他们着迷。他们好奇：小小的棋局，怎么藏着那么多玄机呢。每一个棋子，走法不同，结局就不同。那时，父母认为小阳明玩物丧志，还到河边将他下棋的棋盘、棋子一起扔进了河里。小阳明哭得很伤心，仿佛丢掉的不是棋子、棋盘，而是他的千军万马和整个战场。那是王阳明记忆深刻的一次哭，不是哭鼻子、不是哭泣，而是哭棋：

象棋在手乐悠悠，苦被严亲一旦丢。
兵卒堕河皆不救，将军溺水一齐休。
马行千里随波去，士入三川逐浪流。
炮声一响天地震，象若心头为人揪。

小阳明这不是在作诗，他是在发誓：发誓要变得强大，强大到足以控局，强大到足以保护自己的一兵一卒。

时隔多年，在人生的战场上，与爱玩皇帝朱厚照和他身边人对弈，下"霸王棋"，王阳明有一种久违的无助和迷茫，不是像曾经被刘瑾打时的英勇无畏，倒像是小时候被端了棋盘，鼻子酸酸的。但是，当初的信念没有变：一定要保住自己的将士和兵卒，一定不能就此放弃。

闭上眼睛，天下大局又都回到了心中。观局久久不语，之后，王阳明缓缓睁开眼睛，做了一个决定。他要找一个可以扭转这战局的人，来帮助自己和江西百姓。

不能言败！哪怕自己也只是这天下政治棋局中的一颗棋子。

第三回合：争取良知太监来助阵

正德十四年（1519 年）九月，王阳明没有听从皇帝方面的意思回江西，而是押着朱宸濠取道来了杭州。

江南忆，最忆是杭州。山外青山楼外楼，西湖歌舞几时休。尽管江西省闹得昏天暗地，杭州还是一如既往的湖光山色，晴方潋滟。

是不是，有一天大明江山亡了，这山、这水、这娱乐声还是会绵延下去？或许，不是草木无情，山川冷漠，它们只是看多了岁月流转，看多了变迁，又无法左右，便习惯了。

可是，山水自转，王阳明却要去扭转现状。就算是不一定能改变历史，他也要拼尽全力。只为对得起国家，对得起自己的良心。

回到故园，王阳明没心思赏山观水、走亲探友，他几乎未换衣洗漱，便直奔一个人的行馆。这个人叫张永。

张永不是什么巡抚大员，倒是皇帝身边一个极为重要的老太监，张永还有另一个身份，就是当年的"八虎"成员。与其他"七虎"不同，他倒算是一个颇有正义感的太监，特别是在扳倒刘瑾的过程中还发挥了极大作用。应该说，这个太监救过大明王朝。他就是王阳明特意前来拜会的"救星"。

此次朱厚照"亲征"南巡，张永也是随行者之一。此时，张永正率领着一支小部队作为亲征先行军在杭州待命。

找张永，王阳明决定为了天下苍生来赌一赌。

很多时候，只要你愿意走，路的尽头，仍然是路。

意料之中，在这里，王阳明遭遇了张永的闭门谢客。

王阳明倒是没有计较这种待遇，为国为民，他早已将个人的荣辱抛在身外了。小太监们在下逐客令，王阳明干脆在院子里大喊："张公公，我知道您就在房里没有外出，也知道您老的身子骨健康得很，我王守仁有难您可以不管，可是您不能置天下苍生安危于不顾，今日，王守仁代天下苍生来求您。"王阳明说着，已破门而入，把张永吓得茶杯都掉在了地上。

在屋却说不在屋,这个谎言被戳穿,张永倒是不尴尬。但是,他紧张:"王阳明现在可是个敏感人物,皇帝身边的红人除了远在京城的兵部尚书王琼之外,哪个不把他视为眼中钉、肉中刺?他这会儿不老实在江西安排皇帝捉宁王的事宜,突然跑自己这里来干什么?"张永还没回过神,王阳明已经一屁股坐在他对面了。

此时的王阳明,已经是四十有八,长期劳累加上匆忙赶路让他更显清瘦。这些年,王阳明又是讲学又是抓贼,混得在全国都有影响力。此时的他,早已经不是当年那个被刘瑾脱了衣服打屁股的盛气凌人的青年了,而是饱经沧桑后的成熟。也许是因为瘦,他那双家族式细目更显炯炯有神;他身上,还有那么一股子让心虚人感到战栗的正义感。

没什么客套,王阳明开门见山说明了来意:"张公公,我知道您是个有良知的人,是个黑白分明的人,更是个为当今圣上着想的人。现在请您劝说圣上回京师。"

这么突然的要求,又这么夸张的要求,张永当然不会同意。作为一个老油条,他决定插科打诨:"哎哟,王大人这可是抬举我了,我哪有什么良知啊,这年头,良知值几个钱啊。而且什么是良知我也不知道。我只知道,以前我和刘瑾一起,现在我和江彬、许泰这些人一起,不知道的谁不说我们是一路货色啊?人前人后也不知遭朝廷百官和这全国百姓多少诅咒呢。"张永如此回绝。但是,对于王阳明接下来所陈述的几个理由,他却是被深深触动了。

王阳明说:第一,圣上亲征,目的是为了收服宁王,如今宁王已经五花大绑在门外了,他的手下也都成不了气候,余匪也清了,这个理由不再成立了;第二,圣上一路向南,给沿途的城乡和百姓都带来了不少的伤害,这都是因为圣上身边有一些小人在作怪,他们打着亲征的旗号,烧杀抢掠惹得民怨不断,这一切骂名最终都得皇上来背黑锅;第三,一国之君长期在外,江山社稷谁来关照,在这并不太平的年代,这不是给那些窥伺大明江山的人以可乘之机吗?若是皇上在这个途中出现意外,责任又由谁来负?第四,江南虽然富庶,却经不起这样兴师动众、劳民伤财的折腾,"亲征"对国家的整体发展很不利。而圣上接下来还要去江西,江西多年来是匪寇流行,又有宁王作乱,江西的百姓已经如剥了几层皮了。好不容易一切都平息了，若再有意外伤害，这不是逼当地的百姓造反或是让他们再入山为贼么？

张永的表情复杂地扭曲着，他被触动，却不代表他打算趟这浑水。半天，张永才提着公鸭嗓子叹息道："当时皇上要出来，我就不大同意，可是有什么办法呢？那么多重臣苦劝也没有用，可能你还不知道，上次，为了拦着圣上南巡，在京城就打死打伤了好些个阻拦的官员，那叫个惨哟。"张永说着，不觉浑身打了个冷战，仿佛又回到了那些劝谏官被打死的场景。

接着，张永又叹气道："天下谁人不知，咱们皇上从小就爱玩。走了个作死的刘瑾，他身边这些年又多了几个不知深浅的玩意儿，那几个人天天撺掇着皇上四处玩，玩得大了，就不可收拾了。王大人你说这些个后果啊，不少也是我担心的，这也是我豁出这一把老骨头提出来的理由。可是这么大的事，那么多个大臣都管不了，我一个太监能管什么用啊？我也只能尽全力跟着、在生活上尽己所能照料皇上罢了。我老了，再过几年恐怕连照顾小祖宗都不能够了！"

张永说着，竟是伤神起自己来了。当然，身为"提督赞画机密军务太监"，以张永的资历，他本犯不上跟王阳明这个后辈小官哭诉自己的晚年。况且，他应该是可以善终的。张永如此，只是想强调：第一，我与江彬那些人立场是不同的，我是有原则的；第二，劝皇帝回京这个事，我管不了，心有余而力不足！你找别人吧！

不过，王阳明既然来了，就是早对张永做过人性和能力评估的。几句话下来，王阳明更加确定：自己真的是找对人了！之后，二人又是一番大小道理，你来我往，讲述各自的难处。

王阳明虽是在剿匪和平叛上都屡立功劳，但是面对着这个为大明除过刘瑾的老太监，他仍是表现出了一脸虔诚与恭敬。为了请动张永，他更是真诚、溜须一齐来："张公公，谁不知道您是皇上身边资历最老、说话最有分量、影响又最大的红人。您与谁都不争，谁与您争您也不屑。说句犯上的话，皇上敬您爱您就如同父亲啊。此时您若不为皇上着想、不为百姓出头，您就忍心看皇帝背上千古骂名，您就忍心看张忠、江彬等人把天下倒转过来么？"

这一回，张永激动了，为国为民，也为这几句打动人心的奉承。

是啊，作为看着朱厚照长大的"超级奶爸"，张永对朱厚照，既有仆对主的尊敬，也有父亲对儿子般的关爱。他也是老江湖了，他也不忍看着朱厚照天天被左右人当枪使，还要背负着"昏君"之名。多少个夜深人静时，张永想想，就替朱厚照觉得不值！

想到这些，张永默默地点了头，算是同意了王阳明的请求。

只是，意见虽然统一了，但不管是在人场混了多年的张永，还是饱读诗书的王阳明，他们都没有一个万全之策应对当下的问题。毕竟，他们面对的皇帝朱厚照是一个可以随便劝着出去玩、却不可以随便劝着就"回家吃饭"的人，更何况，这皇帝心中还有一个英雄梦，皇帝身边还有一堆难缠的鬼要打发。

张永，还有王阳明，都需要好好想一想。

几天后，二人在张永的行馆如约相见。王阳明整个人都又瘦了一圈。看得出，张永也是一副没睡好的样子。张永向王阳明要了朱宸濠及那一批俘虏，还承诺，会亲自押他们去南京献给皇帝，并做后期说服工作。至于王阳明的去留问题，张永则无奈地笑了笑："王大人就不必同往去给人添堵了！"

就这样，张永满怀心事地押着朱宸濠一行人犯走了。精疲力竭的王阳明则住进了杭州净慈寺，连日的折腾上火让他的病体又开始吃不消。他感谢张永，也感谢自己做了这个回杭州找张永的决定。宁王等俘虏离手，王阳明也有了一种片刻的释然。

寺院内佛音袅袅，僧人们敲起的钟鼓声让人平静。

但是，献俘与亲征的事情，是不是就算真的告一段落了？

第四回合：不做人欲的牺牲品

又是南京！王阳明曾有诗句赞过"高皇曾此驻龙旌"的大明南都，王阳明曾布道心学的南京。

第十章 国学大师 VS "神猪"帝王

一个良知发现的太监正企图去说服一个良知被蒙蔽的皇帝。

张永苦口婆心地说:"皇上啊,差不多就行了,这宁王都在咱们手上了,而且江南咱也玩过了,不过如此嘛,收拾收拾回京吧。您听说古今哪个好皇帝不在京师待着的!皇上啊,您可是位好皇帝啊,自小就那么聪明,现在长这么大了,都是青年帅哥了,也该管管朝政什么的,不能老让那些大臣们钻了牛角尖说了不是去。要玩,咱回京玩,北京豹房、宣府的'镇国公府'您以前不是玩得好好的么?在这么潮湿的南方呆着有什么劲儿啊。"

朱厚照一时无言以对,但是他将不情愿写在了脸上,谁都看得出。

皇帝噘着嘴,他身边已有人迫不及待地顶了张永:"张公公,您这话就不对了。南京是多朝古都,还是大明的开国国都呢!皇上待在这,传承帝王气,遥敬太祖皇帝,这不是应该的么!"

还没等朱厚照说话,张永已是骂了起来:"哪来的小兔崽子,还伺候皇上呢!这点规矩都不懂,我这么大把年纪的老太监,和皇上说话,轮得到你插话么!况且,现在的国都毕竟在北边,此一时彼一时。现在南京闷热闷热的,像火炉一样!热坏了皇上的龙体怎么办!"

那人被训得没趣,只好吐了吐舌头,低着头恨恨地站在一边。是的,他们能左右皇帝,却是拿这个老太监没办法。这张永,从皇帝穿开裆裤时便陪在皇帝身边了,自是有资历。而这张永发起狠来,更是连权极天下的刘瑾都端得掉,不只如此,张永还与朝中很多重臣关系匪浅。所以,这样的角色还是少惹为好。

大家心里也都有数:同样是依赖,皇帝视张永为亲爹般依赖。而江彬这些人,却只是朱厚照同辈或是"干儿子"辈份的人。尽管"爷"字辈的张永,平时并不会刻意理会"孙"字辈的众人,但是,他的威望在那,身份在那,分量也在那。这也是王阳明考虑选张永做说客的原因之一。

替皇帝抢白不成,还被骂得一身骚,连皇帝都不能给自己撑腰。江彬等人干脆不再朝张永发难,他们把矛头都指向了没有背景、又是"众怨所归"的王阳明。他们向皇帝强调了这次亲征的理由就是抓宁王余党、建功立业。同时,几个人还添油加醋地说了很多莫须有的事:听说王阳明和宁王是一伙的,他的门生冀元亨还参加过宁王的生日派对呢,王阳明这是见皇帝要亲征了,碍于龙威,才选择窝里反的；朱宸濠造反，累积的金银财宝富可敌国，这些钱都囤在他的南昌老巢啊，若没人去处理，可都便宜了王阳明了。

说着说着，其中一人干脆伏到皇上耳边，提到了与朱厚照切身利益最相关的一点：多少年有这么一次南巡的机会，好不容易出来了，下次不知道要什么时候，而且江南就这么好玩了，江西会更好玩，那里有很多山，还有鄱阳湖，太祖皇帝打下江山的鄱阳湖！

这一套理由，朱厚照太受用了，若能与宁王在鄱阳湖来一场男人间的较量，那简直是太美好了。皇帝听得两眼直泛光，借着酒劲一个劲地嚷嚷着："去南昌，去鄱阳湖！"

张永无奈，一面安排人给王阳明捎信，一面计划着来日如何继续说服皇帝。

就在同时，皇帝方面也下了一个旨意："王阳明啊，别再四处乱跑了，回南昌当官去吧。"这倒是让人没想到，皇帝和他身边的人厌恶极了王阳明，为什么不把他派到别的地方去，"眼不见心不烦"多好？

这实是另一场阴谋的开始。

皇帝还未到南昌，王阳明也还没返回南昌，已经有一部分人快马加鞭先到了，他们就是张忠、许泰和二人所率的"亲征"大军。这些人一到南昌，就如"硕鼠"般在当地洗劫了一番，不止如此，他们还放出"官话"，说"王阳明和朱宸濠是一伙的"，并把伍文定抓去严刑拷打。

欲望之门在南昌被大敞四开，私欲把道德碰撞得伤痕累累，私欲之火肆虐地燃烧着这座已经千疮百孔的城。

在这里，有百姓等待着王阳明救援，更有灾难等着王阳明承受：张忠、许泰给他们的军队灌输了很多一面之词："王阳明抢功、装大、得瑟、参与造反、万恶不赦……"，这使得王阳明一回南昌就遭受到了来自北方亲征军队的无理谩骂、诋毁。

对于这些评价，王阳明早已是"任它风雨任它晴"，但是对于这些官匪们对江西人民的伤害，王阳明却是很介意的。要知道，民怨到了一定的阶段，就会如火山一样喷发，历史证明，民怨爆发的最严重后果很有可能就是改朝换代。

要平民怨，必须要安抚民心，即使此时的民心已经很难安抚住。

王阳明先是发挥了自己的写信煽情才能，他对南昌的军民百姓发了一道告谕。告谕中，王阳明表示自己对江西人民的苦难感同身受，但仍请大家原谅北军的粗暴行为。虽然北军做得不厚道，可他们也与南方人同根生于大明，只是良知暂时受了蒙蔽。况且这些人背井离乡，严重不适应南方的潮湿，总会起疹子、拉肚子，还要忍受比北方大几倍的蚊子骚扰。北军的兄弟们本质不坏，只是他们身心难受，才会找一个错误的宣泄出口。但是，北军总会觉悟的，也会回京的，大家惹不起的可以先躲一阵，避其锋芒。王阳明鼓励大家："再苦也不怨政府，再累也不怪社会，相信我们一定会渡过这段最艰难的日子。良知、力量都与你、与我、与大家同在。"

这样的告谕，深深触动了南方军民的心，毕竟，没有王阳明，南昌也不可能平了宁王叛乱。他们愿意相信，在王阳明的领导下，他们会过得比较幸福。同样是这份告谕，也在某种程度上触动了北方军队的心，他们连日在南昌作恶，王阳明不但不怪罪，还号召百姓体谅他们。通过多日的接触，再加上当地百姓的口碑，北军已经开始认识到，王阳明并非他们领导所描述的那样不堪，相反，王阳明很忠诚、很能干，也很仁慈。

相比之下，北军虽然一路跟着皇帝、跟着主将们吃香的喝辣的，可是他们的疾苦又何曾有人关心过呢！有时候，连他们自己都觉得，自己不过是老大们抢人、抢钱、抢东西的机器。而且，身为官兵，没什么正事可干，沿途就知道欺负无辜百姓，多少有些不厚道，像强盗。想到这里，北军开始闹情绪，对百姓也手下留点情。

但这还不是王阳明想要的结果，百姓仍在水深火热之中，他不能只做一个坐以待毙的好好先生。不怕万人阻挡，只怕自己投降。接下来的"冬至行动"，王阳明将这次攻心战推向了最高潮。

中国自古就有"冬至大如年"的习俗。冬至将至，王阳明可没有忙着准备什么汤圆水饺，相反，他利用了冬至的另一个重要传统——祭奠。"以冬日至，致天神人鬼"，祭奠亡灵，保佑生者能够免除饥饿与痛苦。

王阳明下令：把这个活动提前搞，而且要搞成全城的大规模活动。

到了祭奠这一天，南昌城一片哭嚎之声。百姓当然要哭，被匪寇，被宁王祸害了这些年，死了多少亲人啊，终于好像要见到天日了，突然来了一帮更嚣张的"京城大盗"，又死了不少人！活人的命也不知道能保到哪天。平日里王大人不让哭，这下好了，随便哭，当然要使劲哭：哭死去的爹娘父母，哭死去的儿女兄弟，哭死去的朋友亲戚，哭对门那个好心的王大叔、张大嫂，哭那些为保卫南昌而牺牲的人们，哭那些因为战乱音信全无的亲朋好友，哭那被"不幸抢走"的老牛老马、鸡鸭鹅狗。哭别人，哭自己，哭过去，哭现在，哭未来。整整一天，南昌大街小巷飞满了纸钱、纸马、纸人，到处是鼻涕眼泪和哭昏过去的人。

这么凄惨的哭泣场面，把北方军队看得相当震撼，他们也不由得跟着悲天悯人起来："是啊，本是同根生，相煎何太急。都是同病相怜，我们何苦咄咄相逼。"而且，北军还有自己的难过："当地人要比我们幸福，他们还是在自己的家乡，而我们远道而来，那些水土不服死在这里和路上的兄弟们，是客死异乡啊。谁能保证下一个死掉的是不是我们呢？若是我们，尸骨都不能够落叶归根……"

哭了一天，北方的军队真的不干了："回家，回家，反正宁王早就抓到了，待在这也没有意义。我妈喊我回家吃饭了！"

军心如此，金钱还是皮鞭都显得那样的单薄，张忠、许泰也彻底招架不住了，只好憋着气去找王阳明。

人生如天气、如军事，可预料，又往往出乎意料。就在不久前，王阳明还是案板上可以被任意宰割的"小羊"，现在，他终于取得了对垒皇帝军队的主动权。

弈局难了，人心难了

听说，北方军队要离开南昌了。南昌百姓无不奔走相告，弹冠相庆："终于瘟神要走了，感谢王大人啊。"百姓们计划着，等北军一走，就派代表登门感谢王阳明为江西带来福音。然后再搞个大型的民间庆祝活动，庆祝重生。

这是黎明前的欢呼啊！没有人注意在城楼高处有两个人笑得很阴森。

魑魅魍魉果然比阎王还难缠，张忠、许泰虽然被王阳明占了上风，但他们可没打算就这样灰头土脸地离开。他们给王阳明出了一道难题：比射箭，比赢我们就撤军。

堂堂武状元出身的许泰单挑一个文弱的病号大儒！说是比箭，这哪里是比箭，明摆着是欺负人！

最先接受不了的是王阳明的属下，他们不想王大人受这样的羞辱，更担心如果王阳明比输了，北军会赖着不走。倒是王阳明很淡定，劝他们都回去，让心清净清净，还说什么"心外本无物，心外本无理"啊！

下属们以为王大人被吓糊涂或是病糊涂了，他们也因此提心吊胆，想尽挽救方法。不过，太阳一落一升，眼睛一闭一睁，比箭的日子已经到了。

这天，南昌校场被围了个里三层外三层，只空出中间的射箭地带。武状元和大儒比箭，虽没悬念，却仍是值得期待。是啊！有热闹谁会不看？有哄谁会不起？私下押保的人拳头都攥得紧紧的，更多的人则是为王阳明捏了一把汗。

不得不说，许泰的箭射得很漂亮，名不虚传。

接下来，便轮到王阳明了。他一拿到箭，南军中已经有不少将领衣服都湿透了，仿佛在比箭的不是王阳明，而是他们自己。他们不求王大人能射得多准，能把箭射到靶上已经算是老天保佑了。

许泰和张忠一帮人已经笑出了声，等着看王阳明出糗。的确，如果羞辱的不是王阳明本人，是伍文定或是什么张阳明、李阳明都不足以让他们解气。

全场，最淡定的人恐怕也就只有王阳明了！仿佛外面的喧嚣世界、众说纷纭和他一点关系也没有。只见，他不慌不忙地站位、搭箭、扣弦、预拉、开弓、瞄准、脱弦，整个流程稳重，娴熟，有力而且迅速。

第一箭，离弦——稳稳地落在了靶心！一时，南军沸腾了，北军也是称奇。连张忠、许泰都睁大了眼睛骂咧道："歪打正着，这也能中！"

第二箭，离弦——竟然又是稳稳地落在了靶心上！南军又是一阵欢呼，北军也是鼓掌。许泰干脆亲自跑到靶前，验了又验，终于无奈同意"算数"。

第三箭，离弦——十分有力地落在了靶心上！整个校场都安静了。接着就是满场的呐喊、尖叫！

被人群簇拥的王阳明微微一笑："承让了，张公公，许将军，请信守你们的诺言。"张忠、许泰尴尬着嘴脸，南军将领们的嘴也久久无法合上。他们不知道，被"心学大师"与"神奇将领"光环环绕着的王阳明，还有一个专长叫做"全能"。在王阳明十几岁跑到居庸关外骑马、射箭之时，眼前这些刁难他的后生，还不知道在哪个旮旯凉快呢！

在各种舆论与事实的高压下，张忠、许泰带兵悻悻离开南昌，会师朱厚照去了，当然也没忘狠狠进言王阳明一番。

本着"不抹黑王阳明致死誓不罢休"的精神，在南昌吃了苦头的许泰、张忠，联合着江彬一起，又捣鼓出了一个馊主意：让王阳明速到南京面圣。

按照这些人事先给皇帝打好的预防针："王阳明和宁王有一腿，他心理有鬼，一定是不敢来面圣的，现在宁王被抓了，王阳明是一门心思的准备造反了。"这样的解释当然不合理，可在皇帝看来："你们分析得太对了。"

虽然不清楚皇帝老人家这又是搞哪一出，王阳明倒是一点没耽搁，即日起程前往南京。当然，他会马上出门，还多亏张永暗中相助。

不管怎样，王阳明来面圣了。这让许泰等人很紧张，也很不愉快，他们派人把王阳明拦了下来："王大人，上头的命令，不让您再往前走了。"

上头的命令真是多，上头的命令都很奇怪，上头的命令还总是朝令夕改。王阳明进也不是，退也不是，干脆就近扎到九华山去学道，整日打坐，作诗：

五旬三过九华山，一度阴寒一度雨。
此来天色稍晴明，忽复昏霾起亭午。
平生山水最多缘，独此相逢容有数。
人言此山天所秘，山下居人不常睹。
蓬莱涉海或可求，瑶水昆仑俱旧游。
洞庭何止吞八九，五岳曾向囊中收。
不信开云扫六合，手扶赤日照九州。

> 驾风骑气览八极，视此琐屑真浮沤。

王阳明不曾逃避，也不想妥协。相反，外面这么乱，他心里的志向不曾倒下，他的良知不曾减，不该识的时务他从不识，就算被命运扼住了咽喉，他也要挠挠它的夹肢窝。

现实是如此的血腥，好在，良知的路上，王阳明不是一个人，还有一个张永能帮上他，肯帮他。张永实在看不下去了，在皇帝面前说尽了好话，强调王阳明如何忠心为国，以及再为难他的后果，最后皇帝方面对王阳明的打压才算是告一段落。

然而，勉强原谅了王阳明，朱厚照的心里却比他的近卫们还不是滋味：在鄱阳湖大展身手的机会就这么飞了！又失去了一个当大英雄的机会！为此，朱厚照闹了很久的小情绪。

一个这么重要的大人物不开心，周围的人当然要想办法了，朱厚照身边永远不缺少出馊主意的人。

首先，在多方暗示下，王阳明于正德十五年（1520年）七月，重上《江西捷音疏》，在这封经过精心包装的"捷音疏"中，平定宁王的最高功臣是"威武大将军镇国公总兵官朱寿"，江彬、许泰、张忠、张永等人军功榜上排前名。至于王琼、王阳明及众位真出上力的人等则是排在了后位。

可是，皇帝仍有不爽：让来的功劳有什么意思！好像我这人爱抢下属的功劳一样！喝闷酒去了！

同年闰八月初，朱厚照身边人又合伙想出了一个"完美"方法：把朱宸濠这一拨俘虏"放"到南京城外的一块空地上，由皇帝亲自带领人马"征讨"。那天，朱厚照身穿将军服，"英明神武"地"抓了一回贼"，过足了"战争瘾"，"无往不胜"的他，多少慰藉了自己多年来的英雄情结。

可怜宁王朱宸濠，怎么也是在战场上流过血的勇士，败给王阳明他认栽了。连日不着调的"皮球"生涯，让他没了身上最后一点朱家的血性骨气。与天子"对垒"时，他再也不想喊了，不想骂了，只想快点结束这荒唐的战斗。朱宸濠像哄孩子一样陪朱厚照比划，心中窝囊，悔不当初啊。

同年闰八月十二日，朱厚照的亲征大军终于离开南京，向着京城方向"凯旋班师"。

朱厚照肯回去，亏于北京朝廷方面的多次催促，亏于王阳明的推劳让劳，也亏于张永的苦口婆心。还有就是，随行的内阁大臣梁储也功不可没。

当时，朱厚照"亲征"成为板上钉钉的事实。一面，皇帝要求有大臣陪同；一面，内阁首辅杨廷和也希望有人跟着"见机行事"。就这样，内阁二把手梁储被安排随君出征。

送行之时，杨廷和安慰梁储：就当是出游了，开心一点、机灵一点。然而，梁储又怎么开心得起来？他的心情，比送葬还要沉重。一路向南，皇帝游山玩水，把世间花样玩了个遍，跟着的梁储不但没有捡一点乐子，反倒是接近了崩溃的边缘。一路，梁储都是见缝插针，每到皇帝玩累了休息时，他都会第一时间跑过去"碎碎念"：回去吧，朝廷有好多事等着您去处理呢。

梁储如此，搞得那些侍卫们都对这位内阁大臣烦不胜烦。倒是皇帝本人心理素质好，只当梁储是透明人，当他的话是耳旁风。

当张永带着俘虏朱宸濠等人出现在南京时，梁储就奏请班师。可惜，皇帝说，过个年再议吧。当时，梁储就有种以死谢天下的感觉。

结果，年也过了，且又过了八个月，王阳明把功劳让了，皇帝也把宁王抓了。皇帝却仍不见有回去的动静和意思。现实让梁储终于明白：如果没有强制性方案，皇帝会一直在外边玩，没准会玩到老、玩到死！这样下去，自己心脏病发，没准都不能等到皇帝回京了。

一个清晨，梁储拉上同行的官员，堵截式地长跪在朱厚照屋外，要求回朝……

就这样，在多方的共同夹击下，朱厚照才不得不同意回京。

应该说，朱厚照就像是一个最坚强的人肉堡垒：主意正、一条路玩到黑，而且对好建议极为能屏蔽。好在，这个堡垒虽然难攻，却还是被多方努力给挪动了，尽管它北上的速度有点慢，仍是打鱼、晒网、看热闹。但他总算是动了，远离了王阳明。

在剿匪、平叛的战事博弈上，王阳明是个赢家，但是朱厚照的到来刷新了他"常胜"的记录。对着偌大、无形却又有力的政治棋局,王阳明以为自己可以赢,至少不会输。但他忘了,朱厚照不是孤身而来,更不只是带着军队而来,他是带着至高无上的皇权而来。在古代,在皇权面前,一切理义、一切规则都是无力的。

所以,这一局,王阳明输得不算惨,却壮烈。当然,朱厚照也的确算不上是个光彩的赢家。至于在道德、人心的博弈上,谁是赢家,那就只能留给历史去评判了!

送走朱厚照,王阳明以为,这一页总算是翻过去了。他倦了,累了,尽管他还坚持良知"要在事上磨",但他确实需要缓一缓朱厚照带来的冲击和伤害。很长一段时间,王阳明又把主要精力转入到圣学的传播中去,他想将万古悠心都付诸于平静的日子。可是,王大人啊:有人就有恩怨,有恩怨就有江湖。人就是江湖,你又怎么能退出?

风流玩主终西去

正德十五年(1520年)深秋,朱厚照和他的"亲征"军已经从南向北走了有一段时间了,不过,他们仍在路上。一是南国的风景总是容易让人留恋;二是朱厚照的好奇心和玩心实在太重。

各地的名胜景点皇帝要看看,各地的妓院皇帝要转转,沿途大臣老家的花园皇帝要溜溜,各种好不好吃的小吃皇帝都要尝尝……仿佛他不是少有机会出来了,倒像是此生都没机会来了一样。就这样,朱厚照兜兜转转、走走停停,不知道耽误了多少工夫。不过,这回臣子们倒也没催他那么紧了。

为什么不再拼命催?逼急了,皇帝转头往南走怎么办?这位主儿真是干得出来!反正这十几年,少见皇帝出席,大臣们也摆平了不少事。走了李东阳,首辅杨廷和主持政务也很有一套。这十几年,北京朝廷对朱厚照勤政已经不再抱什么希望了。他们盼皇帝回来，一是为撑门面，二是实在有些大的仪式必须由皇帝主持和参加。但那么久都拖了，也不差再多几天了。

百官摸透了朱厚照，朱厚照似乎也摸透了他们。他的行程更加不紧不慢起来，有时候，他在一个地方，可以不管不顾地玩上好几天。有时候，随行人员都觉得纳闷：到底有什么可玩的，笑点又在哪呢？这个时候，或许只有江彬和许泰等人才是他的知己吧。好歹他们知道：皇帝只要不在死气沉沉的皇宫，在哪都能这么开心！

这一天，皇帝朱厚照一个人撑船在河边打鱼，就像往常一样。周围人也都放松了警惕，在一边有一眼没一眼地观望着。突然，朱厚照来了个很奇怪的姿势，就和鱼一起戏水了。一下子，大家还没反应过来皇帝今天这是秀哪一出，他们不知道是该鼓掌还是该赔笑。但片刻，他们就明白了：皇帝落水了……紧接着，便是一阵手忙脚乱地救人。

"原来，皇帝这条龙，并不是龙王，水性也不好啊！也呛水呛得跟孙子一样啊！或许，他是'照'，是火龙，火龙是与水不容的。"这是救助人的内心感言。

然而，谁又能料想，三十岁正值青壮年的朱厚照，被这么一呛，就病了，还很快就病得不起了。在短短几个月内，他就由活蹦乱跳的大将军、镇国公变成了重症监护病人。

正德十六年（1521年）三月，北京，豹房。

呼吸微弱的朱厚照平躺在他最喜欢的大将军床上。他被送回京城好久了。因为不愿意待在皇宫，便依了江彬的话，回了"豹房"之家。

这一天，朱厚照赶走了所有的侍女宠男，甚至他最为亲近的几个玩伴，他说想一个人静一静。

房门被关上，外面的乐声时大时小，朱厚照感觉眼皮前所未有过的沉重。他有时睁开眼，仍能看到眼前那幅巨型的春宫图。那是江彬他们几个弄的，果然还是他们最有心……更多时候，朱厚照都闭着眼睛，一些画面清晰地在他脑海中铺陈开来。

那年，朱厚照六岁左右。每天都是按部就班地被接送到自己的专属学堂，听一群老头轮流讲大道理。那时，父亲很忙，案前总有如山的奏折要处理。有时，朱厚照也会偷偷溜到父亲的书房，躲在角落里看父亲的背影。父亲还算强壮，却经常会躬着背，有时大白天也会坐在那里打瞌睡，可又不敢睡。那时，小朱厚照总是能听见父亲和一些重要大臣为了某件国事而大声讲话，就像吵架一样，有时，朱厚照甚至分不清到底谁是皇帝，谁才是臣子。朱厚照想喊父亲陪自己玩，可是总被母亲或其他人拉开："父皇忙，你要乖……"双手伸向近在咫尺却又遥不可及的朱祐樘，就像是朱厚照童年里一张不会褪色的老照片。

朱厚照永远也不会忘记那个晚上，父亲朱祐樘一身便装地出现在自己面前，父亲对他说："带你出去玩，嘘！"然后，两人大手拉着小手地出门了，随行的就只有一个太监，一个保镖。几个人绕开盘查，一口气走到了宫门。正当朱厚照开心地想唱歌时，父亲却一把捂住了他的嘴："嘘！这里是言官们的地盘，别说话，皇帝私自出宫，这本是失体统的事，让大臣们知道了，影响不好。而且以后也难以服众！我就带你出来玩这一回……"看着父亲做贼般的样子，小朱厚照突然觉得：当皇帝当成父亲这样真可怜。

从那以后，朱厚照觉得自己和父亲的关系近了，又像是远了。他只知道自己再不会偷偷跑去御书房，他不想看到父亲心甘情愿做困兽的样子。

豹房病床上的朱厚照，猛然又睁开眼：那都是很久以前的事了，那时，刘瑾还没有被剐成肉片，那时自己还只是个温顺的小孩子。

弘治十八年（1505年），朱厚照极不情愿地被请上了皇帝宝座，失去父亲他也不知道悲伤。望着一帮叔叔大爷辈的大臣乌泱泱地跪在下面，他不好意思说我不愿意，我不愿意像老爸一样在皇位上一困就是一辈子。我要自由……

不过，他还是迎来了自由。他住在"哥们儿"为他精心建造的豹房内。这里有肉林、有酒池、有沙盘、有各种男女尤物，这里有世间的财富，在这里，自己是户主，是大将军，却独不是皇帝。耳边有的是哥们儿关于沙场的规划，没有一帮老鬼们没完没了的聒噪。朱厚照觉得，自己在豹房一日，灵魂便升华一日。

闭上眼睛，朱厚照甚至可以摸到近十几年自己争来的幸福生活：想看烟火，随时随地可以放，不用非得等到初一、十五；想当凡人，民间胡同随时都可以去，还可以在豹房里,让太监、侍卫演市井,自己演买家,大家一起讨价还价;想当将军,还能亲自指挥武状元和边将练兵。如果可以,朱厚照甚至想捎人给父亲带个口信:爹啊!儿这个皇帝当得很好,既能察民情、又能操练军队,最主要的是,还不用像你一样委屈自己!

皇宫外的生活,不管是在豹房、在宣府、在大同还是在南巡途中,都会让朱厚照有一种莫名快感:"我就是我,是天空不一样的烟火。"对此,朱厚照是感恩的,不管是对"哥们儿"还是对上天。

宫外生活,肉体欢愉之外,还成就了天子朱厚照几段风流"爱情"。有和男人的,也有和女人的。

一度,朱厚照与钱宁最要好,二人同榻而眠,不分性别,不分彼此。朱厚照信任钱宁,对他有情感依赖,可这钱宁偏偏一直在收受宁王朱宸濠的好处,日日枕边风吹的都是宁王的好。后来,事情败露,钱宁还在替朱宸濠说好话,这让朱厚照感受到了强烈的背叛感。一气之下,他将钱宁打入大牢,从此便不再见他。

朱厚照一生,还有一个最爱的女人,一个他甘愿为她盖宫殿的女人,叫刘良女。丢了她送的发簪信物,他甚至可以孤身一人,深更半夜跑回去接她……或许,这一生、来生,他都不会再为谁如此付出了。

让朱厚照比较铭心刻骨的另一个女人叫李凤姐。关于二人的邂逅,世间还有一段颇为戏剧化的精彩传说。

那是一个朗朗秋日,朱厚照在豹房呆得有些腻了,嚷嚷着要出去转转。在身边那一票哥们儿的陪同下,这只"猎艳"小团队溜出德胜门,一直来到关外的一座边塞小镇。

朱厚照一个人上街市转悠(因为大家都习惯了这位朱天子"当凡人"的爱好,既然他要求独往,随行人员便也都各玩各的了),不觉得眼睛就直了:在他面前不远处的酒楼前,正站着一个风姿绰约的女人。此女身材凹凸有致、眉眼间还透露着一种半邻家少女、半风尘娇娘的味道。

那女子也只当朱厚照是个前来喝酒的客人,便上前相迎。女子这一说话,银铃般的声音更让朱厚照脑子"嗡"的一声。酒未喝,人已是先醉了。

第十章 国学大师VS"神猪"帝王

当时店内并没有什么客人,当然有客人朱厚照也不会介意。他点完酒菜便尾随女子进了里屋。在得知这个女子是老板娘、还叫"李凤"之后,朱厚照拍着手在那乐了半天:"李凤,李凤姐,我是龙,你是凤……"

李凤被眼前这个有贵气又有痞气的男人搞得摸不着头脑。她家开门做生意,自是早就见惯了有男人毛手毛脚,但像眼前这位公子这般无赖的还真少见。李凤耐着性子听他讲了几句轻薄之语,便要往外赶人。哪知,女人笑脸相拒,朱厚照却一厢情愿地觉得她这是"还迎",直接来强的……

强暴?李凤慌了,嘴巴指甲齐上阵。朱厚照不但一点没怪罪民间女子的犯上之罪,相反还很欣赏她的烈性。摸着脸上的血印,朱厚照不慌不忙地拿出自己的"身份证"。李凤姐没什么文化,却不代表没一点见识:这是皇上啊!

天子许了富贵荣华于一个普通女子,那还有什么可求的?从了吧。

就在两人颠倒鸾凤之时,李凤的哥哥李龙从外面赶回。李龙当然想将这个欺负妹妹的流氓暴揍一顿,奈何妹妹一句"他是圣上",哥哥所有要打人的力气就都用来磕头了。

从此,李龙封官,李凤也有了尊贵身份。虽然朱厚照没能爱着这个女人到最后,但他毕竟是将生命中少有的真情分了一些与她。一场"游龙戏凤"的相逢写进民间戏曲,也写进了朱厚照那单薄的"爱情"书卷。

羸弱地躺在床上,朱厚照想伸手抓住眼前流动的人影,却又那样的无力:钱宁、刘良女、李凤姐、刘瑾、父亲……这些曾经最亲密的人此时变得忽近、忽远,他们时而微笑,时而青面獠牙……一下子,朱厚照又觉得好冷,是火盆烧得不够旺?还是被子盖得不够厚?或许,是心里很冷吧。

朱厚照心里当然暖和不得。他知道,出了这豹房,全天下的人都在明里暗里讲自己的坏话。他们说,当今圣上是太后抱养的,因为他一点也没有遗传到父亲的英明;他们说,当今圣上就是一只"种猪",就只会窝在淫窝里琢磨漂亮姑娘和帅小伙;他们甚至说,"威武大将军朱寿"根本就是一个天大的笑话;他们还说……这些,朱厚照全都知道。只是,他不愿意面对,他不懂他们,他们也不懂他。天子很孤独!

这孤独真是可怕啊!就像这珠光宝气的偌大寝宫里,此刻竟只躺着自己一个人，一个孤家寡人。没有欢笑，没有音乐，没有陪伴，没有人讲打仗的故事，朱厚照真的不习惯，就像一个迷失的小孩，久违的六岁那年的失落感再次袭来。

他想叫人，他要叫人，尽管他已经没有力气叫人了。朱厚照咳嗽着，用身体去拍打床板。那扇通向花花世界的门，咯吱一声，开了。

迎着刺眼的光，朱厚照又迷糊地回忆了自己的江南之旅：游山玩水、亲率大军、抓宁王，只是半路杀出个王阳明，虽然能力可嘉，却是没什么眼力见儿……

正德十六年（1521年）三月，正德皇帝在豹房结束了他三十一岁的短暂生命。

第十一章

凡事学事自洗心,只此修行玄更玄

王阳明

如此"新建伯",是祸还是福

正德十六年（1521年），在先皇朱厚照死了一段时间后，兴献王世子朱厚熜登基了，次年改年号为嘉靖元年。这个朱厚熜就是嘉靖皇帝，也是明朝实际统治时间最长的皇帝。

从正德十六年开始，大明江山易了主，整个政治集团都发生了天翻地覆的变化。从新皇帝、太后、重臣、到王阳明都无一例外地在为突然离去的正德皇帝朱厚照擦屁股。不同的是，其他人是在拼命维护和争取自身的利益，并不惜牺牲他人的利益，而王阳明则是在为他人争取利益而宁可放弃自身的既得利益。

不得不说，从正德十四年（1519年）平定宁王后，王阳明这两年都活得很尴尬：早先，他不过是朝廷随意摆布的一枚棋子，一枚因为能够指哪打哪而略显重要的棋子。可是，在宁王事件的善后工作中，他因为表现不够"为主上着想"，而触怒了龙鳞，被天子朱厚照掀了棋盘。试问，一个被皇帝列入"黑名单"的人，又怎么会招朝廷的稀罕呢？

可是，被搁置一边的王阳明偏偏不甘心，他站出来大声说："我可以不受封赏，但朝廷不能对那些为平定宁王、出生入死的将士们没一点表示啊！虽然将士们浴血奋战是为国为民、不是为功，但朝廷这样冷漠会很伤他们的心，打击他们的积极性，这样搞下去，以后还有谁会为朝廷卖命？另外，我的学生冀元亨只是当时恰巧出席了宁王的生日宴，就被污蔑为同党，含冤受屈，希望朝廷给予昭雪！"

一方面，王阳明如此坚持要说法，另一方面，朝廷却死乞白赖地不给说法。

这种局面一直拖到正德皇帝朱厚照死了，新皇帝朱厚熜继位。原本，朱厚熜是有意出手处理掉这个"历史遗留问题"的，他准备召王阳明入宫受封。

但是，皇令还没下，就先收了回去。表面原因是，有大员先哭哭啼啼地跑到新皇帝面前："皇上啊，先皇才刚刚驾崩，现在国家大丧期间，不适合宴赏啊。"实际原因之一是，杨廷和哪里看得惯王琼势力一再滋长？至于之二嘛，就是王阳明本人，也因其文治武功样样精通，而不知不觉地得罪人了……

饭局摆不得，王阳明的光明仕途被横刀拦截不说，嘉靖皇帝本身也是极为尴尬的，作为新皇，他本想着通过设宴来拉拢能臣，现在，全泡汤了！

亲爹妈的名份还在悬着，别的小心思也不得逞，朱厚熜不可谓不郁闷。

为了给新皇帝一个面子，也为了压一压"闹事"的王圣人，经朝廷核心机关商定，他们给了王阳明一个安抚性的政治交代：升"南京兵部尚书参赞机务"，允许归省。

在某些高官看来，你王阳明这样一而再、再而三地给将士邀功，无非就是间接表明自己官小，不满平宁王叛乱中朝廷对你的表示。那么，在不大到可以侵犯我们的程度，给你官升大一点就是了。再者，你王阳明不是从上任起就天天闹着辞职归省么？现在批你长假，尽管衣锦还乡回家去吧。回了家，你自然就会消停了吧。毕竟，时间是最好的治愈良药。

对于这样的处理结果，新皇帝也是表示赞同的：你王阳明有功，升你的官就是，别人的事你就不要管了。我本有意拉你入自己的队伍，奈何身边鬼神太多，你都近不了身。况且，现在是非常时期，我一个堂堂皇帝，连自己的亲爹妈都快保不住了，哪有闲心去管一帮士兵的利益呢！你要是没事干，就回家探亲，别再给我添乱了！

对于这个天上掉下来的探亲假，王阳明休了，因为此时他已经五十岁了，比以往更加渴望故乡。

夏秋之季，王阳明身在浙江老家，百战归来白发新，青山从此作闲人。那段日子，他都忙着收果移花，相呼垂钓，倾听秋来万木发天声。老来还乡，王阳明仍以良知做伴，他把自身当做万物，讲学、娱归，兼等待。是的，他还在等待，等待朝廷于将士们那个迟迟不到的说法。

第十一章　凡事学事自洗心，只此修行玄更玄

日复一日，青山待我长为主，白发从他自满头。

终于，朝廷方面有了相对大点的动静：封赏原南京兵部尚书乔宇、南京守备太监黄伟等人，升伍文定为都察院左副都御史。

正德十六年冬，在浙江老家，王家人收到了这样一份皇家制敕：

江西反贼剿平，地方安定，各该官员，功绩显著。你部里既会官集议，分别等第明白。王守仁封新建伯，给与诰卷，子孙世世承袭……

请君暂上凌烟阁，若个书生万户侯！封侯拜相，衣锦四方，多少古代读书人的梦寐啊！仅在明朝，除了开国元勋之外，被封为伯爵的人不多，文臣更是屈指可数。现在，王家突然出了王阳明这个"新建伯"，真是祖上有光啊！

一喜才到，另一喜又了临门。原来，紧接着的冬至日，恰是王华的寿辰。

冬至当天，王家院府，一片欢腾，觥筹相贺。

作为儿子，又作为长子，王阳明带头举杯，恭祝老父寿比南山。不想，老王华却是难咽寿酒，看着儿子，老王华满是感慨："宁王叛乱之时，我们都以为你会死，你却活了下来。叛乱平定，我们以为一切安宁，你却不曾安宁。现如今世道如此，朝廷如此，我们父子还能再见，相聚一堂，真是幸运。只是，盛为衰始，福祸相倚，这幸运来得让人好生畏惧啊！"

几句话，将一个高堂老父对儿子死而复生、生又不得安宁的担心全部展露了出来。王华是在提醒儿子居高位，也要知盈亏的道理。而另一面，他又真的悬心，这一次封功，于儿子来说到底是福还是祸？

父爱子之心如此，王阳明又怎能不知其意。唯有含泪说一声：记住了，记住了要感恩，记住了要遵循盈盛之戒。

当着那么多兴奋亲朋的面，父子二人的交谈也只能止于此处。王阳明又怎么会扫兴的说：这只是朝廷开的一张空头支票，为了更多还没受到恩惠的将士们，我亦不敢独领。

谁会知道，在众人面前强颜欢笑的父子，一个是知天命之年，一个已经是悬车之年，他们几乎是以丧宴般沉重心情继续着这场寿宴。

宴会一结束，王阳明就果断上疏请辞：我不当新建伯，请求为其他将士们争点实利。

之后，王阳明与朝廷双方又是打了几个回合的太极：一个拒绝，一个不批准，再拒绝，再不批准。几次下来，王阳明的"新建伯"竟是滚成了"大雪球"：往上加封三代，并妻一起追封。朝廷的算盘打得噼啪直响：反正都是空头支票，开多大不是开呢！

王阳明当然不买账，继续上疏请辞，在新的上疏中，他干脆将自己两年来的积怨一并发泄了出来：他呼吁朝廷想想那些为平定宁王而奋斗过的战士们，想想烈士家属；他呼吁朝廷为在宁王事件中冤死的冀元亨负点责任……

应该说，这是王阳明冒着跟朝廷撕破脸皮的风险在呼吁，他仍然坚持要一个说法。但在另一方看来，这就是王阳明在用巴掌打朝廷的脸。这一回，朝廷采取了冷处理：天要下雨，王阳明要请辞，随他去吧，不听不问不批就是！

可怜一个堂堂新建伯，声泪控诉都不被理会，该是一个多没权没势的新建伯啊！

想王阳明一生，将良知、人心研究到炉火纯青，他的军事才能和其他才能也堪称绝代。但不得不说，他真的不适合玩政治，甚至只是几次不经意地"被参与"，都让他头破血流。

就平叛宁王一事而言，王阳明注定只能是一个前线杀敌的棋子：朱厚照不封功，是因为皇帝自己想居功，皇帝身边的江彬、许泰等人想居功，所以轮不到王阳明和他的将士们；新皇帝朱厚熜不封功，不只是因为有人拦着挡着，更是因为朱厚照害得他爹妈不能认，他不想为这样的堂兄买单，更何况，那时的王阳明，还没有为执政的朱厚熜立过什么功劳。朱厚熜可以给王阳明名分，却找不到给王阳明实权的理由，毕竟，这位年纪尚轻的嘉靖皇帝已经越来越难分清敌友……

皇帝们尚且如此态度，除了王琼外，又有哪些官员爱管、能管得起这些"事不关己"的大闲事呢？况且，此时王琼，失去了朱厚照的庇护，又有杨廷和在牵制着，自身已是难保。政局变化得太快，连曾把朱厚照玩弄于指间的江彬、许泰、张忠等人都已去大狱中做伴了，虽然他们是罪有应得，但谁又不因此感叹权事无常呢!

变天了,谁也不想贸然地行事,谁都不想傻傻地"直如弦",然后"死道边"。算来算去,既然那么多集团和个人的利益都有舍弃,能牺牲的只有王阳明和他的将士们的利益。

而就在王阳明被封为"新建伯"的转年二月,他的老父王华却突然离世,这位不平凡的老人,再也无法陪儿子最后一程了。

父丧。王阳明有万语千言,却唯有化为千行泪。他能做的,也只有长期"丁忧",静静地守着父亲的亡灵,弥补父子生前聚少离多的遗憾。

深院寂寥群动息,独怜鸟鹊绕枝飞。圣人的周公梦稀里哗啦碎了一地……

若晚节,血色夕阳

那些年,王阳明剿匪、平叛、讲学,样样都做得风生水起。他本人还一跃成为红在大明一线的全能圣人,可是,王阳明的晚年却并未因此而变得好过。相反,晚节难保。

人怕出名猪怕壮,声名高隆的王阳明承受最多的就是绯闻,或者说是诽谤。

关于绯闻,王阳明倒也不是老来才有。在他还是个"小童星"时,就被老家人传出了花儿。只是那时,余姚民风纯朴,顶多是把小事传大了,传夸张了,却是没有恶意。但长大之后不一样,拿王阳明最初在京城讲学来说,他的绯闻之中,就含了更多的诽谤因素:他的学术被诋毁,人品也被诋毁。

当绯闻与诽谤彻底变成一种灾难,那还要从王阳明在龙场扯起心学大旗开始。龙场悟道,王阳明冒着天下人之大不韪与朱子理学分道扬镳。他的学生来了,攻击者也来了:有人说他沽名钓誉、不尊重先儒,说心学是"不正经的学问"。

到了王阳明晚年,他的门户弟子中又多有人大肆地批判朱熹"曲解经典"、"误导大众"。这一下,前来拍砖的人就更多了。不少封建礼教的卫道士都出来指证王阳明"宣传伪学",还有不少无知百姓在后面跟风。

与此同时,王阳明的绯闻也已经从学术普及到军事、私生活的各方各面:"听说王阳明在鄱阳湖大战宁王时,眼看明军就要输了,可是,你猜怎么着?王阳明使唤风神转变了风向,结果,明军就赢了!"也有人说:"听说,王阳明现在是神仙境界了,可以不用吃饭,不用睡觉。"还有人说:"听说王阳明的老婆到现在都没能给他生个一儿半女呢,不知道是两人谁不行啊"……

有称赞,但多的还是毁誉、无厘头的编排。学生、好友气得要发飙了,王阳明却是淡然地照单全收,继续做自己的事。见到别人为自己鸣不平,他还会耐心地劝导他们:"谁人生来不被议论,又谁生来不议论别人。我们和古圣人的思想不一样,别人有意见也是正常的。但是,你这样辩是辩不赢的,不如把它当做是实践圣学的机会,修习动心忍性,心外之事都是浮云!"

一方面,王阳明带着学生们练习心体工夫,一方面尘世的风仍是不止。对于那些咄咄逼人的攻击者来说,当然是被攻击者越反驳他们才会越有快感,可是王阳明就这样气定神闲地待着,总是让人有种重拳打到空气的失落感。

王阳明没有疯,但是攻击他的人已经魔怔了。

嘉靖年间,南宫试士干脆以心学为会试题目,企图借着考生之笔攻击王阳明。主考官意向明确,又有多少考生愿意冒着前途打水漂的危险为心学辩护?尽管这样,王阳明仍然乐呵呵地劝学生们:"这是在给咱们免费打广告啊,把心学宣传到全国各地去,甚至传播到山野中去。如果我们的学术是对的,就会有更多的人跟随;如果我们的学术还有不完善的地方,那也会有更多的人来质疑它,了解它,然后修正它,不管怎么说,这都是在将圣学发扬光大啊!"

被攻击的日子,王阳明一遍遍地咏着良知,训示诸生,慰藉心灵,支持前路。

日子被在热锅上翻炒着,于王阳明弟子们来说,他们当然还是希望世界会还心学一个公道,还老师一个公道,而且越快越好。于王阳明本人来说,他则更希望着日久见人心。

既生萼，何生阳明

未来的人心还不可知，当下，却已是有人先"别有用心"了。

又有人将王阳明恨到了骨子里了，这个人甚至于想搞死王阳明，再把他钉到耻辱柱上，这个人叫桂萼。

说起来，王阳明真是与这位叫桂萼的同僚无冤无仇，他既没在政治上给桂萼下过绊子，也没揭过老桂家的房顶，从现实来讲，二人几乎无任何直接往来。而桂萼能将王阳明恨到骨子里，却只是因为王阳明算是桂萼的半个仕途恩人。

那些原本听起来奇怪的事情，如果背景换做是官场的话，倒也都不奇怪了。

桂萼是一位政治的投机者，他和张璁一样押对了宝、站对了队，也是借王阳明的心学中人性、人情理论在"大礼议"中帮了朱厚熜，并因此连连升迁成为吏部尚书兼太子少保，赚得个钵满盆满，成为皇帝面前的大红人。但是，较张璁捞点就行的动机不同，桂萼还更是一个没良心、吃啥没够的狠角色。

王阳明的主张、才华、功劳都让桂萼很有危机感："光是拾心学牙惠，学了点心学的皮毛，自己和张璁就讨得皇帝如此欢心，若是王阳明本尊亲自出手，哪还会有我们的立足之地！"再说："你王阳明凭什么可以如此优秀，家里有钱又有志向，还有个状元老爹，童年快乐，成年有出息，老了还风光无限，同样是人，为什么我要奋斗几十年才有资格和你坐在一起喝茶！"

每每想到王阳明的优秀，桂萼都会自动屏蔽王阳明这些年挨过的打、受过的苦，他的心里就只会酸溜溜的，桂萼发誓自己一定要做点什么才好。

这不是王阳明第一次被嫉妒，也不是他第一次因为嫉妒被造谣、被整，但与以往不同，王阳明碰到了一个不折不扣的衣冠禽兽、流氓。

"流氓的造成，大约有两种东西：一种是孔子之徒，就是儒；一种是墨子之徒，就是侠。这两种东西本来也很好，可是后来他们的思想一堕落，就慢慢地演成了'流氓'。"鲁迅先生这样说过。

桂萼就是这样的儒学流氓，他用了一个流氓惯用的手段：要搞死一个名人，先搞臭他的名声。既然你自己不会变臭，那么就把你搞臭。但凡有空，桂萼就会在新皇帝面前进言诽谤王阳明"事不师古，言不称师"、"庸鄙者借其虚声，传习转讹"。

很多时候，年轻的新皇帝朱厚熜都想不通，一直在外地的王阳明，到底干过什么对不起京城桂萼的事，值得桂爱卿如此不休地告状。不过，桂萼告状，说王阳明心学如何是伪学，这倒让朱厚熜想起一笔旧账来。

那时，还是"大礼议"初期，皇帝朱厚熜还处于相当孤立无助的阶段。还是张璁、桂萼等人毅然起立，以王阳明心学中的理论帮皇帝解了困惑。当时，京师就有王门弟子写信问老师"怎么应对这场争议"，没想到王阳明的态度就是：不闻、不问、不理。

"好你个王阳明，有能力帮我，却不帮我，等着看我的笑话！但这桂爱卿也有些无理取闹：之前帮我时，用的明明就是王阳明的心学，现在又偏偏说人家是伪学。明显有公报私仇之嫌！"

许是来路有些卑微，再加上前几年纠葛一直纷乱，嘉靖皇帝朱厚熜最不喜欢被别人当成傻子耍，除非他自己心甘情愿。

皇帝还没有完全沦丧良知，此时的王阳明，还算安全。

不过，人的私欲终究还是可怕的。接下来的日子，桂萼都本着"既生萼，何生阳明"的精神，不断地创造机会、抓住机会，誓将精忠报国的王阳明变成一个罪臣。一直到最后，他都站在最阴暗的位置，以一种小人不如的姿态，摆弄着手里的刀子。

私欲如此可怕，怪不得王阳明要用毕生的精力去呼唤良知，这迷失的世道人心是多么亟须拯救啊！但不管能不能救得了，该来的，总归还是会来。

好的，也有坏的。

忆往昔，满是峥嵘岁月。晚年黄沙，送圣人无尽风华叹。王阳明以一颗中正平和的心，面对着世人有意无意投来的诽谤板砖。反倒是那些恨他、怨他、妒他的人，比他还要痛苦。王阳明问心无愧，而他们却要忍受着违背良知的煎熬与谴责。

在为这个年代输入了太多血液之后，王阳明早已经把自己看成是万物中的水，善利万物而不争。

五百年前的世界人来人往、利来利往，一位日益老去的圣人忍着病痛微笑着信步，艰难地在尖刀上舞蹈。只是，这样的王阳明，他的不幸无人问津，他的剩余价值却仍要被榨取，被燃烧。只是，蜡炬成灰心未休。

我笔绘我心，我心昭日月

人还没有七老八十，美髯却已变得花白，身体机能也日益老化。被世人传出千万种好与不好，被工作单位束之高阁……这样的老头，是不是该为自己的处境一大哭？普通的老者也许会，但王阳明不会，因为纵使他什么都没有了，他还有一支笔，他还有一颗心。

他的笔，毕生都不曾搁置，那支笔记录着他的一颗红心，也记下了他一生的壮丽与哀愁。

握紧手中的笔，王阳明还要用它来写辞呈，写上疏建言献策。从正德十年（1515年）开始，王阳明一路七次升迁，却六次辞官，浸染着他笔墨的"辞职书"如花谢花飞飞满皇城。

每一封辞职书的背后，都隐藏着王阳明别样的复杂艰辛，他是身体不好，他也曾有年迈老祖母要尽孝，可是，他又怎么忍心抛下世间受苦受难的黎民百姓？他写辞呈，有抱怨心中苦闷情绪的时候，但更多时候，他还是为了确认朝廷下达给自己权利的态度和力度，因为这对震慑军队和增强军队气势太重要了！他写辞呈，有时还是要放弃自己的既得利益，而为更多的将士争取利益。

在一次次用热屁股贴了冷席子之后，王阳明对朝廷的美好愿景也慢慢变得缺失起来。不再是傻傻地"朝廷虐我千百遍，我待朝廷如初恋"。但朝廷于王阳明来说，仍是一个可以拯救苍生，给万民带来希望的神圣组织，它有那个职能。

王阳明仍然坚信，虽然辞呈不被允许，但只要自己笔耕不辍地坚持下去，就算是从概率学的角度来讲，自己的建议也总会有些被采纳。只要可以报效国家，可以造福天下，这就够了。

　　他的人，上马要安邦；他的笔，下马要治国。

　　但其实，王阳明也会用自己的笔来安邦。以剿匪平叛为例，他就曾不顾其他官员的不屑，将硬邦邦的公文写成富有人文关怀的"情书"，他将真诚当做一种权术融入各项公文中，从而团结百姓，瓦解盗贼和叛民的精神堡垒，实现"山贼要破，心中贼也要破"的理想。

　　那些年，在江西战区的街头巷尾，王阳明深情款款的告谕就如同一道道温情亮丽的风景线，他会在强调要百姓自觉地缔造良好的民风后，表示会和大家一起为创建和谐家园而努力奋斗。很多百姓就是不识字，只听别人读，听别人讲，也能感受到来自王阳明大人那强烈的体恤亲民之意。

　　那些年，在城镇，在山头，读王阳明下发的讨伐檄文，总容易让人两眼泪汪汪，他说："你们本是良民，除了有些罪大恶极的首领和重要从犯外，多数人都是被胁迫的，或是其他不得已的原因。背上罪名本不是你们所愿，不如早日放下屠刀，只要你们能改邪归正，政府永远欢迎你们。""你们在外做贼也不容易，不但要受着四季气候对身体的摧残，还要忍受与亲人分离的相思之苦。你们在外面，却不知家里人多担心你们的安危，多盼望能与你们团聚……"

　　这是檄文么？倒像是"袭人"，花气袭人知昼暖。面对这样的软攻势，即使是不会立马投降做个回头浪子，也很难不产生动摇。

　　是的，在别的官员看来，有奴性的屁民就要鞭打强动才管用，而对那些"非暴力不合作"的贼、匪、叛军则更是不能手软心软。特别是在闹道德荒的年代，恐怕有些亲生父母都懒得对孩子说教，王阳明却耐心地做到了，他的情书公文源于他对众生的不抛弃不放弃，任何一个机会他都不会放过，努力召回人们心中的良知。

　　王阳明的笔，除了写奏折、写告谕之外，还会写诗词、写曲、写文章，写他一颗爱国爱民的心。他的人是厚重的，他的笔也不是乏味的。因为，他还是一位大文豪、大诗人。

有人说过：王阳明其实不是人，他是神，他身上有着天使的侠义和魔鬼的柔情。在他心中住着的那个宇宙，大到通天、通地、通人，他一出手，无数将领就羞煞了；他的宇宙，又细到花苞、细到尘沙，他一细腻起来，无数的文人就汗颜了！尽管理智的王阳明说"辞章艺能，不足以通至道"，但诗确是他的另一颗心，是他逃不掉的宿命。

从十一岁在金山寺崭露头角开始，诗文就放肆地闯入了王阳明的生命，从思想，到生活。多年来，他也会借诗来抒发自己的不幸遭遇，《兴隆卫书壁》云：

山城高下见楼台，野戍参差暮角摧。
贵竹路从峰顶入，夜郎人自日边来。
莺花夹道惊春老，雉堞连云向晚开。
尺素屡题还屡掷，衡南那有雁飞回？

然而，随着这个男人的成长与历练，他更是将诗意沉淀、凝练，幻化出了更为美轮美奂的文字，让人无法自拔。

王阳明的文字是优美的，"悬知再鼓潇湘舵，应是芙蓉湘水秋"；他的文字亦是安静的，"悬灯夜宿茅堂静，洞鹤林僧相对清"；他的文字也是动感的，"隔溪岩犬迎人吠，饮漳飞猱踔树腾"；他的文字还是流淌的，"相思若潮水，来往何时休"；他的文字很大气，"乞身已拟全师日，归扫溪边旧钓台"；他的文字很深刻，"莫道仙家全脱俗，三更日出亦闻鸡"；他的文字很空灵，"天机动处即生意，世事到头还俗尘"；他的文字还很励志，"不为高堂双雪鬓，岁寒宁受北风欺"；他的文字有些无奈，"忧民无计泪空堕，谢病几时归海浔"；他的文字却又最乐观，"千年熟一炊，欲饷岩中客"……

读王阳明的文字，如欣赏一首荡气回肠的曲子，曲折、幽远又悠扬。读他的文字，像是听一位老者在讲述最真实的心事和人生历程。他用时而美艳时而通俗的语言讲述他的人生故事，有过抱怨，有过愤恨，也有无奈，但最终都归于中正平和。

王阳明就是那位老者。滴滴文字，带人进入他的人生，他的世界。

这一生，王阳明与诗文结缘，他朝着所有诗人的圣——李白；他怀着所有诗人的结——思乡；他有着所有诗人的梦——归田。本可以解甲归田，与茂林修竹共风流，赏风吟月，酣醉，醒酒饮茶，日日是良宸美景、赏心乐事！可是在国家与百姓的需要下，在那个成贤成圣的远大理想支撑下，他没有选择在山水间吟诗作赋，而是毅然扛起了另一杆充满挑战的大旗——经略四方。他的文字与诗情也融进兵法，变成奏疏，变成告谕，篇篇都更加不朽。

王阳明曾云"暮钟杳杳催归骑，惆怅烟光不尽诗"。历史人生的是非又何尝不是如此：写进诗，却都"不尽诗"。人生，不管是如日初升，还是如夕阳残红，都不只有当下的苟且，还有心，有情，有诗，有笔，有远方。

高师出高徒：迢迢圣路，师生唱晚（上）

除了修养自身之外，讲学教弟子可谓是王阳明人生的另一大痴迷了。

事实也证明，儿子缘惨淡的王阳明，弟子缘倒是极重。生前身后，他都活在"有弟子万世足"的世界中。只是，弟子多了，除了像徐爱那样听话的楷模之外，也不乏能够"晃瞎"世人眼球的，特别是在王阳明生命晚年所结缘的弟子中。

比如，王门后世的"异端"始祖王艮，就是一位首当其冲的"怪杰"。

最初，王艮不叫王艮，叫王银。虽是意淫金银财富，但其出身却是特别穷苦，虽不是种地的，却是辛苦贩盐的。自幼，王银就体恤父亲经商贩盐的艰辛，小小年纪便主动放弃了私塾乐土，代替父亲去做差役。

再长大些，王银跟着父亲一同经商。但与其他买卖人不同，王银人在商界，却有一颗向往文化界的内心。那时的他，主业贩盐，几乎没有什么业余时间。但即便这样，他仍是会在上班营业期间挤出点空儿来读书、研究学问。于当地集市上的人而言，王银一面卖盐，一面拉着路过摊位的读书人讨论问题，已是见怪不怪了。有时，感觉受教了，王银还会慷慨地以盐相送，表达感谢。

多年过去，王银在经济条件与学识上都有了很大的飞跃，他的学术更是闻名远近。

钱有了，名有了，学问有了，王银的人生理想也一下子远大了很多："夫子亦人也，我亦人也。我为什么不能像孔老夫子一样呢！"

于是，自以为得道的王银便常常像尧帝一样说话穿衣，行走在大街小巷。用人们的理解就是"神经质"。

一天，王银怪异行为照旧，却突然碰上了一个旧相识的学子。交谈中，学子一句无意的话却搅得王银很不好受，学子说，"感觉您的学问和王阳明先生的心学很像呀！"

王银当然不是滋味，自己多年求索悟出的高超学问，怎么会和一个官员的迂腐学问扯到一块去呢！多年来桀骜成性的王银不服。

于是，在正德十五年（1520年），在王阳明初揭了"致良知"之教后，人还在江西的王阳明迎来了突然拜访的江苏后生王银。

仍是貌不惊人死不休式的出现：头带着上古时代舜戴的帽子，身上穿着春秋时期老子穿的那种衣服，手里还拿着个木片做成的简单笏板。

慕名而来，初次见面。王银当然有请教的诚心，但更多的是傲慢、较量和宣战的态度。

对于空降的这个衣着奇怪、举止异常的求学者，王门弟子忍俊不禁，王阳明倒是礼貌相迎。毕竟，奇怪的皇帝、王爷、宦官，他都见多了，也不差这一个奇怪的书生了。

不过，王阳明也没惯着满身傲气的王银，而是犀利地指出："你只学老子穿衣打扮，却不学他七十多岁还在堂上假摔装哭，逗父母开心，真是可惜可叹啊！"

行家一出手，便知有没有。只几句话，王银就已感到，这个王阳明不是善茬：别人都笑自己穿得太疯癫，他却能一眼看出自己是在效仿老子。更可怕的是，他还影射自己认识肤浅。

王银震惊，却不肯就此服输。接下来，王银把王阳明堵在房间里，辩论了两天，论格物致知，论意识形态，论心的作用。当然，也不能用"堵"字，因为与这个有思想的人碰撞火花，王阳明也是心甘情愿的。

两天之后，王银向王阳明行大礼拜师。

能收到眼前这样悟性高，又不盲从的弟子，王阳明自是开心的：虽然王银毕业于社会大学，又是自学成才，但他的学识丝毫不逊色于那些专业科班的读书人，而且，还涉及了古今天文、地理、社会科学等方方面面。不只如此，王银身上也没有传统读书人的迂腐气，他喜欢自由发挥、随心行事、为学不随便、遇事不盲从。这都让追求心性宇宙，又高举个性解放大旗的王阳明欣赏不已。

受拜时，王阳明就不无诚恳地对王银说："我平定宁王叛乱都比说服你要容易，也希望你能把你的学问教我一些。"

但同时，王阳明对王银也仍有担心：也正是因为在社会待得太久，物质精神世界双重丰厚，王银其人很是高傲，常常有一种"一览天下小"的感觉。再加上从小不受礼数约束，王银的性格也很桀骜不驯。长期的集市生涯，迎来送往，与人讨价还价，在练就了王银一口辩才的同时，更是给他灌入了一股脑的刁钻气。

王阳明认为，这个爱徒过于骄躁、自傲，还需要一定时间的沉淀。因此，他为爱徒改名"王艮"字"汝止"，希望其可以如八卦之一"艮"所代表的山一样：遗世独立，又能够"如止"。凡事不要太过分，适可而止。

在成为王阳明的入室弟子之后，大老板王艮干脆把生意全权交给别人打理，自己则一心一意地跟着老师求学。这期间，王艮仍然坚持自己"刨根问底也要搞清楚真知"的个性，与老师争论起问题来仍是"时时不满师说"。不管是对老师还是其他权威的理论，他都要"反复推难、曲尽端委"。

终于，在良知理论指引下，在老师、学友的帮助下，再加上自己认真揣摩、反复找人辩论、探讨，王艮华丽地出师了，他还自创了淮南格物说："即事是学，即事是道。人有困于贫而冻馁其身者，则亦失其本非学也。"

王艮强调，人要"安身立本"，才是国家的根本。

与老师王阳明低调做人、高调讲学不同，王艮凡事都做得高调，好像生怕世人不知道似的。他也不想改掉这个毛病，或者，他并不觉得自己这是"毛病"。

比如，穿奇装异服出门就是王艮的家常事，他还会不顾老师劝阻，坐着"招摇车"招摇过市。嘉靖二年（1523年），王艮入京，一路上更是大肆搞宣传活动，弄得沸沸扬扬。

对于王艮这些怪诞做法，世人自是议论纷纷，连远在绍兴的恩师王阳明都急着对他"痛加制裁"。倒是王艮本人却不以为然。相反，他还借此实现了自己目的：迅速提升自己的知名度，提升了自己学术的知名度。

事实是，王艮的自我炒作很成功，各大场合的讲学邀请帖子纷至沓来。这都为他日后创立泰州学派奠定了基础。

说起泰州学派。那真是王艮本人的骄傲，也是恩师王阳明的骄傲。

王艮所创立的泰州学派，继续弘扬阳明心学良知思想，反对人性束缚，普及道德良心，讲的是"知之为知之，不知为不知，是天德良知也"。

另与其他学派多针对上层社会和知识分子不同，泰州学派更像是一门大众宗教，其宗教信徒从社会高端到底层，涵盖形形色色人群。它鲜明的人民性还表现在其所教的具体内容上面："百姓日用是道"，"百姓日用之学"，要人们在日常行事上磨砺学问。

别人读书明理齐修，泰州学派学员则干脆是读书、明理、过日子，都不耽误。

就是这样"接地气、接人气"的泰州学派，引领了明朝后期的思想解放潮流，其影响超过了王阳明之后心学的各个学派，成为中国历史中第一个真正意义上的思想启蒙学派。

有生之年，在一个等级制度森严的年代，除了点拨读书人之外，更能专业为数以百万计的小生产者讲学、讲理、讲人生，还拥有如此的学生缘，如此的学派规模。或许也只有商人出身、常年混迹于社会的王艮才能做到。这一点，是他对老师人性解放观念的传承；这一点，他甚至跑在了老师王阳明的前面。

王艮也因此被世人亲切地尊称为"王泰州"。

值得一提的是，在这位王艮"王泰州"身上，有商人的奸，有儒者的仁，更有他"做自己"的坚持：一生布衣，拒绝入仕。王艮爱财，却取之有道，他凭自己的双手创造价值，过着富庶的生活；他一生不受功名，摆脱了中国文人入仕为官的人生死结；不为官，他却还能用自己的知识服务社会，特别是中下层社会群体；他做自己想做的事，又哪管世人诽谤！或许有人觉得王艮是在作秀，但是如果一个人能用毕生精力去做一场秀，这场秀、这个人都是极为难能可贵的。

这样的王艮，并非出自书院门楣，却是比世上读书人都更爱学问，他在弥留之际还对儿子王襞说："汝知学，吾复何忧！"他告诉儿子："只要学派和好的思想能传承下去，为世人所用，哪还有比这更重要的事呢？"

待后来王艮去世之时，为其送葬的人有数百人。这样的王艮，与其说是怪人，不如说是位怪杰。

王艮一生，能得良师王阳明倾力提携，自是该觉得荣幸之至、感恩不尽。而王阳明为师，能得弟子如此，又还有何求呢？

高师出高徒：迢迢圣路，师生唱晚（下）

王阳明有怪弟子。王艮是一位，来自海盐的怪老头董萝石也是其中一位。

董沄，字复宗，号萝石。

在遇见王阳明之前，江湖上就早有了董萝石的传说：一生爱诗，爱诗如命。为了研习诗作，他可以常年抛家舍业地与家乡的诗友们扎在诗社里，往往是"吟安一个字，拈断数根须"。别人笑他太疯癫，他却笑世人看不穿。

那年春天，六十八岁的董萝石只身到绍兴游玩，他想为写诗寻找些灵感，更想为自己的人生找一个更高更新的梯度。途中，老董听说王阳明和弟子们在山中讲学，便决定前去会一会这个传说中的圣师和他的"圣学"。

原来，这位老董也是一位老儒，他之所以会攻心于诗词，其实是因为对世上那些道貌岸然的儒者失去了信心。听闻王阳明要还世界以"儒宗本义"，便多少有些心动。

第十一章　凡事学事自洗心，只此修行玄更玄

只是，王阳明是不是像其他人一样，只为欺世盗名，老董还不敢确定。

连续几天，董萝石用拐杖背着水瓢、斗笠和他的诗卷，沿途打听，一直寻到了王阳明所在的山中住所。进门后，董萝石倚老卖老、神态嚣张，一屁股就坐在了上座。

对于这个天上突然掉下来的怪老翁，王阳明自是感到莫名其妙，不过仍是以礼相待。特别是在得知这位老者就是文坛老前辈董萝石后，王阳明更是礼遇有加，还与老人聊了很久。在深入谈话的过程中，董萝石的态度也发生了天翻地覆的变化，他变得越来越恭敬，越来越谦逊，更是不停地将身体从主位上向旁边移动。

从王阳明处出来，已是深夜。董萝石开始时还是默默走在前面，突然他一把拉住身后送自己就寝的王阳明弟子何秦。

董对何说："活了这么一大把年纪，我一向以为，这世上的所谓'儒者'都只是懂些皮毛，只注重表面功夫，不过是些哗众取宠之辈。我更是瞧不起那些打着'儒者'、'儒商'旗号，却把精力都花到追求富贵上去的人，我也因此认为这世上没有真正的圣学学问。所谓"圣学"，不过是小人们拿来营私的手段罢了。这些年，我吟诗作赋，在山水间潇洒，以为这样才是高雅大儒该有的行为，为此，我深信不疑，还嚣张不已。可是今天听说了阳明先生的'良知'之说，方如梦初醒，这才明白自己以往只知沉溺于诗词，其实是在费尽精力、虚度人生啊！我又比那些挖空心思追名逐利的人强到哪去呢？今天来拜访阳明先生真是我三生有幸。我想做先生的学生，不知道先生会不会因为我年纪太大而嫌弃我？"

听到年近古稀的董萝石连着说了这么多，还提了个劲爆的要求，年轻的王门弟子何秦一时竟没反应过来。或者说，他收到了讯息，但不知如何处理。耐不住老人家又是一顿央求，何秦答应，当即就带老董一起向师父请求。

王阳明也是受宠若惊："这样的情况还真是第一次遇到，您年长我那么多，又那么有学问，您若觉得我的话可信，一起探讨切磋就是了，就用不着行什么师生之礼了。要拜师，也只有我们晚辈向前辈拜师的道理啊！"

董萝石一听，觉得老师这是在怀疑自己的诚意，也不多做辩解，只拍拍屁股，

说晚安。第二天一早，就有弟子前来禀报：董老先生收拾行头，回家去了。

两个月后，当人们已经淡忘了这件事时，却看到老董捧着一匹缣出现在阳明面前："这是我的老伴亲手织的缣，这缣上的线就如我向老师求学的诚意，请老师一定要收下我。"

王阳明正推脱着，董萝石已经迫不及待地进门下拜了，阳明也只好允许他与自己的关系处于"师友之间"。

的确，王阳明并没有把这位老者当学生，因为在他看来，董萝石愿意放弃自己几十年的修为，低下头来潜心求学，这很让人敬佩；同时王阳明认为董萝石能够戒骄戒躁的求学是"良知"的榜样，这已经是对良知的最好领悟了，根本没有必要向自己求学。

拜师后，老董头便常跟着王阳明一起在名川大山与湖溪间游历，王阳明也以诗会友，和萝石感悟人生。

共赏菜花，王阳明和萝石：

油菜花开满地金，鹁鸠声里又春深。
间阎正苦饥民色，畎亩长怀老圃心。
自有牡丹堪富贵，也从蜂蝶谩追寻。
年年开落浑闲事，来赏何人共此襟？

天泉楼夜坐，王阳明和萝石：

莫厌西楼坐夜深，几人今夕此登临？
白头未是形容老，赤子依然浑沌心。
隔水鸣榔闻过棹，映窗残月见疏林。
看君已得忘言意，不是当年只苦吟。

共登秦望山，王阳明有感而发：

第十一章 凡事学事自洗心，只此修行玄更玄

清晨急雨过林扉，余点烟梢尚滴衣。
隔水霞明桃乱吐，沿溪风暖药初肥。
物情到底能容懒，世事从前且任非。
对眼春光唯自领，如谁歌咏月中归。

王阳明虽年纪较轻些，却也是半百之人了，而那老董头的年纪就更不用说了。本都是"血气既衰，戒之在得"的老头，却被这共同的人生觉悟联系到了一起。对人生、对社会他们都经历了太多、都感悟了太多，也看开了太多，不如一起洒脱飘逸！

当然，师生间更多的还是关于心学与良知层面的切磋：比如，董萝石喜欢记录自己和别人的善言善事，王阳明却劝他："录善人以自勉，此亦多闻多见而识，乃是致良知之功。"要"致良知而心得其宜"，才能"浩然之气至大至公，充塞天地，自然富贵不能淫，贫贱不能移，威武不能屈。"

别的学生出游回来悟说："我看见满街都是圣人。"王阳明告诉学生："你看满街都是圣人，街上人看你也是个圣人。"董萝石外出回来说："今天发现一个很奇怪的事，我看见满街都是圣人。"王阳明却只是说："这很正常啊，没什么可奇怪的！"同样一个问题，因为所问人的态度、角度不同，王阳明给出的回答也是各不相同。简单的一句话，却如醍醐灌顶，让董萝石得到精神的解放。

能进入一个全新的学术领域，跟着一位智慧与勇敢并重的老师在一起，董萝石也一改先前的骄傲。他变得像个好学的小孩子一样，总有很多奇怪的"十万个为什么"，而且不懂就问，乐不思乡。

诗友们急的写信来召董萝石回去作诗、撑门面，还劝他，既然老了就不要在外面折腾自己了。董萝石却反笑回去："我很开心自己能脱离苦海，可怜你们还在苦苦挣扎，现在你们反倒认为我在受苦，岂不知我现在正像一条游弋的大鱼和展翅的大鸟一样自在，又怎么能飞回笼子做家雀！我要顺从自己的爱好过完余生，以后请叫我'从吾道人'。"

看着可爱又好学的怪老头渐渐悟到良知，王阳明在伤心自己与朝廷那点破

事儿之余，也是深感欣慰。

而如此老董，能发自内心地说着"朝闻道，夕死可以"；如此老董，能以"随心所欲而不逾矩"的信念活着。这样的余生，不论长短，却日日如新生啊！

如此信念，师生共勉，世人共勉！

一生心血"致良知"

那是嘉靖三年（1524年）的事儿了，史上那位最爱玩的荒谬皇帝朱厚照已经过世三年多了，大明王朝正从一种奇怪的黑暗政治向另一种变态的黑暗政治过渡。

相对于那些工作在北京朝廷、活在"大礼议"中钩心斗角的人来说，还在家丁忧的王阳明反倒是更让人羡慕：人在天堂浙江，身子自由；一门的弟子还不离不弃，呈共同进步之势。

是的，尽管没能躲过政治阴霾，也还有嫉妒、排挤的眼光在盯着。但王门心学确是还在坚强发展，因为有一位神奇的"教主"在压阵，因为有一群努力又忠实的弟子在助阵。

别人或许不理解，王门人却是很清楚，他们凝聚来源于两种力量：一是共同的学术信仰，二是极度和谐的师生关系。

这是他们清楚的，也是他们在默默坚守的。

相较于众弟子们，王阳明更是明白，是良知让大家于乱世之间聚在一起，修心、论学问、论人生。同样，也是良知的缺失与被蒙蔽，才会搅得北京朝廷如此昏暗，天下如此凋敝。

人们一切行为态度背后的真正根源就是良知。而王阳明发现良知、研究良知，把良知作为心学的重要课题也已经有些年头了。

孟子说，"世人心中都有良知"，王阳明很认同。他的认同，不是单纯的学术肯定,而是他在剿匪东南、平定宁王叛乱过程中,总结出来的。他认为,那些在国难之时,敢于担当的将士们有良知,那些认真过活的百姓有良知。不只如此,山贼也有良知,叛兵也有良知。不同的是,有人的良知显现了,有人的良知被蒙蔽了。

从原则上讲,不管是叛兵的良知、山贼的良知,还是百姓官员的良知,包括王阳明自己的良知,都与孔孟圣人的良知是平等的。只要愿意,人人都可以成为孔孟、尧舜。

但是,王阳明更承认,不是所有人的良知都会生来显现,相反,大多数人的良知都被蒙蔽了,才会认不清自我、价值观混乱,才会不行孝悌,甚至作奸犯科。所以,在暂平了宁王战事之后,抽出精力的王阳明便将孟子的"良知",与《大学》中的"致知"作了系统的研究、整理。最后,他将其升级为"致良知"论:

不再让良知成为看不见、摸不着的空想与口号,而是让它升级为有行动效益的"致良知"。通过"致良知",让良知成为人的具体想法、眼神、一笑一颦,每一个言行举动,将真理"行"出来。

在揭开其中奥秘之后,王阳明不但将"致良知"视为自己平生所学,更是将它看作是"千古圣贤相传的一点真骨血"。

在"正德"变更为"嘉靖"的那几年,王阳明放假在家、后又为父守孝在家,他整日的大事,就是给学生们上课,宣传"升级版"的心学理念"致良知"。即通过学习主体的自我道德修养,从而合乎天理,体认良知。

但是,再真的理论,再牛的学问,也都不是一下子填鸭式地塞给学生的。特别是,课上坐的还都是学术型的成人弟子,弟子们年纪没上限,下限却是有的,至少没有咿呀背书年纪的孩子们。

面对着这些已经有了自己价值观,更有自己的思想和行为方式的学子,王阳明在传道授业的过程中也总是会格外顾及大家的感受。

在王老师讲学中,总会有一些温馨的小画面:

一次,阳明召集学生们共处一室讲课,有一位学生看书、听讲,甚至落座都表现得十分拘谨。

王阳明说:"一个人如果过分拘谨,那就是毛病。"

学生不解:"拘谨显得尊重,怎么会是毛病呢?"

王阳明说:"人的精神精力是有限的,如果都用在表面上了,那分给内心的不是很少么,就会有很多内在的地方照顾不到啊。"

又有一次,王阳明对一个言语太过直率的学生说:"我们在这里讲的就是关于内心修养的学问,而如果对外在表面毫不加约束的话,那不就是把内心和外事分开了么,我们的学术还有什么意义?"

当然,对于学生所犯的严重错误,王阳明也会直接不留情面地斥责,但是对于其他的一些可以悔改的问题,他又总是能耐心地以心学道理引导,语重心长地教导,直到学生们真正有所悟。

王阳明对学术严肃、严谨,对学生弟子们却不端架子,他视他们为志同道合的友人,碰到品德高尚又虚心向学的学生要离别,他还会亲自送出一程又一程。相处时,他和大家茅堂同住,不能在一起时,他也会常常念起和弟子们相处的时光,"人生多离别,佳会难再遇。如何百里来,三宿便辞去?"……

连续几年,王阳明多数时间都是带着学生游历在江浙的山水间,寓教于乐,他常会讲良知示诸生:

个个人心有仲尼,自将闻见苦遮迷。
而今指与真头面,只是良知更莫疑。

问君何事日憧憧?烦恼场中错用功。
莫道圣门无口诀,良知两字是参同。

人人自有定盘针,万化根源总在心。
却笑从前颠倒见,枝枝叶叶外头寻。

无声无臭独知时,此是乾坤万有基。
抛却自家无尽藏,沿门持钵效贫儿。

跟随这样的老师，在老师春风般的关怀下学习、悟道。师生间互相切磋、互相挂念、互相感恩、互相激励，这或许就是"师道尊严"的最高境界吧。

圣门盛宴之夜宴

嘉靖三年（1524年）中秋，天上一轮圆月捧出，人间万姓仰头看。王阳明在住所附近的天泉桥碧霞池上大宴百位门人。

师生团坐，把酒言欢，场面像极了《论语·侍坐》里的画面：大明版的孔子与门生一起，和着月色，吃饭、喝酒、击鼓、投壶、K歌，好一个：人生得意须尽欢，莫使金樽空对月；修一个：常快乐就是功夫！

皎皎圆月下，王阳明很开心地作了两首《月夜》送给自己和弟子：

> 万里中秋月正晴，四山云霭忽然生。
> 须臾浊雾随风散，依旧青天此月明。
> 肯信良知原不昧，从他外物岂能撄！
> 老夫今夜狂歌发，化作钧天满太清。

> 处处中秋此月明，不知何处亦群英？
> 须怜绝学经千载，莫负男儿过一生。
> 影响尚疑朱仲晦，支离羞作郑康成。
> 铿然舍瑟春风里，点也虽狂得我情。

中秋夜，与学生们在一起举杯相邀，谈天说地，打成一片，还能以月喻良知，圣师告诉弟子拨开云雾就能见得月明，拨开私欲就能见得良知。那一刻，王阳明感觉很宁静，也很知足，自己能于这乱世人心之中，守得如此天伦，这是何等的幸福啊。即使,这幸福时光过于短暂,这幸福感觉却是绵长。

那夜,人散后,一钩淡月天如水,王阳明人静静端坐在碧霞池上,感慨随着风与月袭来:

> 独坐秋庭月色新,乾坤何处更闲人?
> 高歌度与清风去,幽意自随流水春。
> 千圣本无心外诀,《六经》须拂镜中尘。
> 却怜扰扰周公梦,未及惺惺陋巷贫。

赋闲山中,王阳明不会忘记自己身上还背负着的心愿:于国于民,自己到底还能奉献什么?又该怎样奉献!不过,此时的王阳明终是欣慰的,因为他还有支持他的弟子们做后援。他们不介意他会不会成为周公,只因为他是他们的老师。他们告诉他:一日为师,终身为父!

有那么一刹那的迷茫:不知道师生何时又会分离或是重逢?不知道世人的"致良知"如何才能真正到达?不知道一颗圣心如何才能得到最好的涤荡?但一切又很快明朗起来:是啊,吾心自有光明月,何愁千古团圆会有缺!山河大地拥清辉,赏心又何必中秋节!

有师生虔诚相伴着前行,圣学大道总是不寂寞的。

第十二章

王阳明
人生未若归去来，百年化尽渔樵话

第十二章　人生未若归去来，百年化尽渔樵话

发妻撒手去，生死两茫茫

嘉靖四年（1525年），又一位与王阳明休戚相关的人过世了，那是他的结发妻子诸氏。

让人有些不解的是：当年妹夫徐爱离世时，王阳明又绝食又哭着要同去；以往，见士兵和陌路人死去，王阳明也会痛哭着写篇祭文。可是，面对着陪自己走过近四十度春秋的妻子离世，王阳明却表现得相当平静。

没有眼泪，没说一句"生死两茫茫，不思量，自难忘"，也没一句"千里孤坟，无处话凄凉"。这真的很难不让人联想到他们的婚姻质量和夫妻关系。

苏格拉底家有泼妇，使得他天天家里待不下去了，上街去找真理；姜子牙家有"扫把星"，闹得他不得安宁，躲到渭水河边去钓鱼；孔子当年四处讲学，在街头注视了一个抱孩子的妇女良久，撂下一句"天下唯有女子与小人难养也"，谁又知道，这是不是老夫子自身婚姻不和谐造成的阴影呢！那么，在同为圣贤却也同为凡间男子的王阳明身后，会不会也隐藏着什么不为人知的"围城"无奈？

这是一段王阳明难以掩饰的殇，不知道这算不算是情殇。

当年王阳明迎娶诸氏时，虽然年少，却也是快到二十岁的小伙子了。青春期的男生，若说完全不懂憬异性和男欢女爱那是瞎掰。但是，妙龄女子就摆在那，眼看着就可以名正言顺地成为自己的"固定资产"了，王阳明却在结婚当天和老道论道去了。除了养生和道家思想玄妙到让王阳明如痴如醉外，也足见这位诸姑娘并不怎么中他的意。

不中意？是哪里不中意？这个很难说。但可以肯定的是，诸养和的女儿长得一定不丑，但凡她长得太对不起观众，历史和传说就把她的相貌夸张化、放大化，然后糅和进王阳明的圣人身份中，或是传出一段像诸葛亮与丑妻王月英般琴瑟和鸣的佳话来，或是成为政治对手们搞垮他的噱头"嫌弃婆娘丑"，不过这两种现象都没有出现。但同样能肯定的是，这位诸姑娘也一定长得没有多漂亮，若是她真的沉鱼落雁、闭月羞花，又怎么不会被少年钟情？又怎么会被老公忘了迎娶？可见，诸姑娘长得比较一般，是"一般人"。

相貌普通，没能勾住老公的第一印象，这在封建社会倒也是正常现象。毕竟几千年包办婚姻中，先恋爱后结婚的占少数，结婚当天才见面的占了大多数，结婚后才产生感情或是一生都不产生感情的也实属正常。

可是为什么在这种种情况中，诸家姑娘成了最悲切的那一类人呢？

只能说，王阳明太完美了，他一生擅长的东西太多，作诗、写字、骑射、打仗、讲学，他将每一样都做到了极致，而他的这些完美又让诸氏这样平凡的女子望尘莫及。但凡娘子也能有些相似的爱好特长、与夫君有些共同语言，王阳明也不会在蜜月期专心成长为书法大家了。相对于为人个性、又追求个性解放的王阳明来说，诸氏真的是太普通的一位女子了。普通到，王阳明被贬谪龙场，京城送别，都是其他"伊人"来送别。

王诸两家虽然门当户对，诸氏也是个有教养的女子，对王阳明三从四德、缝衣侍奉，但可惜：叹人间，美中不足今方信；纵然是齐眉举案，到底意难平。

婚姻还在，爱情却早就离家出走了，或者说它根本就不曾来过。

婚姻这东西本就奇怪，包办婚姻就更奇怪：没有情感基础的两个人，被安排到一起，同吃同睡，同床异梦。理想的情况是家庭中有了孩子，夫妻双方就多了个沟通的纽带，日久也就生了些情，哪怕是亲情。可偏偏诸氏嫁给王阳明三十几年都没能生个一儿半女，只是碍于"有后"这一必然责任，二人才在长辈的安排下，领养了王阳明堂弟的一个儿子"正宪"。

在那个不流行计划生育的年代，皇帝有几十个龙子龙女，普通人家有三五个儿女或十个八个儿女都是再正常不过了。相比之下，庶出子女在很多老爹眼里都算不得亲近，更何况是个养子，所以，王阳明虽然对孩子有父子之情，却不可能是多么深厚的感情。加上王阳明长期在外，要么逃命，要么打仗，与妻儿聚少离多，就使得这个孩子仅仅成为诸氏的精神寄托，却不具备成为父母感情纽带的机能。

奇怪的是，王阳明并不像一个禁欲主义者，可是常年与老婆分居，他却没有什么风流记录；老婆不生，他没有责备，不闹离婚，也没有以续子嗣的名义纳妾。这可能就是一个圣人的素养吧，他无法爱上自己的老婆，却能尽全力尊重自己的老婆。他还谨记着当年对岳父岳母的承诺：照顾好人家的女儿。他没法爱上她，却也不能抛弃她，不能让她重蹈山中弃妇的命运。

可怜诸氏，就这样成为圣人背后不被记起的女子：从洞房那天起便埋在心头的自卑与隐忍，随着没有孩子又无法触及丈夫思想的空空长日滋长。那份卑微的情感到底是爱么？诸氏也不知道。她用尽毕生力气换来王阳明的不愿回忆。这名女子到生命的尽头都想不明白，丈夫到底是不爱红妆爱武装？还是另有所属？可怜这最初不相识，最终不相认的两个人就这样成了包办婚姻的殉葬者。一生情感冷暴力，一个蹉跎了时光，一个遗憾了岁月。

生活在那个有爱情童话的年代，不知道诸氏可曾在一个个夜深人静之时想过：万贵妃人老珠黄、没儿没女，尚被连宠带爱；张皇后也是婚后恋爱，还一度没有生育，却是被皇帝丈夫一直爱到了最后……同样是女人，为什么别的女人可以被不顾一切地爱着。自己守护的寻常感情却足以嚼出蜡味来？

享着丈夫被封"新建伯"时，顺便给三代夫人赢来的荣誉头衔，诸氏夫人是笑出来了，还是悲从中来？

多年之后，再去看，我们或许可以如此理解：晚年的王阳明早就悟了生死，他这是效仿庄子，妻子死了，鼓盆而歌，不是不爱，而是大爱。而他与她之间也不是没有爱情，只是灿烂之极归于了平淡，在另一个别人无法到达的平行时空里，在几年以后。

多年之后，谁会记得，那个圣人背后的女人诸氏也有名字，她叫诸芸玉。

在诸氏去世之后，五十多岁的王阳明才娶了一位姓张的继室，虽然王阳明的身体已经十分虚弱，但张氏还是在嘉靖五年（1526年）给他生了个大胖小子，王正聪。

老来得子，王阳明连着做了两首诗表达心中喜悦和对儿子的期望，或许，从他昂扬如"海鹤精神老益强,晚途诗价重圭璋"的诗句中,我们可以看出他对发妻诸氏不孕一事还是有些芥蒂的,只是从不曾捅破那层敏感的窗棂纸。不知道诸氏的不孕育、不生产,有没有让王阳明对自己男人的能力产生怀疑。但可以肯定的是,即便是身为圣人,王阳明身上的家族使命仍是有增无减,他愈加敬爱自己的父亲和爷爷,就愈加觉得自己无后是一种天大的不孝。带着这样的心理包袱,无法沟通,又无法责备,他又该以什么样的心态,去面对一个自己毕生都无法爱上的女子?看来,俗人的烦恼,圣人也是抵不过的。

诸氏走了,王阳明也有了自己的亲生骨肉,可是他们间的纠葛却没有就此结束。二人或许都想不到,他们极力维护的平静家庭关系,会在王阳明也过世后被搞得翻江倒海。他们的养子正宪会因为抢夺财产而挤兑还是幼童的弟弟王正聪。是王阳明生前的好友兼门生黄绾出手相助,将自己的女儿许配给王正聪,订下娃娃亲,并为其改名"王正亿",还以合法监护人的身份处处罩着这位小王同志。若不是黄绾和其他阳明弟子的尽力维护,他的骨肉真不知能否幸存!只是,人们在责备王正宪这个"白眼狼"的同时,又可曾想过,这个养子从小跟着养母,没能从养父那享受到该有父爱的孩子,他愤然抢夺的到底是财产,还是对已逝养母的公道!

家家有本难念的经,圣人家里也不例外:恩与爱,情与仇,王阳明难免,王阳明身边最近的人也难免。多情自古空遗恨,但无情更是遭人恨。真正的境界,不是任凭人生长恨水长东,不是完全没有感情,而是在这些复杂感情相纠结的时候,不执着,仍能持有尊重、理智和良知,仍能相逢一笑泯恩仇。

但愿王阳明与诸氏是这样的感情。

天泉证道:让善恶再飞一回

发妻走了,不管是有爱还是无爱,生者的人生总是要继续。

许是因为老父、发妻的相继离世,也更加让身体孱弱的王阳明感觉到了"知天命"年纪的紧迫感。

眼看着心学弟子越来越多,心学影响力也越来越大。如何能像武林各大门派一样,将自己的毕生绝学"致良知"整理成一套"心法"传授给弟子们,同时也作为王门的教义,成了王阳明晚年迫切想做的一件大事。

是啊,比起等朝廷的交代,自己总结半生学术经典倒是更实际些。

老师有这样的想法,弟子们自然是迫不及待地等着得到真传,就这样,王门"四句教"产生了:

无善无恶心之体,有善有恶意之动。
知善知恶是良知,为善去恶是格物。

然而,此教义一出,王阳明就又成了箭靶子,明枪暗箭从四面八方投来,其中还夹杂着板砖。甚至在王阳明死后,这四句话引来的争论仍是喋喋不休。尽管如此,王教主本人仍是很负责地表态:这就是我的思想宗旨,它的核心仍然是"致良知"。

先不说外面怎么议论得沸沸扬扬,这"四句教"在王门内部也引起了很大反响,其中,反响最强烈的是王畿和钱洪德。

都是王门的得意弟子,都是深信心学之人,也都是学术严谨之人。

以钱德洪为例,同为余姚人的他还是王阳明的亲戚。钱所出生的地方,正是当年王阳明呱呱坠地的"瑞云楼"。

早年间,钱德洪的工作是在老家给人讲学,因为其学识渊博又兢兢业业,在当地也有一定的名声和学生基础。与徐爱一样,钱德洪对于余姚的"名亲戚"王阳明也是崇拜情节深厚。

正德十六年(1521年),王阳明被朝廷放了长假,省亲余姚。钱德洪率侄子门生74人在当地中天阁迎请这位讲学界、思想界的精神偶像,率众拜师王阳明。之后,钱德洪的人生就只剩下一件大事,那就是随老师一起传道、授业、解惑。

至于另一位王畿，虽不是王阳明亲戚，却也是同为浙江老乡。王畿年轻时就很豪迈不羁、对谁都是不服不怕的架势。嘉靖二年（1523年），王畿科举受挫，返乡拜了王阳明为师，也和其他学子一样心学、科举两不误。到了嘉靖五年，王畿取得会试资格，但他却没有参加接下来的考试。理由是，王畿这匹脱缰的野马此时已甘愿为老师和圣学套牢自己，他没工夫去考试，也没时间做官，尽管老师说过，"做官并不影响学术研究，相反，官事磨练也能印证心学工夫"。但他仍想将全部精力都用在协助老师传播圣学上。

当时，王畿还被称为"王学教授师"。

在"四句教"提出之后，王阳明的这两位爱徒兼高徒都陷入了更深层次的思考。有思考就会有疑问，有疑问就会有讨论，有讨论就会有碰撞，有碰撞就会有火花。越是高深的思考，越会产生惊人的疑问，越能产生剧烈的碰撞，就会擦出最耀眼的火花。

可能是不同的性格、阅历使然，关于"四句教"，同师门的二人理解竟是不相同。特别是对后三句，二人的观点还出现了严重分歧。性格一向张狂的王畿就主张"四有说"，他认为，四句教还需继续探讨完善，还能向前推进。而性格相对保守的钱洪德则主张"四无说"，他坚持认为，老师的观点是不容置疑的。

二人所谓的"四"则指的是心、意、知、物。

原本，学术辩论是不争在一朝一夕、一时一晌的事，可偏偏老师王阳明是个大忙人，眼下又被朝廷安排去做大事了，留在浙江的时日已不多。而王、钱二人又是当地的两大看家弟子，如果他们关于老师的精髓学术认识都不统一的话，又如何指导其他的王门弟子？因此，二人也迫切要辩出个究竟来。

嘉靖六年（1527年）的一个秋日，天气爽朗，王、钱二人又在学友张元冲的船上为"四句教"而争论起来。足足争了一整日，二人争得脸红脖子粗，硬是谁都无法说服对方。最后还是张元冲受不了了，苦笑道："以两位的学术造诣，我的水准是远远到达不了的，你们不如赶紧找老师去评评理吧！"

二人想想也是，老师虽忙，但圣学研究也确实是耽误不得的大事。于是他们赶过去堵住了王阳明，请求老师指点迷津。

王阳明乐呵呵地将两位爱徒带到了附近的天泉桥。一场轰动哲学界的"天泉证道"辩论会也就此拉开帷幕。

据载,当天的辩论十分激烈,虽然几位记录员的会议记录有些出入,但是,并不影响它的激烈。

综合起来,王畿仍坚持"四有说":如果说心无善恶,同理,意、知与物就都是无善恶;如果说意有善恶的话,那么心、知、物也都该有善恶。他也认为,正因此,"四句教"核心该在于"悟"。

相反,钱德洪则坚持"四无说":心本无善恶,所以,知、意、物也都没善恶。但因心在社会的大染缸中产生了善恶,所以必须要恢复真正的心性。因此,他认为,"四句教"核心在于"修"。

几番你来我往过后,双方都对自己的论点给予了充足的论据阐述,辩论也多次进入白热化。最后由此次辩论的主席、公证人员、评判人兼第三方王阳明作总结发言。

对于二位爱徒的这种钻研精神,王阳明首先表示了开心与欣慰。但他也郑重地指出:二人所述观点其实都只是自己教义的一个方面,只是所针对的人群不同。王畿说的"本源上悟入"适用于那些"利源之人",而钱洪德所坚持的"在意念上落实为善去恶功夫"适用于那些"中根以下人"。

同时,王阳明也对二人进行了严厉的批评,他说王畿,若只知悟则会容易轻视实践工夫,产生"空想"的毛病!他也更正钱德洪"有只是你自有,良知上原来无有",不能一味地靠"修"来致良知。

王阳明还提醒二人不该将"悟"与"修"孤立开,要悟、修同步,相辅相成,就像"知行"必须要合一一样。若各执一边,便不能很好地理解和应用这教义,更不能很好地致良知。因为在"心外无物、心外无理"的世界里,要想更好地致良知,本源是一个必须到达的高度。

就这样,先是表扬弟子的优点,肯定双方对的地方,再对跑偏的二人各打五十大板,最后补充双方的不足之处,得出正确结论!既鼓励了学生的向学态度,不打击学生的积极性,又不让人产生骄傲心理!王阳明不愧是王阳明!不愧是挑起中国素质教育大旗先驱的老师!

至此,王门对"四句教"的理解也终于达成统一:"四句教"就是心学的主旨，是放之四海而皆准的法则。

从"天泉证道"王阳明的总结陈词中，也可以看出，王阳明对于"悟"的评价要高于"修"，而王畿的悟性也是远在钱洪德之上的。但是，王畿敢于创新求索，钱洪德则是笃厚扎实，这都是王门之幸，也是他们本人之幸，两人都是儒家心学的代表人物。当然，从"天泉证道"中二人走入的极端也可以预见出，他们日后也都有自己的学术软肋。

月色袭人，小桥流水，"天泉证道"在一片和谐中圆满落幕，师生也奔向了各自的前程。

这一行，成了最后的战役

嘉靖六年（1527年），大明王朝又有摆不平的乱子了：广西地区少数民族聚众造反，地方几年都管不了，朝廷也管不了！于是，王守仁的名字又被从"能将簿"里翻了出来。闲置已久的王阳明被任命为"南京兵部尚书兼都察院左都御史"，总管江西、湖广、广东、广西四省军务，出征广西。

收到任命，王阳明二话不说，先是工工整整地写了一封"辞职信"：病重，去不了。当然，朝廷方面认为这是王阳明有小情绪，或是惯例托辞，倒是很快给了批复：不行。

其年九月，在结案完学生"天泉证道"没多久之后。五十六岁的王阳明开始了他有生之年的最后一次行军生涯。虽然那时他还没有预感，但这一路，王阳明也确实百感交集。

在出发路过桐庐钓台之时，王阳明下了自己所乘坐的车马，久久地立在那空山烟雾之中。他一面仰瞻台上云，俯濯台下水，一面不住地迎风咳嗽：想上次自己路过这里，也是因为军事，还是押着俘虏朱宸濠和正德皇帝打太极，这一晃已是有十个春秋了。

十年光景，那时的皇帝成了先皇，那位反王也成了尸骨，倒是自己，还活着。那年的小树都长成了大树，而如今的自己却是过早衰老：白发，肺病、足病、心病，一身病痛，也真是一副不再适合带兵模样……可是能怎么办呢？为了那些受苦受难的同胞们，只好硬着头皮再上一次了：疮痍念同胞，至人匪为己。

继续行军，在路过伏波庙时，王阳明又停了下来。不知怎地，那个自己年少时的梦境，迎面袭来。又或者，那个梦，他也从未曾忘却过。十五岁时，王阳明梦到了"卷甲归来马伏波"。此后，伏波将军马援就成了他的人生偶像之一，他愿像马援将军一样，为国家征战沙场、马革裹尸。

如今披甲而出，拜在伏波祠下，王阳明难掩心中激动，将万语千言都化为了诗行：

> 楼船金鼓宿乌蛮，鱼丽群舟夜上滩。
> 月绕旌旗千嶂静，风传铃柝九溪寒。
> 荒夷未必先声服，神武由来不杀难。
> 想见虞廷新气象，两阶干羽五云端。

这位吟诗的人不知道，待自己卷甲而来，将真的如偶像一样，马革裹尸。

再往前走，王阳明仍是有委屈也有感慨。可是出都出来了，发发牢骚或是表表决心虽然不能让病痛好受一些，却可以让心里好过一点。把活干好，才是他一贯的宗旨。

载着沉甸甸的药罐子，王阳明一行已经快到广西战区了。也就在这时，他突然拍着大腿放了一句话：这回打仗，完全不必费力啊！

不是大言不惭，王阳明的吹牛是精打细算过的，是他和谋士根据沿途侦察情报汇总、分析得出的结论。

原来，广西地处大明偏远地带，所居人口也多是少数民族。这些土著居民自从归顺明太祖后，很长一段时间里倒也服帖，多年来所闹的，不过也就是些民族首领间争利益的内部矛盾。如今，他们之所以会公然"叛乱"和朝廷对着干，主要是因为不满现在朝廷的"改土归流"政策。

所谓"改土归流",是指中央撤掉了当地土著民族的原首领,委派明朝廷的流官去监管当地主事。大权旁落,本来就让当地人感到不舒服,再加上朝廷派去的官员又人品存疑,或是领导不善,比如像两广巡抚姚镆,就是到那一顿胡搞乱搞:不尊重当地民族的风俗习惯、文化传统,生搬硬套、强制实行汉化制度,搞来搞去,就把当地人搞得情绪有抵触、生活没活路,唯有起来反抗。这其中,被朝廷列为要犯的卢苏、王受就是两只"造反领头羊"。面对反抗,姚镆又采取野蛮地血腥镇压,结果越治越乱,最后烂摊子收拾不了了,只好上报朝廷,说"这里造反了"。

可叹堂堂北京朝廷,所收到的地方讯息,要么是被刻意美化过的,要么就是被扭曲过的,总之是带着极大水分的。而那些朝廷高层居庙堂太深,在很难了解一线实情的基础上,又要有多缜密,多高瞻远瞩,多力排杂议,才能做出不跑偏的判断和决定呢?这样的死循环,向前延续了若干年,向后不知道还要持续多久?看来,唤醒世人良知,做一个明察秋毫的朝官,真是一辈子的事啊。

战事前景不令王阳明担忧,但还是有现实问题让他沉重。做为要来干实事的人,他决定上疏向朝廷如实汇报:"卢苏、王受这些人不是真的想反,他们只是活不起了,率众起来反抗一下太过分的压迫,他们的心还是向着朝廷的,也都渴望归顺。"此外,他还就当地形势提出自己的平乱策略:我在这里,并不打算强制出兵收拾他们,只想给他们一点小惩罚,也请朝廷对这些子民网开一面。

不出所料,这封上疏一到北京朝廷就引发了很大争议:"之前几年,姚镆在广西地区没少吃苦头,他说战事严重那就一定是严重。再说,想也知道那里的蛮夷多没素质,怎么可能像王阳明描绘的说安抚就能安抚了!""对,王阳明一定是想通过轻描淡写、混淆视听,以表示自己有多能耐,别的官员有多没用。""也未必吧,我们在八竿子打不着的后堂,而王阳明在前线,个人认为,他才最有发言权,也最有实战经验……"各执一词、各怀心事,这样的争议自然是不会很快有结果的。不过王阳明也并不打算等这个结果,毕竟"将在外"。他已经开始将自己的主意付诸实践了:主动撤掉当地的官方守军。

只是,王阳明想通过削减叛军抵触心理从而将战事简单化,这个意愿会不会有点太单方面了？那些当事人真的乐意么？

他们当然乐意！就在官方守军撤掉没多久后，叛军首领卢苏和王受就带兵来归降了。原因很简单：他们也知道自己的"小军队"几斤几两重，不想做无谓牺牲，更何况他们也正如王阳明所预料的"并不是真的想造反"。

广西南宁城，王阳明和蔼可亲地对着卢、王二人说，"你们也是成年人，知道违抗朝廷是大罪，若不加惩戒，以后各地都跟着学，那就无法无天了。但念在你们不是存心叛逆，就打你二人各一百大板吧，也不追究别人了。希望以后你们好好做人，带领大家发家致富，不要再做不该做的事了。"卢苏、王受一听，当即磕头如捣蒜。要知道，"叛乱"这件事说小可小，说大也是可大的，要是执意闹上去，全族人的脑袋都不够掉，现在这位王大人要打打板子就算处理了，还不用连累家人和他人，简直是太仁慈了。

于是，卢苏和王受主动趴下，感恩戴德地挨了板子。尽管是真打不留情，武力出身的二人还是咬牙挺了过来。他们还表示以后一定会"相信朝廷，听朝廷的话"。

"王"如此好擒，其他小的贼众们自是不在话下。而在有了这次成功案例之后，王阳明也干脆如法炮制起来。在接下来不到两个月的时间里，他几乎没费一兵一卒，就将广西思恩、田州地区持续了三年都无果的"叛乱"给平息了。

不战而屈人之兵，这是兵家的大赢。而能够实现这一点，却还要亏得王阳明的"随机而动"。

就这样，王阳明再一次成为大明王朝可利用的救命稻草。本着"趁热打铁"的精神，他又被派去平八寨和断藤峡土著民族之乱。不得不说，五百年前很多偏僻大山里还多是"穷山恶水出刁民"，那时的广西地区就是一个活例子。但幸运的是，还有王阳明这样一个出了名的混乱终结者。在这两处，王阳明再一次以最小的代价，实现了最好的战争结果，再一次化腐朽为神奇。

结束战事，他还不无得意地做了两首诗来表达自己的满心喜悦：

破断藤峡

绕看干羽格苗夷，忽见风雷起战旗。

六月徂征非得已，一方流毒已多时。
迁宾玉石分须早，柳庆云霓怨莫迟。
嗟尔有司惩既往，好将恩信抚遗黎。

平八寨
见说韩公破此蛮，貔貅十万骑连山。
而今止用三千卒，遂尔收功一月间。
岂是人谋能妙算？偶逢天助及师还。
穷搜极讨非长计，须有恩威化梗顽。

当然，欣喜之余，王阳明也比谁都清楚，战事上的赢只是治标，要解决广西地区的问题还得治本。与当年的江西山里一样，广西这里会有贼、有匪、有乱，除了国家大制度在作恶外，主要还是人心作祟。因此，王阳明又将工作重点全都放在了安抚、教化当地居民上面：恩威并重、讲清利害关系、去除之前姚镆强加上的一些"霸王条款"，广建学校。期间，他还上疏申请制定了一些因地制宜的政策，希望实现少数民族与大明的完整融合。好在，朝廷也同意了其中一大部分建议。

总之，王阳明又为国为民做了一件大事、好事。

可是，等待他的又将是什么呢？

百战归来一病身

结束了广西地区的平乱工作，王阳明的精神状态还是不错的。但他的身体状况却是落入了人生最低谷：支撑他多年的那个"1"，终究还是轰然倒塌了。

应该说，对于王阳明的无私赠予，大明王朝给他的回报并不多，但这其中就包含了他那多灾多病的身。

入仕初期，因为格竹而落下病根的王阳明就挨了刘瑾的板子，被丢进锦衣卫潮湿阴冷的大狱，在那里，年轻人屁股开着溃烂的花，亲朋好友托人送进来的金创药也只是起了短暂药效；伤痕未愈，王阳明又被无情发配，一路上他风餐露宿，还要上山下水地逃避职业杀手的追杀，身体情况愈发糟糕；到了龙场，王阳明只能住破屋、山洞，吃野生果蔬，吹着过堂风，忍受身心折磨，营养和医疗条件都跟不上，他错过了疗养的时机，又积累下更多的症状。好在，精神食粮让他战胜了肉体的疼痛。

再出仕时，王阳明也只是在前期主力讲学时略休养了一阵。接下来，他又剿匪、平叛、斗皇帝，哪件都是累心累人的大事。南方湿潮的大山气候，日夜操劳、军旅颠簸、精神紧张，加上生活规律被打乱。这些，都成为致命硬伤牢牢加在了王阳明的小身板上。

王阳明本是个注重知行合一的人，无论是兵法还是做人，他总是坚决践行这一点。唯独在健康的这个问题上，他确实没能合一。十几岁接触老道起，他就懂养生，也重视养生，可是长年的疆场行走、仕途奔波，让他没有那么多的精力分配给自己的身体健康，搞得五十几岁就像个七八十的病重老人一样。

养生很大的忌讳就是殚精竭虑、耗费自己的精气神。可是，于王阳明而言，国未安、民未安，心便不能安。在大世与小我之间，他不是不知道还有自己的存在，只是，在抉择之后，他忽略掉了自我。

如今，乱平了，豪情的诗也吟了，疼痛再也无处藏身。叹着"长生徒有慕"，却是"苦乏大药资"。发病时，除了拼命喝药之外，也唯有吟几句"千圣皆过影，良知乃吾师"来慰藉自己：我怕什么啊，我不疼啊，我还有良知这个老师呢！

可叹的是，世上的战事或许可以以王阳明的心志为转移。但是，人们心中的贼，却不是一时半会扫得清的。更可叹的是，一个显赫战场、一心为国的勇士，弄得自己"百战归来一病身"。

此心光明，此生光明

再看时事，却更愁人。

平定了广西叛乱之后，王阳明上疏给将士们请赏。这一次，他本人还收到了朝廷的五十两赏银。不过，也就仅限于此了。

对于王阳明在思恩、田州地区的成绩，朝廷方面还是认可的。但至于他所汇报的八寨、断藤峡平定情况，却是引起了不小的争议：桂萼首先站出来指出"这是不可能完成的平叛事件"，而在他之后，接任杨廷和做首辅的杨一清，也是顿了好久，考量了一下王阳明再量功封赏就可能杀进内阁的前景，也默默地认同了桂萼的观点。

同时，在北京皇宫内，嘉靖皇帝朱厚熜对王阳明的不满情绪也是彻底膨胀了。多年接触，与大臣们信任感破裂，此时的朱厚熜狂妄、自大，且多疑。而且，条条都走到了极端。平日里，朱厚熜就对那些北京官员的话疑神疑鬼，现在，大老远的王阳明也将一件难事轻描淡写，明显是在骗功。若真不是骗功，那皇帝朱厚熜就更不能接受了：本来我该是能耐天下第一的，凭什么你王阳明一出手，就能轻松解决我的难题？

总之，大臣们很紧张，皇帝的自尊心又很受伤。而此时，那个力保王阳明的王琼又早被杨廷和搞下去了……失去了高层援助，王阳明更显孤立无援。

让人心惊胆寒的是，一个国家，一个曾扬言把"父母人性"放在第一位的皇帝，一群把"礼仪"称为至上的大臣，却又总是闹公德荒。碍于高权威严，又有嫉妒或是自保心作祟，竟然没人为王阳明说上几句公道话。当然，也不是说完全没人，也还是有几个王阳明的好友、学友为他上疏辩解过的。他们说王阳明有过东南地区剿匪经历，还平过叛乱，又在贵州和当地人生活过一段时间，能从容应对广西少数民族战情也实属正常，他们说王阳明成功是将心学用绝了。但与其说这些人解释得不够到位，倒不如说他们的官职身份不够到位，还不足以拉王阳明一把！

看来，死守"德"的人，不代表就会有德。而政治始终是政治，在政治面前，什么都很苍白。

王阳明也管不得这些了,远在外,他也不懂得远方的这些惊人猫腻。嘉靖七年(1528 年)十月,他忍着剧痛给皇帝写了一封长长的《乞恩暂容回籍就医养病疏》。上疏中,他如实地讲述了自己炎症日重、全身肿毒、昼夜喘嗽的状况。他还提到,自己每天只能是强吞稀粥数勺,稍多一点就会呕吐,希望朝廷允许自己返回故乡养病。

不过,这样一封真诚的苦情信,看来是无法打动皇帝了。因为皇帝本人压根就没收到、且不一定会收到了,收到并压下它的人是桂萼。

眼看着奏疏像肉包子打狗,但这一回,感觉到自己大限已至的王阳明却不打算再等领导批假了。别说人之将死,就是人在虚弱之时,也会那么地思恋故人、故土,甚至故乡的飞鸟。匆匆安排好手头上的工作,王阳明启程回归了。

大人病体沉重,护送车马自是走不快的。再加上王阳明每走一段,又都会停下来做点重要的事。

行至广东省,趁着微弱的力气,王阳明就去增城拜祭了五世祖王纲。跪拜在先人的牌位前,王阳明甚至觉得自己还是当年的小孩子,而这个未曾谋过面的先祖,也像自己的爷爷奶奶一样,摸着自己的头,轻唤着自己的乳名,问一声:"吾儿可好?"

一时,王阳明竟窘迫得不知道该如何回答:自己完成了家族的崇高使命,还实现了圣人理想,自己也在圣学指引下成为了一个内心祥和之人。只是,自己过得真的那样好么?王阳明不知道。可以知道的是,此刻的他,在亲人牌位前,感到温暖。

增城期间,王阳明还专程到访了增城湛若水故居。两人曾一见如故,又都怀有一颗寻找圣学的心,而后,虽然学术有分歧、人事有离分,但这份友情又怎能说淡就淡了?

在友人故居,王阳明留下了生命中最后的两首诗:

题甘泉居

我闻甘泉居,近连菊坡麓。

十年劳梦思,今来快心目。

徘徊欲移家，山南尚堪屋。
渴饮甘泉泉，饥餐菊坡菊。
行看罗浮云，此心聊复足。

书泉翁壁

我祖死国事，肇禋在增城。
荒祠幸新复，适来奉初蒸。
亦有兄弟好，念言思一寻。
苍苍见葭色，宛隔环瀛深。
入门散图史，想见抱膝吟。
贤郎敬父执，童仆意相亲。
病躯不遑宿，留诗慰殷勤。
落落千百载，人生几知音？
道通著形迹，期无负初心！

闭上眼，全是回忆，时光机倒转回数年前，他拉着湛若水的手说："原来你也在这里。"睁开眼，人生还是如初见，那一颗初心，仍是未负。

出广东时，王阳明已是再没力折腾了。他的人形如枯槁，行动也更加不便，连坐车坐船都是处于躺着的状态。身为广东布政使的弟子王大用前来为他送行，送完了水路送山路，一程又一程，一直送到江西南安府。在南安，王阳明对前来接他的学生南安府推官周积的第一句话就是："近来学问怎么样，可有长进？"

再次置身江西，置身这片再熟悉不过的土地，王阳明有了一种前所未有的平和与归属感。在路过南安青龙镇丫山时，他还是又折腾了一回。

在弟子的陪护下，王阳明去了山中灵岩寺参访。

又见佛门之地。王阳明拜过也批判过的佛，给过王阳明灵魂启迪的佛门。那时，寺中刚好有一位高僧坐化不久。几经交涉，王阳明才得以登堂入室，看到了寺中密室的案上的偈语：

五十七年王守仁，启吾钥，拂吾尘。问君欲识前程事，开门即是闭门人。

没有惊奇，像是算准了会有这样的结果。或是，这结果，已然是能接受的。所以才会平静。

是啊，纵有千年的铁门槛，不都是要化作一个土馒头么！既然尘寰中消长数应当，又何必枉悲伤呢！

这一刻，王阳明更加释然了。

众人小心翼翼地把王阳明搀扶下山，再次抬回船上。接下来的路，王阳明已经处于昏迷状态了。船行驶到青龙埔，王阳明突然睁开眼睛，脸色也一下子好了起来。周积知道，这该是回光返照了。

周积忍着伤心贴到老师身前，"老师，您想说什么？"王阳明微笑着动了动嘴唇："此心光明，亦复何言？"

微笑着，等待大限的来临。

万里风尘一剑当，万山冬色送归航！

魂归故里，青山有幸埋圣骨

嘉靖七年（1528年）十一月二十九日，公历一五二九年一月九日八时，在江西南安府大庚县青龙码头，王阳明结束了他五十七年的传奇人生，这不曾安然地度过的一世春秋。王阳明在他奉献过的第二故乡江西，齐了生，齐了死，齐了良知，也齐了万物。

这一次入棺椁，王阳明没有再出来，谁也没能知道他又悟到了什么道。

水上是沙鸥乱雪风，岸上是冰霜缘径滑。棺椁一路过江西向往浙江，江西百姓哭作一团，想起王阳明的种种好，想起王阳明的种种恩，想起王阳明的种种悲惨，这些没有权力为他说话的百姓只能选择为他披麻戴孝、放声哭泣。

王阳明的弟子与朋友们更是哭得一塌糊涂，他们知道棺中师友是个早就看开生死的人，也知道他这样去了仍能与天地精神往来。他们知道，若是他还在世，是不会让人们这样哭泣的。可是，此情此景，此眷此恋，又如何让人不伤悲："老师啊，阳明兄啊，就允许我们这一次不能知行合一吧。"

曾经，王阳明也是这样悲痛着下葬三位异乡客，还流泪为他们写下瘗旅祭文，后来，他活着走出了那块土地，还实现了自己的理想和作为。他也说过，无论自己魂归哪里，都希望那三个人能在另一个世界里过上幸福快乐的生活。而如今，他们在另一个世界会不会重聚呢？一起乘着龙虎驾的车子登山。

曾经，王阳明也为永顺宝靖的士兵写过一篇祭文，他在祭文中提到："人孰无死，岂必穷乡绝域能死人乎？今人不出户庭，或饮食伤多，或逸欲过节，医治不痊，亦死矣。今尔等之死，乃因驱驰国事，捍患御侮而死，盖得其死所矣。古人之固有愿以马革裹尸，不愿死于妇人女子之手者。若尔等之死，真无愧于马革裹尸之言矣。呜呼壮士！尔死何憾乎？"如今，他与那些士兵已然是同途了。

是啊，谁人生来无死，不过都是向死而生。然而死有重于泰山，也有轻于鸿毛。王阳明敬那些士兵为国捐躯，怜他们英年早逝，他为这些生为人杰、死为鬼神的战士们哭到"临文凄怆，涕下沾臆"。而如今，到了别人为王阳明说一声："尔若有灵，尚知之乎？呜呼伤哉！"的时候了。在另一个没有战争和屠戮的世界，不知道那些士兵们会不会虔诚地赶来，听王阳明讲上一堂"良知即是天植灵根"。

在另一个世界，徐爱也举起了双臂……

是的，都是心怀良知的人们，都是宇宙家园的人们。只是因为上天有太多的不忍，才召回了这些在尘世间罹受苦难的孩子们。不是因为嫉妒，只是因为太过疼惜。高空的白马早已经亮开翅膀，欢迎自己主人的回归。

静静地在那里，尽管这一次他不会再起来。王阳明浑身冰凉却神色安详。这一生，他该做的事都做了，所有的壮志也都酬了，经历了宦海沉浮与人事变迁，在这个年纪离开纵然有些早。可是，他无悲，无喜，无怨也无悔。

这次，王阳明真的走了，比每一次都要潇洒。再不用写什么请假条，再不用写什么辞职书，他自由了，身体连同他的精神一起，可以魂归故里了。把战争与动乱全都抛闪，这一帆风雨归家路，父老乡亲们，兄弟姐妹们，亲爱的学生们啊，请允许我再暖暖地说上几句：都散了吧，休把我悬念，自古生死皆有定，离合岂无缘？从今分两地，各自保平安！

第十二章 人生未若归去来，百年化尽渔樵话

转过一条条街角，别过一个个长亭，王阳明回家的路近了，更近了……他生不能回的家，终于就在眼前了。

只是这个家，母亲很早就走了，父亲走了，祖母走了，祖父走了，发妻也走了，所剩之人真的已经不多。按逝者所愿，王阳明被安葬在了自己生前选中的那个"家"里：那个位于绍兴离兰亭约五里的青山之间的墓穴。尝尽了人间欢乐与愁苦的王阳明，早就想在这山林里歇歇了，他早想有一个契机，可以在这里静静地修一修心体工夫。

青山，也因此有幸埋了圣骨。

没有朝廷给的谥号，也没有官方名义派来的官员，有的是从全国各地赶来的弟子。他们痛苦，他们默哀，他们久久地伫立在那个仅刻着"王阳明先生之墓"的青冢前，不愿离去。

山谷深处传来暖暖的声音，那是老师讲学的声音，也是大家放歌纵酒论学的声音，入冬的南方也还是会有花静静地开放着，花是在唱着一首心的歌。

山花吟唱处，河水破碎着，行走的人们身上落满山鹰的灰，王阳明微笑着说："我生出来后就没打算活着回去。为师向来教育你们要严谨，不要把我的名字刻错。"这一次，他的美髯埋在泥土中，没有再能随风飘摆。

神奇心学照后人

王阳明走了，走在弟子与百姓的不舍中，也走在朝廷的漠视中。在王阳明尸骨未寒之际，朝廷出奇地表现出了高效率，应着桂萼的奏请，给王阳明加了个"未经同意、擅离职守、欺君犯上"的罪名。

功臣没谥号，反倒连那个用生命换来的"新建伯"的虚名都被剥夺了。同时，王门心学还被判入了"伪学"之流。一门境遇，不可以说是不凄惨。

但现实就是这样残忍：人死了，有人哭到断肠，却也有人笑到癫狂。王阳

明早就习惯了：毕竟，若连这些都放不下，还做什么心学大师！

好在，历史总是"天理循环，天公地道"，正德皇帝朱厚照欠王阳明的公正，嘉靖皇帝朱厚熜欠王阳明的公道，下一位隆庆皇帝朱载垕总算是偿还了：为阳明平反，赠他"新建伯"，追谥"文成"。

于逝者，王阳明从没有在意这些，就像他从来没有想过自己为国鞠躬尽瘁到底值不值。

于生者，忠义圣贤王阳明品质可嘉，若这种人一直蒙冤，又该抹杀多少人的民族精神和良知，这份迟来的公正带给世人的不只是安慰也还有希望。

在生前，王阳明有一个圣人通向圣人的旅程，立好言、立大德、立大功、"致良知"，生一日便是一日，五十年也是一生。在生后，王阳明继续着他心与灵魂的旅程，这两个旅程超越生死共通着，待到冬去春来，他仍然可以继续着自己的修行：日日寻春山不厌，日日赏野懒朝暮，对话山竹映溪水，石路草香随鹿去，在萝月下听猿吟。

阳明之后，他的不朽功勋，他的传奇一生，受尽膜拜，给后人以无尽力量。

阳明之后，他所致力的心学终也是进一步开枝散叶了，且枝繁叶茂、树大根深。而他的弟子，弟子的弟子，那些有幸与心学结缘之人，更是后生可畏。他们或是运用心学拯救自己，或是用以回报社会。不管怎样，都算得上是一种大传承。

在浮躁的当代社会，王阳明的"心外无理"、"知行合一"、"致良知"仍有助于人们除去心中之贼，能帮助人们更好地磨砺世间事，实现自我道德修养与人格、人性的完满，到达天人合一的洒脱之境。正如哈佛大学教授杜维明所言：二十一世纪将是王阳明的世纪。

王阳明是救世之人，更是救人心之人，不管圣人是生是死，他都从未离开。王阳明走了，但他帮世人开启了良知之门，有良知在，有可畏后生在，便会有更新更大的乾坤之局在继续。

待到春至时，踏花铺的好路，听鸟啭的好声，无论是九江风浪还是五老烟云，四海之情未曾忘，阳明未若归去来……

人梦如梦，好一樽还酹江月。

附录一 王阳明生平年表

1472年宪宗成化八年九月三十日亥时，生于浙江省余姚县龙泉山上之瑞云楼。

1482年成化十八年，11岁，随父亲王华（新状元）赴京师。

1488年孝宗弘治元年，17岁，回余姚，与诸氏完婚于江西南昌。与铁柱宫道士谈养生。

1489年弘治二年，18岁，与夫人一起回余姚，结识娄一谅，认为圣人必可学而致之，努力学做圣人。

1492年弘治五年，21岁，参加浙江乡试。

1493年会试下第，归余姚，结龙泉诗社，对弈联诗。

1497年弘治十年，26岁，入京师，研习诸家兵法，欲借雄成圣。

1499年弘治十二年，28岁，举进士出身，二甲第七，观政工部。唐寅受科场案牵连，被黜。

1500年弘治十三年，29岁，在京师授刑部云南清吏司主事。

1502年弘治十五年，31岁，春游九华，出入佛寺道观。入秋因病归越，筑室"阳明洞天"，静坐行导引术，后因其簸弄精神，不能成圣，于是摒去。自号"阳明子"，人称"阳明先生"。

1504年弘治十七年，33岁，主考山东乡试。九月改兵部武选清吏司主事。

1505年弘治十八年，34岁，倡身心之学，开门授徒。与湛若水结交。

1506年武宗正德元年，35岁，上封事，下诏狱，谪贵州龙场驿驿丞。

1507年正德二年，36岁，赴谪至钱塘，过五夷山，回归越城。

1508年正德三年，37岁，春至龙场。大悟"圣人之道，吾性自足，向之求理于事物者误也"，史称"龙场悟道"。

1509年正德四年，38岁，在贵阳受提学副使席书聘请主讲文明书院，始揭"知行合一"之旨。

1510年正德五年，39岁，三月任庐陵知县，十二月升南京刑都四川清吏司主事。路过辰州、常州时，教人静坐功夫。

1511年正德六年，40岁，正月调任京师吏部验封司清司主事，二月为会试同考官，十月升文选清吏司员外郎。

1512年正德七年，41岁，在京师，三月升考功清吏司郎中。黄绾等几十人同受业。十二月升南京太仆寺少卿。

1513年正德八年，42岁，赴任南京便道归省。十月至滁州，督马政。新旧学生会集滁州，教人静坐入道。

1514年正德九年，43岁，在南京教人"存天理，去人欲"。

1515年正德十年，44岁，在京师上疏请归，不允。

1516年正德十一年，45岁，九月，经兵部尚书王琼特荐，任南京都察院左佥都御使，巡抚南赣、汀、漳等处。

1517年正德十二年，46岁，正月至赣，二月平漳南，十月平南赣横水、桶岗等地，行十家牌法。

1518年正德十三年，47岁，正月，征三浰，三月疏乞致仕，不允。平大帽等地。六月升都察院右都御使，荫子锦衣卫，世袭百户。辞免，不允。七月刻古本《大学》、《朱子晚年定论》。八月，门人薛侃刻《传习录》。九月修濂溪书院，四方学者云集于此。

1519年正德十四年，48岁，六月奉命勘处福建叛军，行至丰城，闻听宁王朱宸濠反叛，遂返回吉安，起义兵，平定宁王之乱。与前来平叛的宦官周旋，抚江西。

1520年正德十五年，49岁，在江西。开始揭致良知之教。王艮投门下，艮后创泰州学派。

1521年正德十六年，50岁，在江西。五月召集门人于白鹿洞。六月升南京兵部尚书。九月回余姚，十二月封新建伯。

1522年世宗嘉靖元年，51岁，在绍兴山阴。正月疏辞爵，二月父王华去世。御使承首辅杨廷和旨意倡议禁遏王学。

1523年嘉靖二年，52岁，在绍兴，来从学者日众。南京刑部主事桂萼议大礼得宠。

1524年嘉靖三年，53岁，在绍兴。十月，门人南大吉续刻《传习录》。

1525年嘉靖四年，54岁，在绍兴。夫人诸氏去世。礼部尚书席书力荐，不果。决定每月朔望在余姚龙泉寺之中天阁聚会生徒。十月，于越城西（山阴东）光相桥之东立"阳明书院"。

1526年嘉靖五年，55岁，在绍兴。十一月庚申，子正聪出生。后七年，黄绾为保护孤幼收为婿，改名正亿。

1527年嘉靖六年，56岁，在绍兴。四月邹守益刻《文录》于广德州，九月出征思田。天泉证道确定四句教法。

1528年嘉靖七年，57岁，二月平思田之乱。七月袭八寨、断藤峡。十一月二十九日辰时（公历1529年1月9日8时许）病逝于江西南安府大庾县青龙埔码头。

附录二　王阳明箴言录

知行合一。

心即理也。

心外无理，心外无物，心外无事。

人生大病，只是一"傲"字。

破山中贼易，破心中贼难。

夫万事万物之理不外于吾心。

人心之得其正者即道心；道心之失其正者即人心。

善念发而知之，而充之；恶念发而知之，而遏之。

无善无恶心之体，有善有恶意之动，知善知恶是良知，为善去恶是格物。

故立志者，为学之心也；为学者，立志之事也。

志不立，如无舵之舟，无衔之马，漂荡奔逸，终亦何所底乎？

静时念念去人欲、存天理，动时念念去人欲、存天理。不管宁静不宁静。

所以为圣者，在纯乎天理，而不在才力也。故虽凡人，而肯为学，使此心纯乎天理，则亦可为圣人。

殃莫大于叨天之功，罪莫大于掩人之善，恶莫深于袭下之能，辱莫重于忘己之耻，四者备而祸全。

学校之中，惟以成德为事，而才能之异，或有长于礼乐，长于政教，长于水土播植者，则就其成德，而因使益精其能于学校之中。

人的资质不同，施教不可躐等。

以事言谓之史，以道言谓之经。

人须在事上磨，方能立得住，方能静亦定，动亦定。

持志如心痛。一心在痛上，岂有工夫说闲话，管闲事。

悔悟是去病之药，然以改之为贵。

与朋友论学，须委曲谦下，宽以居之。

圣人亦是学知，众人亦是生知。

读书作文安能累人？人自累于得失耳。

古人之学，切实为己，不徒事于讲说。

时习之要，只是谨独。

人在仕途，比之退处山林时，其工夫之难十倍。

此心之良知，昭然不昧，万古一日。

学本于立志，志立而学问之功已过半矣。

恶念者，习气也；善念者，本性也。

繁华过眼三更促，名利牵人一线长。

山中莫道无供给，明月清风不用钱。

万理由来吾具足，《六经》原只是阶梯。

君子之学以明其心。

立志而圣，则圣矣；立志而贤，则贤矣。

人言不如自悔之真。

君子小人之分，只是能诚意与不能诚意。

目无体，以万物之色为体；耳无体，以万物之声为体；鼻无体，以万物之臭为体；口无体，以万物之味为体。心无体，以天地万物感应之是非为体。

本心之明，皎如白日，无有有过而不自知者，但患不能改耳。一念改过，当时即得本心。人孰无过？改之为贵。

有志于圣人之学者，外孔、孟之训而他求，是舍日月之明，而希光于萤爝之微也，不亦谬乎？

圣人与天地民物同体，儒、佛、老、庄皆吾之用，是之谓大道。二氏自私其身，是之谓小道。

夫学贵得之于心。求之于心而非也,虽其言之出于孔子,不敢以为是也,而况其未及孔子者乎?求之于心而是也,虽其言出于庸常,不敢以为非也,而况其出于孔子者乎?

责善朋友之道,然须忠告而善道之,悉其忠爱,致其婉曲,使彼闻之而可从,绎之而可改,有所感而无所怒,乃为善耳。

你未看此花时,此花与汝心同归于寂。你来看此花时,则此花颜色一时明白起来。便知此花不在你的心外。

立志用功,如种树然。方其根芽,犹未有干。及其有干,尚未有枝。枝而后叶。叶而后花实。初种根时,只管栽培灌溉,勿作枝想,勿作叶想,勿作花想,勿作实想。悬想何益?但不忘栽培之功,怕没有枝叶花实?

饥来吃饭倦来眠,只此修行玄更玄。说与世人浑不信,却从身外觅神仙。

良知即是独知时,此知之外更无知。谁人不有良知在,知得良知却是谁?